VIVRE :

LA VIE EN VAUT-ELLE LA PEINE?

TYPOGRAPHIE FIRMIN-DIDOT. — MESNIL (EURE).

WILLIAM HURRELL MALLOCK.

VIVRE :

LA VIE EN VAUT-ELLE LA PEINE ?

TRADUCTION DE

F. R. SALMON.

L'homme marche au milieu des ténèbres et s'agite en vain.

Unus interitus est hominis et jumentorum, et æqua utriusque conditio; sicut moritur homo, sic et illa moriuntur. Similiter spirant omnia et nihil habet homo jumento amplius. Cuncta subjacent vanitati.

Ταλαίπωρος ἐγὼ ἄνθρωπος, τίς με ῥύσεται ἐκ τοῦ σώματος τοῦ θανάτου τούτου;

SEULE ÉDITION AUTORISÉE ET REVUE PAR L'AUTEUR.

PARIS,

LIBRAIRIE DE FIRMIN-DIDOT ET Cⁱᵉ,

IMPRIMEURS DE L'INSTITUT,

RUE JACOB, 56.

1882.

DÉCLARATION DE L'AUTEUR.

La présente traduction m'a été soumise pendant qu'elle était en cours de publication. Je l'ai fait examiner à Londres par un homme de lettres compétent et je l'ai révisée moi-même. J'ai tout lieu de croire qu'on la trouvera fidèle et qu'on en sera satisfait.

W. H. MALLOCK.

The following translation has been submitted to me, during the course of its preparation. It has been examined on my behalf, and under my supervision, by an accomplished scholar in London; and I have every reason to expect that it will be found faithfull and satisfactory.

W. H. MALLOCK.

A JOHN RUSKIN.

Mon cher Mr. Ruskin ,

Vous m'avez fait très grand plaisir en me permettant de vous dédier ce livre, et cela pour deux raisons : c'est que je vous dois à deux titres la reconnaissance que je viens vous exprimer : d'abord en qualité de débiteur intellectuel envers celui dont j'ai suivi l'enseignement public ; ensuite, en qualité d'ami envers le meilleur des amis. C'est un mince tribut sans doute que j'ai à vous offrir et peut-être ai-je plus d'avantage à vous le présenter que vous à le recevoir. Du moins, en tant que je représente votre influence, pourrez-vous penser que je n'en suis pas un assez digne représentant. Mais il est un fait sur lequel je dois insister, et qui me rend un peu plus confiant pour vous offrir ce livre, à vous et au public.

La portée de cet ouvrage est indépendante du livre et de l'auteur ; les arguments qu'il renferme ne dé-

pendent pas pour leur triomphe ou pour leur défaite
du plus ou moins de succès avec lequel je les fais valoir, et je puis ainsi les associer à votre nom. Ils ne
sont pas à moi ; je ne les ai ni découverts ni inventés.
Ils sont si évidents qu'il suffit pour les voir de le vouloir ; j'ai été tenté de m'en emparer par ce motif qu'é-
tant si clairs, il semble que personne n'ait seulement
daigné y prendre garde, ou du moins les présenter
dans leur ensemble, avec soin et d'une manière complète. Ils devraient sauter aux yeux de tout le monde ;
au lieu de cela, ils sont restés à nos pieds. Je n'ai donc
eu d'autre soin que de m'agenouiller à terre pour y
recueillir ces vérités sur lesquelles on marche, dans
cette génération ignorante et rebelle à croire.

A quel point ai-je réussi, ce n'est pas à moi d'en
juger ; mais si ce que j'ai fait m'inspire peu de confiance, j'en ai davantage dans la valeur de ce que j'ai
voulu faire. Au point de vue littéraire, on pourra me
trouver bien des défauts. Il pourrait y en avoir de plus
graves dont j'aurais peut-être à me reconnaître coupable. J'ai pu appuyer trop fortement sur certains
points, et pas assez sur d'autres. On me convaincra
peut-être, et rien n'est plus probable, de quelques
inconséquences dans les termes ; mais qu'on prenne
comme un tout les arguments que je me suis efforcé
d'exprimer, et on leur trouvera une vitalité qui ne dépend pas de moi ; et l'on ne prouvera pas qu'ils soient

sans valeur, par cela seul que mon ignorance ou ma faiblesse les aura appuyés sur quelque donnée défectueuse, qui s'y trouvera mêlée çà et là. Je n'ai point conscience d'avoir rien dit de faux dans mon livre, mais si l'on m'y signale des erreurs, je ferai de mon mieux pour les corriger. Si ce que j'ai fait n'est pas digne de correction, d'autres viendront après moi qui seront avant moi; il se trouvera sûrement bientôt quelqu'un qui se livrera avec succès à la tâche dans laquelle j'aurai peut-être failli. Que peut-on d'ailleurs attendre de nous, sinon une large part d'insuffisance, spécialement quand, au lieu de suivre le courant, il faut lutter contre lui; quand on a à combattre des principautés et des puissances, et qui plus est, la stupidité intellectuelle en haut lieu, et quand on est soi-même plus ou moins affaibli par les influences auxquelles on résiste?

Mais ce n'est pas tout. Une autre difficulté se présente. Quand on écrit dans le sens de ceux qui veulent la vérité et le bien, on trouve dans le monde tel qu'il est aujourd'hui, que nos principaux adversaires sont des hommes de notre maison. L'insolence, l'ignorance et la stupidité de notre époque ont pris corps; elles ont pour organes des gens qui sont personnellement la négation de tout ce qu'ils représentent en théorie.

Ce sont des hommes dont la vie privée est em-

preinte de la plus charmante modestie, et qui représentent dans leur philosophie l'arrogance la plus
ridicule ; des hommes qui pratiquent eux-mêmes
toutes les vertus, tout en proclamant pour les
autres des principes qui mènent à tous les vices ; des
hommes passés maîtres en plusieurs genres de science,
et qui n'agissent sur le monde qu'en personnifiant
dans leur enseignement l'ignorance la plus complète
et la plus pernicieuse. J'ai eu à chaque instant l'occasion d'en prendre nommément quelques-uns à partie. A l'exception d'un seul, qu'une mort prématurée
a enlevé pendant que ce livre était sous presse, ceux
que j'ai nommés le plus souvent sont encore vivants.
Quelques-uns vous sont sans doute personnellement
connus ; moi, je n'en connais aucun, et vous apprécie-
rez mieux que je ne puis le dire la difficulté que j'ai
éprouvée. J'espère seulement que si la fausseté de
leur argumentation ne nous a pas fermé les yeux sur
leurs mérites, les démérites intellectuels que je puis
avoir ne porteront pas préjudice à la vérité de mes
raisonnements.

Ce qui me paraît étrange, c'est qu'on ait à faire valoir de pareils arguments, et ce qui l'est plus encore
peut-être, c'est qu'il me soit arrivé de les employer,
à moi qui suis un étranger en philosophie, en littérature et en théologie. Mais ce qui m'excuse d'avoir
pris la parole, c'est que je suis un débutant ; le

blâme que d'autres pourraient encourir ne saurait
m'atteindre, lors même que

> « La lyre, si longtemps divine,
> « Aurait dégénéré en des mains comme les miennes. »

En tous cas, quel que soit mon livre, ce que je vous
dédie ici, mon ami et mon maître, j'en ai la confiance, n'est pas indigne de vous. Ce n'est pas ce
que j'ai fait, je le répète, mais ce que j'ai essayé de
faire. Comme tel, je vous prie de l'agréer et de me
croire, bien que je sois à présent si rarement auprès
de vous,

Votre ami qui vous aime et vous admire,

W. H. MALLOCK.

P. S. Vous avez déjà vu une bonne partie de ce
livre dans les deux Essais qui ont été publiés par la
« Contemporary Review » et dans cinq autres qui ont
paru dans le « Nineteenth Century ». J'avais eu alors
l'intention, avec l'agrément des éditeurs, de faire im-
primer ces Essais dans leur forme première. Mais il y
avait tant de choses à ajouter, à retrancher, à ras-
sembler ou à remettre en ordre, que j'ai cru nécessaire
de presque tout récrire, en sorte que le présent volume vous paraîtra vraiment nouveau.

AVIS.

—

Dans ce livre, on rencontrera constamment les mots *positif*, *positiviste* et *positivisme*, appliqués à la pensée et aux penseurs modernes. Pour éviter toute confusion et toute idée fausse, il est bon de dire que, dans l'emploi de ces termes, je n'ai point en vue spécialement le système de Comte ou de ses disciples, mais que je les applique aux vues générales et à toute la situation de l'école scientifique, dont un des membres les plus éminents, je veux parler du professeur Huxley, a été le plus tranchant et le plus dédaigneux des critiques qu'ait eus le positivisme pris dans son sens le plus étroit. Ainsi entendu, le positivisme a donné lieu à bien des débats entre le professeur Huxley et Mr. Frédéric Harrison. Le positivisme, dans le sens où je le prends, se rapporte aux principes que reconnaissent explicitement les écrivains susdits, et non à ceux qu'ils repoussent.

VIVRE :

LA VIE EN VAUT-ELLE LA PEINE?

CHAPITRE PREMIER.

LE COTÉ NEUF DE LA QUESTION.

La question que nous avons à traiter dans ce livre est peut-être de celles qui, pour un grand nombre d'hommes, ne paraissent pas à première vue avoir de signification sérieuse ; il se pourrait même qu'elle n'en eût aucune pour des intelligences saines et droites. Nous voulons chercher, en dehors du sentiment, avec calme et mesure, quelle est la véritable valeur de notre vie humaine, en la soumettant au criterium de cette réalité que réclame le monde moderne ; et nous aurons à nous demander avec impartialité si vraiment elle mérite que nous la vivions. C'est une enquête qu'on a déjà faite sans doute, mais qui n'a pas été conduite comme il le fallait, dans un esprit scientifique, ayant toujours été dénaturée par des préjugés et par des intérêts personnels. L'école positiviste a bien pu se flatter d'avoir posé la question différemment ; mais elle a toujours, du moins chez nous, laissé de côté précisément ce qui fait la valeur de la vie. On a bien de temps à autre affecté de l'examiner, mais ce n'a été que pour la forme, à la façon d'un douanier qui se contenterait d'ouvrir une valise, pour la laisser passer aussitôt. On n'y a touché que très doucement, en usant avec elle comme Don Quichotte avec son casque rapiécé, dont la visière en carton n'eût pas été à l'épreuve d'une lame d'acier. C'est aux lacunes de ces investigations que je me propose de suppléer aujourd'hui, en faisant une étude exacte de ce grand sujet, qui n'a pas été abordé de la sorte jusqu'à ce moment.

Beaucoup, je viens de le dire, n'en verront pas l'utilité ; à leurs yeux, ce n'a jamais été réellement une question ouverte ; ou, si elle l'a été, le bon sens du genre humain l'a depuis longtemps résolue. Ils trouveront donc qu'il est pour le moins superflu de la poser encore. Elle caractérisera pour eux, si tant est qu'elle signifie quelque chose, non pas la perplexité qui s'impose à l'esprit, mais le vague malaise de la sensibilité. C'est, diront-ils, la vieille rengaine du découragement et du désespoir, aussi ancienne que le monde ; c'est une façon de se plaindre commune à toute maladie morale ; on l'a tant de fois entendue qu'on voudrait bien ne plus l'entendre encore.

Mais ayons patience, regardons de plus près et avec
plus de calme à la question et nous ne tarderons pas
à en voir changer la donnée. Nous verrons que pour
avoir été bien des fois posée d'une manière futile, elle
comporte néanmoins une signification qui ne l'est pas,
tant s'en faut ; que si vieille qu'elle paraisse, telle
qu'elle se présente à notre époque, elle devient en réalité complètement neuve ; elle revêt un sens, auquel
personne n'est étranger peut-être, mais qui ne laisse
pas d'être pratique et urgent (j'allais dire singulièrement étonnant) car, littéralement parlant, il n'a pas
son pareil dans l'histoire du genre humain.

Cette situation, je le sens bien, ne s'explique pas
à première vue. Mieux comprise même, on pourrait
peut-être encore la tenir pour fictive. Il me faut donc
tout d'abord l'exposer à loisir et avec clarté. Dans ce
but, nous considérerons successivement deux points.
Le premier nous dira la portée exacte du doute contenu dans cette interrogation : *Is live worth living?*
(*La vie est-elle digne d'être vécue?* — traduction litté-
rale) ; le second, l'importance nouvelle que ce doute a
pris de nos jours.

Qu'il soit bien établi, tout d'abord, qu'en demandant si la vie mérite qu'on la vive, nous ne cherchons
pas à savoir si, dans sa balance, le plateau des peines
l'emporte toujours et nécessairement sur celui des plaisirs ; pas plus que nous ne cherchons à savoir si
quelqu'un a jamais été ou est encore heureux. Tout
œil qui n'est pas vicié découvre clairement que le
bonheur, sous des formes diverses, a été et continue

d'être le partage des hommes. Les pessimistes auront
beau s'ingénier, ils perdront leur temps à vouloir prouver à celui qui se croit heureux qu'il doit être en réalité
misérable. La discussion ne porte donc pas sur cet
axiome en lui-même évident, que la vie à bien des
hommes a paru digne d'être vécue, mais sur cette
proposition bien différente, qu'il en doit être de même
pour tous. Et c'est bien ainsi qu'on l'entend, quand
on lui attribue les qualités qu'on lui reconnaît universellement de nos jours ; quand on affirme, comme une
vérité générale, qu'elle est digne d'être vécue, quand
on lui applique ces hautes qualifications qui sont
actuellement en usage. Aujourd'hui, en effet, la vie
est, comme on sait, une chose sacrée, solennelle, sérieuse et pleine de sens. Lui enlever ces épithètes, c'est
faire une sorte de blasphème. Et voici ce que signifie
ce langage : il signifie que la vie a sa valeur profonde,
inhérente à elle-même, indépendante de ce que les
circonstances lui font perdre ou gagner, une valeur
que tel homme, grâce à ses propres succès, pourra
apprécier entièrement, mais qui ne sera pour tel
autre, malgré tous les échecs, ni détruite, ni même
amoindrie. Certaines formes de l'amour, par exemple,
peuvent nous révéler, nous dit-on, cette valeur de
la vie ; mais ce qu'un amour heureux est censé nous
révéler ne saurait être anéanti par un amour sans
espérance. Cette valeur fait partie essentielle de la
vie elle-même ; ce n'est donc pas une chance acci-
dentelle, comme la fortune ou la santé ; et l'on
doit supposer que nous ne saurions la perdre par

d'autres faits que ceux qui nous sont personnels.

Il paraît certain en outre qu'une pareille valeur n'a rien d'imaginaire. Beaucoup ont su la trouver et la trouvent encore actuellement. La question n'est donc pas de savoir si elle existe, mais sur quoi elle repose. A quel point ce trésor est-il à l'abri de la corruption ? A quel point le progrès de nos connaissances peut-il agir sur lui à la façon des insectes nuisibles qui gâtent la moisson ? Il y a des choses dont la valeur est absolument établie, par cela seul que les hommes les apprécient. Elles s'imposent à tous les goûts, défient l'analyse la plus pénétrante et forment ainsi en quelque sorte la base de tout plaisir et de tout bonheur. Mais elles sont rares ; à peine les rencontre-t-on jamais sans aucun alliage ; encore ne produisent-elles alors qu'un effet momentané, qui n'a rien de bien vif. En règle générale, elles se présentent avec des combinaisons très complexes, et se fondent en une infinité de substances nouvelles sous l'influence de nos croyances et de nos associations d'idées ; dans leurs résultats, ces deux agents ont même souvent plus d'importance que les choses sur lesquelles ils agissent.

Prenons pour exemple un élève du collège d'Eton ou d'Oxford, qui a la prétention d'être connaisseur en vins. Donnez-lui une bouteille de vin de Champagne à la Groseille ; dites-lui que c'est une des marques les plus fines, et qu'il vaut deux cents shillings la douzaine. Il le flaire en clignant les yeux de ravissement, il le sirote lentement, de l'air respectueux du gourmet qui s'y connaît ; il éprouve peut-être à le boire plus

de plaisir qu'il n'en aurait, si ce vin possédait en réalité toutes les qualités qu'il lui prête et s'il était d'âge
à les bien discerner. Sa jouissance est réelle et, jusqu'à certain point, elle repose sur un solide fondement,
car le goût du Champagne à la Groseille délecte vraiment son palais. Une boisson nauséabonde, une médecine noire, par exemple, ne lui ferait jamais rien
éprouver de semblable. Mais le simple plaisir des sens
n'est qu'une faible partie de celui dont il jouit actuellement. C'est dans son ensemble une chose éminemment complexe, et telle est la base sur laquelle repose
cette jouissance qu'elle disparaîtrait à l'instant, s'il
avait seulement un peu plus d'expérience. Dites-lui
quel genre de champagne il vient d'apprécier ainsi, et
tout aussitôt s'opérera dans son esprit et sur son visage
une transformation curieuse.

Le sentiment que nous avons de la valeur de la vie
ressemble, dans sa complexité, à celui de cet élève
sur le mérite de ce vin. Nos croyances et nos associations d'idées y jouent le même rôle. Ici, sans doute,
nos croyances peuvent être plus sérieuses. La question
est de savoir si elles le sont. En certains cas individuels on peut répondre négativement. Miss Har-
riet Martineau, par exemple, juge la vie par l'expérience qu'elle en a et se persuade bien que c'est une
chose très solennelle et très satisfaisante; elle le proclame hautement, sans la moindre hésitation. Mais
une part au moins de la satisfaction solennelle qu'elle
y trouve, provient d'une estime ridiculement exagérée de sa propre importance intellectuelle et sociale.

Ici, la vie a bien sa valeur, valeur réelle pour la personne qui l'y trouve, mais que la moindre connaissance du monde détruirait à l'instant. Le profond respect qu'on professe généralement pour la vie à notre époque, reposerait-il, à certain point, sur un pareil malentendu? Quelle part y a cette méprise? Va-t-il tomber en pièces au souffle d'une plus grande expérience? Ou bien a-t-il en fait des fondements assez solides pour résister au progrès des lumières, pour s'y développer même ?

Ainsi se dessine la question qu'il s'agit de traiter. J'ai à montrer maintenant à quoi tient son urgence, et comment la crise que subit en ce moment la pensée exige qu'on s'en occupe. Une première impression, je l'ai dit, la fait paraître superflue. Nous avons foi dans la vie, et cette foi repose, croyons-nous, sur une trop large expérience pour que nous doutions sérieusement de sa vérité. Mais ce premier sentiment ne va pas loin. Il est purement superficiel et peut tomber en un moment. Remarquons qu'une croyance qui reposait, ce semble, sur une base non moins large, la croyance en Dieu et à l'ordre surnaturel, n'a pas seulement été mise en question de nos jours, mais se trouve en quelque sorte annihilée.

La seule philosophie qui appartienne en propre à notre époque, la seule qu'on nous présente comme un agent du progrès, ne veut voir dans cette croyance qu'un rêve dissolvant du passé. Et pourtant, ainsi que nous le verrons tout à l'heure, chez les peuples civilisés du moins, la foi en Dieu a précédé de beaucoup la foi en la vie ; elle a été beaucoup plus répandue, et l'expérience l'a confirmée avec tout autant de certitude. Si donc, la première a pu se désagréger sous l'action envahissante de la science, on ne saurait tenir pour accordé qu'il n'en sera pas de même de la seconde. Elle peut résister ; mais, avant de l'avoir étudiée de plus près, nous ne pouvons le garantir. Le consentement universel et l'expérience ont besoin d'analyse ; sinon, ceux qui n'admettent que la vérité positive n'y voient que des témoignages illusoires. Le sentiment aura beau nous défendre de poser la question, la philosophie moderne n'admet pas que le sentiment soit un instrument de découverte. C'est bien un fait en soi, et qui, sans doute, a sa valeur, mais qui ne s'étend pas aux faits qui le dépassent. Qu'on ait aimé Dieu et senti sa présence, cela ne prouve en rien l'existence de Dieu pour un penseur positiviste. Le simple sentiment du respect de la vie ne va pas nécessairement au delà pour prouver qu'elle a droit à ce respect. L'école moderne affirme très nettement que pour aborder correctement un sujet quelconque, il faut se placer au point de vue d'un scepticisme éclairé, et tenir pour douteux tout ce qui n'est pas démontré certain, à moins que la nature même de l'objet ne rende le doute impossible.

Il y a plus ; indépendamment de ces règles modernes, la question de la valeur de la vie, en tant que fait matériel, a toujours été regardée comme pendante. Les plus hautes intelligences du monde, dans tous les temps, ont semblé disposées parfois à la mettre en doute, et cela, non pas en des âges d'aveuglement, mais à des époques au contraire de grande clairvoyance. Des écailles tombaient des yeux pour ainsi dire, et c'en était fait de la beauté, de la valeur de la vie, comme d'une apparence trompeuse. L'Écriture sainte consacre tout un livre à l'exposition de cette philosophie, qui fut, à l'époque la plus brillante et la plus glorieuse d'Athènes, le dernier mot de la sagesse de son poète tragique le plus fameux (1). Shakspeare soutient si constamment la même thèse qu'elle a dû évidemment avoir pour lui une signification personnelle et directe.

Toutefois, ceux-là même qui ont partagé cette manière de voir, l'ont envisagée plutôt comme une moitié de vérité que comme une perception complète. Chez Shakspeare, par exemple, elle comporte une véritable terreur. Il en est atteint et tourmenté, il en pâlit ; elle n'implique pas seulement que la vie n'a pour nous qu'une mince importance, mais encore qu'elle en pourrait avoir une tout autre. Si l'on peut trouver ailleurs un pessimisme plus absolu, c'est qu'on l'a pris sans doute pour se donner un air de solennelle affectation, ou qu'on a voulu exhaler ainsi la plainte d'une affection mélancolique.

Les intelligences saines ont toujours refusé de s'associer à cette manière de voir. Ceux qui l'ont défendue n'ont rencontré que l'indifférence, le mépris ou le blâme, au lieu d'arguments. On les a pris en pitié

____

(1) Voir Sophocle, *Œdipe à Colone.*

comme des fous, évités comme des cyniques, ou laissés de côté comme des gens frivoles. Et pourtant, en dehors d'une seule raison, tout ce monde européen qui nous a légué ses progrès doit trouver cette manière de voir, non seulement soutenable, mais évidente.

Le vide des choses de cette vie, l'imperfection de ses plaisirs, même les plus élevés, l'impuissance absolue d'y trouver le bonheur : voilà bien, pendant plus de quinze siècles, quel a été le lieu commun des sages et des saints à la fois. L'idée même qu'une des choses de cette vie pût avoir pour nous beaucoup d'importance, a toujours été traitée de puérilité ridicule chez un homme du monde, et d'indignité coupable chez un homme de Dieu. L'expérience et la méditation de la vie n'ont enseigné, ce semble, qu'une seule et même leçon, et n'ont jamais prêché que le sermon *de contemptu mundi*. Par où le moine fervent a commencé, a fini le monarque rassasié; mais ce n'était pourtant là qu'un côté de la question. Car il y avait quelque chose dans l'avenir, qui transfigurait cette pensée, et faisait instantanément fleurir comme une rose la solitude sauvage du désert. Prise en elle-même, la vie n'est assurément que vanité, mais ils ne la jugeaient pas à ce point de vue. Toutes ses voies semblaient bien aboutir à des abîmes sans issue et à des déserts sans fin. Elles ne conduisaient certainement pas à un but visible; mais elles aboutissaient à une invisible fin, aux destinées éternelles de l'âme, à des triomphes supérieurs à toute espérance, ou à des défaites plus redoutables que toutes les épouvantes. La

plus commune de nos actions journalières se trouvait
ainsi revêtue d'une incomparable signification. Ainsi
comprise, la vie cessait d'être une vanité, un rêve de
folie, une valeur sans utilité. Ceux qui affectaient de
la prendre ainsi passaient pour des insensés ou pour
des imposteurs. Jusqu'à présent donc, nous pouvons
l'admettre, chez toutes les nations du monde en progrès, la valeur de la vie a pu se démontrer, et les
critiques de la raison n'ont pu porter atteinte à cette
preuve.

Cependant, tout a changé de nos jours, sous l'influence de la pensée positiviste. La vie que nous avons
reçue en partage a reçu l'empreinte profonde des
couleurs du christianisme. Que nous soyons ou non
personnellement chrétiens, les sentiments qui nous
pénètrent nous la font embrasser au point de vue de
cette donnée chrétienne ; et ces sentiments, nous n'a-
vons pu nous résoudre à nous en détacher encore.
« Toutes les méthodes positivistes, » a dit un écrivain
anglais, populaire dans la nouvelle école, « qui s'occupent de l'homme d'une manière compréhensive, admettent entièrement tout ce qu'on a jamais dit de sa
vie intellectuelle et morale... » Mais voici la difficulté.
C'est sur un terrain tout nouveau qu'il faut voir se
développer ces privilèges qu'on lui accorde. Les avo-
cats de cette maxime ont bien la prétention de la traduire dans la pratique ; ils tiennent, nous le savons, à
donner à la vie une valeur extrême et ne tolèrent pas
qu'on se refuse à la reconnaître ; mais il leur faut la
trouver sur le point même où l'on avait pensé jusqu'à

présent qu'elle brillait par son absence. Il faut la trouver, non pas dans un plus vaste et meilleur avenir, où l'injustice fera place à l'équité, le trouble au repos, l'obscurité à la lumière; pareil avenir ne nous attendant pas. Il faut la trouver dans la vie elle-même, dans cette vie terrestre qui va du berceau à la tombe, que l'imagination ou la sympathie peuvent étendre et prolonger pour l'individu, mais dont on a bientôt, malgré cela, touché les bornes. Limitée dans le temps par la durée de l'existence du genre humain, dans l'espace, par la place que nous occupons dans l'univers, elle l'est encore par la capacité de jouissance que possède notre race.

Voici donc nettement, et d'une façon intelligible, la tâche qu'ont à remplir les penseurs positivistes. Ils ont enlevé à la vie tout ce qui, jusqu'à présent, pouvait aux yeux des sages la sauver de la vanité; à eux donc de nous prouver maintenant que ce qu'ils nous en laissent n'est pas vain; à eux de nous prouver la solidité de ce qui a paru creux jusqu'à nos jours, le sérieux de ce qu'on a toujours tenu pour méprisable; à eux de nous prouver enfin qu'on se contentera désormais de ce qui n'avait jamais contenté personne, et que les esprits les plus larges pourront à l'avenir se mouvoir à l'aise, dans les limites qui n'ont pu suffire encore aux plus étroits.

Maintenant, autant qu'on peut le dire avant d'avoir examiné le sujet, peut-être sont-ils de force à accomplir cette révolution. Rien d'impossible ne s'y révèle. Nos yeux ont pu s'aveugler sur les beautés de la terre,

à force de regarder trop longtemps et en vain des
cieux toujours vides. Habituons-les à y voir de plus
près, ils nous montreront peut-être à notre portée,
dans cette vie, ce que nous avons toujours cherché
dans une autre. Toujours est-il, en supposant possible
cette révolution, que c'est de fait une révolution et
qu'il faut un effort pour l'accomplir. Il reste aux penseurs positivistes à nous en prouver la possibilité. Ils
ne sauraient s'emparer tout de suite du point le plus
en butte à la contradiction, qui même, une fois conquis, ne manquera pas de la provoquer encore. Si cette
vie n'est pas impuissante à nous satisfaire, qu'ils nous
le montrent ; mais ils ne peuvent guère espérer que
sans rien nous montrer du tout, le monde repoussera
décidément comme un mensonge ce qu'il a toujours
accepté comme une vérité de sens commun.

Cette objection paraît d'elle-même si claire qu'elle
n'a point échappé à leur attention. Mais le fait même
de sa clarté en a caché la force ; on l'a bien vue paraître à la surface, mais on l'a repoussée comme superficielle. Il a bien fallu pourtant la reconnaître, et
y opposer sur tous les points une réponse très laborieuse. C'est cette réponse que je dois examiner présentement. Elle a sa très grande importance et mérite
notre attention la plus expresse, car elle contient le
principal argument que produise en ce moment la
croyance positiviste en faveur de la valeur de la vie.
Je montrerai qu'une erreur fondamentale fait ici le vice
de l'argumentation.

On reconnaît qu'il y a bien, à première vue, quelque

danger de voir la foi dans la valeur de la vie s'écrouler avec la croyance en Dieu. Rien de déraisonnable en cela, nous dit-on, mais on soutient que l'étude scientifique du passé nous fera voir que ces craintes n'ont pas de fondement, et nous rassurera sur l'avenir. On nous renvoie ainsi à une branche nouvelle du savoir, à la philosophie de l'histoire ; et l'on nous promet de calmer avec elle toutes nos inquiétudes. Cette philosophie de l'histoire ressemblerait sur une grande échelle à l'expérience pratique d'un homme du monde. Aussi longtemps qu'on est dans la vie neuf et sans expérience, tout malheur qui survient a quelque chose d'unique et d'écrasant ; mais à mesure qu'on avance, on en rencontre d'autres et l'on s'aperçoit qu'on n'a pas été brisé ; on apprend ainsi à les réduire tous à de justes proportions, et, pour peu qu'on se possède, à tirer de chacun d'eux de salutaires enseignements.

Ainsi, nous dit-on, si nous n'en savions pas tant, nous verrions naturellement, dans le déclin de la foi qui se produit, un malheur sans précédent, qui doit aboutir à une période de ténèbres et de ruines. Mais la philosophie de l'histoire nous montre tout cela sous un autre jour. Elle nous apprend que la condition actuelle du monde, bien qu'anormale, n'a rien d'exceptionnel. Elle nous en signale de parallèles dans les âges précédents. Elle traite la naissance et la chute des croyances comme un phénomène régulier de l'histoire du genre humain, dont nous pouvons suivre distinctement les causes et les retours. D'autres nations et d'autres races ont eu des croyances et les ont perdues; elles ont pensé, comme certains d'entre nous, que cette perte les conduirait à la ruine; elles n'ont point péri toutefois. On nous affirme que les croyances sont simplement l'expression provisoire, fictive et mal comprise, du sentiment indestructible de la noblesse humaine qui se cache sous elles; qu'elles sont artistiques et non pas scientifiques. Une statue d'Apollon, par exemple, une image de la Madone, représentent bien ce qu'on a voulu reproduire ici-bas, mais nullement ce qui peut exister actuellement dans les cieux. Qu'on jette un regard en arrière sur les civilisations les plus hautes de l'antiquité, on verra qu'elles puisaient leur vigueur et leur intensité en des intérêts purement humains. La religion avait bien sans doute une certaine action réflexe sur la vie, mais cette action était toute politique, autrement elle n'eût fait que du mal.

C'est ainsi qu'on nous présente cette vie de la Grèce, si intense, que le monde en ressent toujours l'influence. Son principal *stimulus*, nous dit-on, était franchement humain. Dépouillé de toute sa théologie, il n'eût rien perdu de sa pénétration. Là, nous saisissons la valeur positive de la vie; nous y voyons déjà réalisé ce que nous sommes en train de reproduire une fois de plus. On nous parle du christianisme, avec ses tendances et ses vues surnaturelles, comme d'un *épisode de maladie et de délire*. C'est un rêve confus dont nous nous réveillons enfin. Les sentiments de l'école moderne ont trouvé leur expression dans les paroles suivantes d'un écrivain de notre époque : « Quand un

voyageur, usé et vieilli à la peine par de longues années passées chez des hommes d'une autre couleur,
revoit enfin le visage d'un blanc, d'un frère, il n'ose
en croire ses yeux ; de même, quand nous remontons
par la pensée le cours des âges les plus ténébreux de
notre histoire européenne, et que nous arrivons enfin
à des hommes qui partagent les mêmes espérances
que nous, quel tressaillement de cœur nous éprouvons, et comme, au milieu de ce vaste désert, nous ser-
rons la main de..... nos ancêtres spirituels (1) ! »

Et la Grèce n'est pas la seule nation dont on suppose l'histoire si rassurante pour nous. On nous signale
les anciens Juifs qui ont su apprécier hautement la dignité de la vie, sans avoir jamais eu de croyance à
une autre. Mais l'exemple le plus frappant pour nous
peut-être se trouve dans l'histoire de Rome, à l'époque de son activité la plus puissante. On nous invite
à regarder des hommes, comme Cicéron et César, ce
dernier surtout, et à nous représenter la puissante
réalité de la vie chez eux. César se souciait assurément fort peu de religion, et le peu qu'il en avait ne
jouait aucun rôle dans sa vie active. Il prenait le
monde comme il le trouvait, comme l'ont pris et ne
cesseront de le prendre encore les hommes sains d'esprit. Et une vie comme la sienne ne lui était pas
particulière. On voit en lui le représentant de cette
vie humaine, qui florissait, si pleine de vigueur, chez

(1) Le professeur Clifford, dans une de ses études historiques, envisage
le christianisme comme un simple épisode de l'histoire et du progrès en
Occident.

les Romains. Et ce qui rend, nous dit-on encore, cette considération plus instructive, c'est que cette vie a fleuri précisément en des circonstances toutes pareilles à celles que nous regardons comme si décourageantes aujourd'hui. Il y avait alors, comme de nos jours, une vaste désagrégation des anciennes croyances, et, pour un grand nombre, chez eux comme chez nous, c'était un fait gros de tristesses et de menaces. Quand nous lisons Juvénal, Pétrone, Lucien, Apulée, nous nous étonnons de trouver une si grande ressemblance entre leur temps et le nôtre; les deux époques, même sur de minces détails, se correspondent avec une prodigieuse exactitude; on en conclut que c'est un argument d'une grande puissance en faveur de ceux qui soutiennent que l'histoire se répète, et que les leçons du passé s'appliquent au présent et à l'avenir.

Mais, quelle que soit ici la part du vrai, ce n'est en réalité qu'une moitié de la vérité, et l'usage qu'on en fait dans l'argumentation présente conduit à une profonde erreur dans la pratique. L'histoire, sans aucun doute, se répète en un certain sens, et l'on peut dire que ce qui a été sera encore. Mais, dans un sens plus profond et plus large, il n'en est rien. Prenons pour exemple la vie d'un homme. Arrivé à l'âge de cinquante ans, il aura gardé sans doute quelques-uns des goûts et des manières qu'il avait à dix ans; ceux qui le connaissent depuis longtemps ne manqueront pas de s'écrier qu'il est toujours le même. Malgré cela, ils le trouvent bien différent. Plus rien des espérances d'autrefois; l'éclat du visage, la couleur, le

lustre de la barbe et des cheveux, ont disparu ; ce qui
l'avait amusé jadis a cessé de lui plaire ; ce qu'il
croyait important ne lui paraît plus qu'une futilité ;
s'il tient quelque chose encore pour sérieux, ce n'est
plus ce qui lui a semblé tel alors. On en dirait autant
de l'année, avec les vicissitudes des saisons. Son histoire en un sens se répète tous les jours. C'est toujours le même retour de la lumière et de la nuit, du
lever et du coucher du soleil ; celui qui n'aurait vécu
qu'un mois ou deux pourrait imaginer que ces vicissitudes impliquent une parfaite ressemblance. Qu'il
vive davantage, il s'apercevra qu'il n'en est rien.
Dans le courant d'un été, il constatera peu à peu le
changement qui se produit, et bientôt il lui faudra
reconnaître, qu'entre les jours et les nuits de l'été et
ceux de l'hiver, il y a une notable différence ; les fleurs
qui s'épanouissaient au matin, pleines de fraîcheur,
ont cessé d'ouvrir ou de fermer leurs corolles ; et les
deux saisons, il faut en convenir, bien que semblables
sur plusieurs points, sont pourtant, dans un sens bien
plus vrai, profondément dissemblables.

Il en est de même de l'histoire du monde. Isolez
certains phénomènes, et, sans aucun doute, ils se répé-
teront ; mais cela n'arrive qu'autant qu'on les isole.
Sur bien des points, la civilisation contemporaine et
la pensée du monde européen peuvent nous paraître
comme la répétition du passé ; nous nous persuade-
rons rencontrer nos frères dans les anciens âges et
pouvoir, comme le dit l'auteur cité plus haut, leur
serrer la main à travers les siècles. En réalité, il n'y a

là qu'un mirage décevant, quand on en fait l'application à des questions aussi profondes, aussi universelles que celles que nous traitons, à la religion, à la pensée positive et à la valeur de la vie. Les positivistes et les incrédules du monde moderne ne sont point ceux de l'ancien monde. Alors même qu'ils tiennent un langage identique, un abîme incommensurable les sépare. Dans nos affirmations et dans nos négations interviennent de nouveaux facteurs, qui tont de suite enlèvent toute valeur aux comparaisons. Leur importance apparaîtra bientôt plus clairement, mais je dois dès à présent en donner rapidement une idée.

Le premier de ces facteurs, c'est l'existence du christianisme, c'est ce vaste et manifeste changement dont il a été la cause et le signe dans le monde. Il a fait une œuvre, et cette œuvre demeure ; nous en ressentons tous les effets, que nous le veuillions ou non. Pour la décrire de la façon la plus sommaire, cette œuvre, la voici. Le surnaturel, dans l'ancien monde, était quelque chose de vague et d'indéterminé. Les théologies classiques, en tous cas, bien qu'elles lui eussent jusqu'à certain point donné un corps, ne pouvaient en réalité en exprimer qu'une très faible partie. On sentait confusément qu'un plus vaste mystère enveloppait Jupiter, avec les hiérarchies olympiennes ; ce mystère d'ailleurs demeurait sans forme dans l'esprit du peuple, et des hommes comme Platon ne pouvaient eux-mêmes le définir que très imparfaitement. Le surnaturel, comme un clair-obscur partout diffus, brillait ici davantage, s'assombrissait ailleurs, mais n'avait

nulle part de centre ni de foyer. Le christianisme l'a
mis au foyer, il a concentré en un seul tous les points
brillants, et réuni tous les rayons qu'on ne découvrait
pas avant lui. Cette *vague idée du bien,* dont Platon
avait dit que tout homme en présageait la réalisation,
sans pouvoir dire comment elle s'accomplirait, a trouvé
dans le christianisme sa forme définitive, et c'est la
divinité qui l'a revêtue. Ce Dieu, au point de vue extérieur, a conquis, on peut le dire, sa souveraineté,
comme le César romain. Il a absorbé dans sa personne
les fonctions de tous les dieux qui existaient avant
lui, comme le César romain avait absorbé toutes les
fonctions de l'État ; et ici encore, comme on l'a remarqué du César, le tout se trouva être incomparablement
plus grand que la somme des parties. Scientifiquement et philosophiquement, ce Dieu est devenu la
cause première du monde ; ce fut le père de l'âme
humaine et son juge en même temps, et, de plus, ce
fut encore son repos, sa joie et son désir. A la lumière
de cette conception développée, l'homme apparut
comme un être plus élevé ; ses pensées eurent à passer
sous le regard du grand discriminateur. Il avait été
fait à la ressemblance du Seigneur des seigneurs ; il
fut de la famille du Tout-Puissant, devant lequel tremble le monde visible ; ainsi, chaque détail dans la vie
d'une âme humaine est devenu incomparablement
plus vaste que les profondeurs de l'espace et du temps.
Et non seulement, le sentiment de la dignité humaine
s'est développé de la sorte et a pris une forme définie,
le sentiment correspondant de la dégradation est de-

venu aussi plus intense et plus défini tout à la fois.
On trouve bien dans Eschyle l'ombre de cette idée
du péché, mais ce n'est qu'une ombre vague et sans
forme. Le christianisme lui a donné son vrai sens et
sa profondeur. Seulement, le désespoir, qu'on eût pu
rencontrer dans cette voie, s'est adouci dans l'espérance.
En fait, le christianisme a proclamé clairement un
surnaturel, dont les hommes avant lui avaient, sans
le savoir, plus ou moins conscience. Cette proclama-
tion, complète ou non, est en tous cas la plus complète
que l'homme ait connue. Et en voici le résultat pratique : quand de nos jours on nie le surnaturel, on le nie
d'une façon dont jamais il n'a été nié précédemment.
Nos négations et nos affirmations sont sans comparaison plus complètes. Le surnaturel, dans l'ancien
monde, était comme un parfum pour embaumer la
vie, contenu en cent vases divers, dont deux ou trois
seulement s'ouvraient pour les mêmes hommes et chez
les mêmes peuples ; ils pouvaient donc s'en défaire
sans que la plus grande partie du parfum cessât de
subsister encore. Mais pour nous, c'est en quelque
sorte tout le parfum qu'on a mis dans un seul vase ; si
nous le rejetons, nous l'aurons perdu entièrement,
et nous n'aurons plus qu'une atmosphère inodore.

Nous citerons comme exemple le matérialisme de
Lucrèce. A bien des égards, ses négations ressemblent
beaucoup aux nôtres : mais, un peu au-dessous de la
surface, cesse la ressemblance. Il a nié la théologie
de son temps avec autant de force que les positivistes
nient celle du nôtre. Mais la théologie qu'il rejette

est incomplète et puérile. Il ne nie pas Celui qui embrasse et soutient toutes choses, car il ne le connaît pas. Sa négation des dieux qu'il repousse lui laisse la liberté d'en affirmer d'autres, dont l'existence, à tout bien considérer, est pourtant incompatible avec ses prémisses scientifiques. De même, quand il proteste contre l'immortalité de l'âme, ce qu'il nie n'est pas ce que nous nions nous-mêmes. Le seul avenir qu'il connaisse ne nous peut impressionner que d'une triste manière. C'est le simple prolongement de ce qu'il y a de pire dans la vie, et jamais le complément de ce qu'elle contient de meilleur. Nous sommes dans un cas bien différent. Autrefois on ne pouvait nier absolument le surnaturel, parce qu'on ne le connaissait point assez. Entre ne le point affirmer ou le rejeter, il existe une très grande différence. Beaucoup de croyances que repoussent les positivistes modernes sont de celles dont vivaient plus ou moins sciemment les positivistes de l'antiquité.

Voici maintenant un autre point à prendre en considération. Dans le cours des siècles chrétiens, au dire d'un écrivain moderne qui s'en indigne, l'abandon avec lequel on s'est jeté en des tendances surnaturelles, étrangères au monde présent, a engendré, « en ce qui tient à la dignité essentielle de l'homme, un pessimisme dégradant (1) ». Mais le monde, qui fut un objet de dédain, a changé pour nous de caractère. En bien des sens, sa grandeur objective, sans que nous

____

(1) Mr. Frédéric Harrison.

l'ayons remarqué, est allée en s'amoindrissant. Aujourd'hui, l'imagination, fût-elle conviée à cette tâche, ne lui rendra jamais la splendeur de ses formes anciennes. La terre autrefois, avec le genre humain qui y régnait en maître, nous apparaissait, dans sa grandeur immense, comme le centre de toute la création. Les découvertes assez vastes et assez puissantes pour la rapetisser n'entraient pas dans les esprits. Aujourd'hui tout a changé. Suivant la parole d'un historien contemporain bien connu en Angleterre (1) : « Le plancher des cieux constellé s'est effondré dans un gouffre sans fond ; la terre ferme elle-même, ébranlée sur ses fondements, se perd comme un minime atome dans l'effrayante immensité de l'univers. » Les cieux autrefois semblaient rendre hommage à la terre et se mettre à son service, pour lui donner l'ombre et la lumière ; ils ne font à présent, si loin que puisse aller notre imagination, que la restreindre et l'amoindrir. La même remarque s'applique à tous les détails de ce terrestre monde. Comme étendue, il est devenu étroit et mesquin, il a perdu ses mystères et ses profondeurs. Un cokney londonien en fait le tour dans une partie de vacances. Il n'y a plus

> « Ni cités d'or ni déserts de Tartarie
> « Auxquels on n'arrive en dix mois de voyage (2). »

Les confins de la civilisation ne touchent plus comme autrefois à des terres merveilleuses, incon-

(1) Mr. Froude, *Histoire d'Angleterre*, chap. Ier.
(2) Wordsworth.

nues et inexplorées. Ainsi disparaissent de plus en plus une foule de sentiments, qui jadis influaient puissamment sur le monde ; et nous n'avons rien, que nous sachions, à mettre à leur place. Le patriotisme, par exemple, ne saurait plus être une religion comme à Athènes, une ostentation comme à Rome. Les splendeurs matérielles et locales n'impressionnent et ne saisissent plus comme par le passé. L'orgueil de la vie fait bien encore l'objet de toutes les convoitises, mais cette recherche, chez ceux qui en jouissent, ordinairement du moins, ne va pas sans un certain mépris, et suppose quelque cynisme. On traite cette passion comme une courtisane, et non plus comme une divinité. Ce haut degré d'enthousiasme qu'excitaient autrefois les objets extérieurs, le monde n'y saurait pas plus remonter aujourd'hui, qu'une jeune fille ne saurait, pour s'en amuser encore, revenir à ses poupées, quand elle a passé l'âge. Elle peut regretter le temps des poupées, se dire qu'elle y trouvait plus d'intérêt, plus de plaisir peut-être, qu'elle n'en prend à l'amour ; mais les poupées ne rivaliseront plus avec aucun amour, pas même avec le dernier de tous. Ainsi en est-il de l'homme, de ses préoccupations et de ses ambitions. On réalisera bien par la pénétration de l'esprit la puissance d'un passé idéal, il n'en suit pas qu'on ressuscitera sa puissance en pratique.

En un mot, voici la situation de l'école positiviste de nos jours. Elle a des exigences à satisfaire dans la vie humaine qu'on n'a jamais connues jusqu'à présent, et, pour bien des raisons, la vie humaine est

plus incapable que jamais d'y donner satisfaction.
Mais ce n'est pas tout. Il nous reste un troisième
point à envisager, un troisième facteur, qui entre dans
le cas particulier à la crise actuelle. C'est le besoin
intense qu'on éprouve de se rendre compte de tout;
cet instinct s'est développé dans le monde moderne
et y a introduit un élément tout nouveau. Dans le
cours des générations dernières, il s'est fait en l'homme
une curieuse transformation. Il a beaucoup perdu de
son ancienne spontanéité; il est devenu un être qui a
besoin de regarder en avant et en arrière; son caractère instinctif de détermination a faibli sous l'influence
de la réflexion. On n'admet plus rien à présent sans en
savoir le pourquoi, et l'on a appris à démonter tous
les motifs de nos actions. Non seulement nous savons
davantage, mais nous ne cessons de ruminer nos connaissances. Ainsi, la pensée moderne ramène toutes
les religions à de simples idéalismes créés par
l'homme; elle admet volontiers, qu'en cette qualité,
elles ont exercé une grande influence, mais elle nous
enseigne que nous nous construirons dans l'avenir
de nouveaux idéalismes, avec cette seule différence
que nous saurons alors ce qu'ils valent et que nous
ne les confondrons plus avec les faits objectifs. Mais
une chose échappe à nos penseurs positivistes; ils
oublient que l'idéalisme qui a exercé son action sur
un peuple, l'a obtenue par cela même qu'on y voyait
autre chose, et qu'on le prenait pour un fait très
réel. Ils oublient que la position changera, sitôt qu'on
lui attribuera une autre nature. Il n'y a, que je sache,

aucun exemple dans l'histoire, qui nous montre les
hommes stimulés ou sérieusement affectés, aucun assurément qui nous les montre enchaînés et assujet-
tis par un pur idéalisme, reconnu comme tel, sans
qu'une réalité y corresponde. L'enfant a peur, quand
sa nourrice lui dit qu'un homme noir va descendre
par la cheminée pour l'emporter. L'homme noir n'est
qu'un idéal sans doute; et pourtant, l'enfant en est
affecté. Mais il cesserait de l'être, du moment qu'il
saurait à quoi s'en tenir.

A mesure que nous avancerons dans nos investigations, ces considérations nous deviendront plus claires. Mais nous en avons dit assez pour montrer que la
situation actuelle diffère de toutes celles qui nous ont
précédés et combien peu l'expérience du passé est
faite pour nous rassurer. La pensée grecque et romaine ne fut positiviste, au sens actuel du mot, que
dans une très faible mesure. Celle des autres empires
de l'antiquité ne le fut aucunement. La plus ancienne
civilisation dont on ait gardé le souvenir, celle de
l'Égypte, avait pour base un théisme qui se rapproche
beaucoup du nôtre; et les Juifs, dans leur captivité,
purent apprendre de leurs maîtres la doctrine de la
vie future (1). Nous chercherions donc bien en vain
dans l'histoire un parallèle à nos négations actuelles.

J'ai parlé jusqu'ici des peuples dont l'histoire a
plus ou moins directement affecté la nôtre. Mais il y
a une partie considérable du genre humain, avec la-

____

(1) Voir dans l'Appendice la note A.

quelle, à dire vrai, notre progrès n'a pas de connexion.
Les religions de ces races, qu'on commence aujourd'hui à étudier sérieusement, sont invoquées à
l'appui des doctrines positivistes. Ainsi, au dire de
Mr. Leslie Stephen, « la plus légère esquisse de l'histoire religieuse du genre humain nous montre que
des croyances, qui ont eu plus d'adhérents que le
christianisme, qui ont fleuri pendant de plus longues
périodes, ont négligé tout ce qui peut, aux yeux de ses
défenseurs, donner quelque valeur à l'enseignement
chrétien sur la vie future. » Le docteur Tyndall signale, avec un air de satisfaction pleine de confiance,
l'évangile du bouddhisme, « comme étant celui d'une
morale purement humaine, en dehors, non seulement
de Brahma et de la trinité brahminique, mais de l'existence même de Dieu ». De plusieurs autres côtés, on
fait appel à ce qu'on nomme vaguement « les nombreux symboles de l'Orient » ; mais c'est au bouddhisme, sous ses formes variées, qu'on semble toujours
en revenir. Voyons donc quel est le résultat réel de ces
prétentions. Nos positivistes ont invoqué le bouddhisme, et ils ne manqueront pas d'y aller. De tous
les faits humains, c'est un des plus considérables et
des plus importants. Mais il est loin d'avoir la signification qu'on lui attribue généralement (1).

Que la religion bouddhiste ait eu largement prise
sur le monde, c'est vrai. Assurément, près de la
moitié du genre humain la professe encore actuelle-

____

(1) Voir dans l'Appendice la note B.

ment. A l'exception de la croyance judaïque, c'est la plus ancienne de toutes celles qui existent, et celle qui compte sans comparaison le plus grand nombre d'adhérents. Il faut avouer encore que, dans son état pur, elle ne donne point pour base à son enseignement la croyance à un Dieu personnel, qu'elle ne présente point, comme fin de nos actions, le bonheur dans une vie immortelle. Mais ce n'est pas une raison pour qu'elle offre une ressemblance réelle avec notre positivisme moderne en Occident, ni pour que ce dernier puisse s'en prévaloir. Au contraire, il y a entre eux une opposition absolue; le bouddhisme doit son succès à des doctrines que le positivisme occidental répudie hautement. En premier lieu, loin de se baser sur une pensée positiviste, il prend pour fondement quatre grands mystères, expressément placés en dehors de toute preuve, et que la raison n'atteint pas. Le principal et le plus intelligible, c'est la transmigration et le renouvellement de l'existence individuelle. C'est par cette doctrine mystique, et par elle seule, que le bouddhisme a eu prise sur l'esprit humain. C'est le grand point d'appui de son levier. En outre, — et ceci importe davantage encore, — tandis que dans la doctrine du positivisme en Occident, la vie humaine est bonne ou peut le devenir, et que le grand *stimulus* de l'action résulte de la possibilité d'en jouir; dans la doctrine du bouddhisme, la vie humaine est mauvaise, et le véritable but de l'homme n'est pas de la rendre agréable, mais d'éteindre en lui le désir qu'il en a. Ainsi, la plupart des positivistes en Occident regardent l'amour comme un très grand bien ; le bouddhisme nous dit qu'il faut l'éviter, « *comme une fournaise* de charbons ardents ». Le plus influent des écrivains positivistes en Angleterre (1) a dit : « Je ne souhaite pas un avenir qui brise les liens du passé. » Le bouddhisme enseigne que nous ne pouvons pas aimer un présent qui nous crée des liens pour l'avenir. Le principe de la doctrine bouddhique, c'est la profonde misère de cette vie ; et la récompense finale de la sainteté dans le bouddhisme, c'est de ne plus vivre. Si nous mourons dans le péché, nous serons forcés de revivre encore sur la terre, et peut-être faudra-t-il des vies nombreuses pour épuiser la nécessité de ces nouvelles naissances. Mais quand nous aurons atteint la perfection, l'écorce du mal sera brisée, et l'homme sage, nous dit-on, s'éteindra comme une lampe. La vie, dans sa plus haute expression, c'est l'isolement et l'ascétisme. Au début de ses prédications, le fondateur du bouddhisme se vit en présence de cette objection, qu'avec son système, on arriverait, en le poussant jusqu'au bout, à la ruine et à la destruction de l'humanité ; il ne repoussa point l'accusation, et affirma que ce qu'on appelait la ruine n'était vraiment que le plus haut degré du bien.

On concevrait donc difficilement un appel plus malheureux, que celui qu'ont fait au bouddhisme nos positivistes modernes. C'est un appel d'optimistes à des

____

(1) Georges Elliot.

pessimistes invétérés, de penseurs exacts à des mystiques obstinés. L'étude de sa doctrine ne peut avoir
d'autre importance que de nous apprendre que la masse,
de beaucoup la plus nombreuse du genre humain,
réunie dans la même croyance, a renié expressément
tous les points que soutiennent nos maîtres en Occident. Ainsi, loin de clore la question qui nous occupe,
celle de la valeur de la vie, le témoignage du bouddhisme, s'il a quelque poids, arrive seulement à nous
convaincre que la question est tout à la fois neuve et
pendante, — neuve parce que jamais elle n'a été posée
aussi complètement qu'aujourd'hui, pendante, puisque la moitié du genre humain, sur les points où
elle a porté, a repoussé la réponse que nous cherchons
chez nous à lui donner. Mr. Leslie Stephen appelle le
bouddhisme un *fait prodigieux*. Soit; toutefois, dans
ses rapports avec la philosophie actuelle de l'Europe,
il ne paraît guère propre à fortifier notre foi dans la
dignité essentielle de l'homme et dans la valeur de la
vie.

En somme, plus nous examinons le sujet, plus
nous multiplions les points de vue, plus aussi il devient évident que le problème que notre âge doit
envisager est de ceux auxquels on n'a pas répondu ;
car les situations qu'on a regardées comme parallèles chez des peuples et en des siècles divers ont en
réalité avec ce qui se passe parmi nous beaucoup plus
de disparate que de parallélisme.

Le sentier que suivait la pensée a fait un coude ;
il a tourné au versant d'une montagne, et désorien-

tés, nous nous sommes mis à regarder une perspective que nous n'avions jamais vue encore. Les *leaders*
du progrès ont salué de leurs acclamations ce point
de vue nouveau, et nous ont déclaré avec assurance
que nous avions en face de nous la terre promise.
D'autres, plus réfléchis, moins prompts à tout accepter d'instinct, s'aperçoivent que le brouillard enveloppe toute la scène et pensent que nous n'avons aucune raison d'assurer, si c'est ou non la terre promise.
Ils voient de graves motifs pour examiner de plus
près et se demandent si le brouillard, en se levant,
au lieu de nous présenter un splendide coup d'œil,
ne découvrira pas une scène de désolation.

Telle se montre, dans une rapide esquisse, la question que nous avons à traiter et que nous allons maintenant serrer de plus près.

CHAPITRE II.

LA MORALITÉ ET LE PRIX DE LA VIE.

Nous venons de voir à grands traits ce qu'il faut
entendre par cette valeur de la vie, dont nous avons à
faire l'analyse : nous allons à présent l'examiner minutieusement, comme le fait elle-même l'école positiviste.

Tout d'abord, un point important doit nous paraître
évident. La valeur en question est étroitement liée à
ce que nous appelons la moralité. A cet égard, ceux
qui nient le surnaturel déclarent qu'ils se tiennent sur
un terrain aussi solide que ceux qui y croient. Ils n'admettent pas que le sérieux de la vie puisse subir aucun
amoindrissement chez eux, ni qu'ils aient ouvert la
porte à la légèreté ou à la licence. On avoue bien sans
doute à l'occasion, que la ruine de la croyance en Dieu
et dans une vie future peut être pour nous une perte
réelle, en certaines circonstances ; d'autres, toutefois,
prétendent que cette perte est un gain. Mais ces ma-

nières de voir n'ont ici que peu d'importance ; car ceux mêmes qui reconnaissent le plus ce qu'on fait ainsi perdre à la vie, ne prennent pas au sérieux ce préjudice et ne le croient nullement fatal. Le *bien* reste toujours le but de nos efforts, et celui qui s'y dévoue n'aura que plus de mérite à le faire sans aucun intérêt. Ainsi, le Dr. Tyndall nous déclare que, tout en ayant rejeté la religion de ses jeunes années, pourvu qu'il jouisse de la santé du corps, « il n'est aucune des expériences spirituelles qu'il connaissait alors, aucun accomplissement du devoir, aucune œuvre de miséricorde, pas un acte d'abnégation, pas une pensée solennelle, pas une joie dans la vie ou dans les aspects de la nature, qu'il ne veuille garder encore ». Le même enseignement se dégage implicitement de toutes les nouvelles de Georges Elliot ; et le professeur Huxley nous dit : « Arrive que pourra de nos croyances intellectuelles, de notre éducation même ; les charmes de la sainteté, les laideurs du mal demeureront pour ceux-là qui ont des yeux pour les voir, non point de simples métaphores, mais des sentiments réels et profonds. » Nous ne citons qu'un petit nombre d'exemples, mais ils suffisent, car tout le monde connaît cette façon d'envisager la vie, comme on nous la présente dans ces citations ; et les plus vives instances de l'école positiviste moderne portent sur ce point, qu'elle ne détruit pas, mais qu'elle rend au contraire plus profonde la différence entre le bien et le mal.

Considérons maintenant ce que signifie, dans toutes les théories positivistes, cette suprématie qu'on donne à la morale. On veut nous faire entendre que la vie active doit suivre un certain cours, et celui-là seulement, pour qu'elle puisse devenir en nous une belle et noble chose ; et l'on nous dit que la vie est sérieuse, parce que ce résultat, nous pouvons l'obtenir ; qu'elle est solennelle, parce que nous risquons aussi peut-être de n'y point arriver. S'il en était autrement, le bien et le mal n'auraient pas de sens général et objectif. Ce serait une affaire purement personnelle, une manière de dire trompeuse, et tout dépendrait des goûts ou des répugnances de chacun. Parler alors du droit, du bien et de la moralité, prétendre que nous avons à nous y conformer, qu'il faut en vivre, ce serait dire une absurdité.

L'existence seule d'un système moral implique, qu'en dehors de nos inclinations personnelles, il existe un modèle commun, d'après lequel nous devons nous régler, pour entrer en participation d'un bonheur commun, incomparablement supérieur à tout autre genre de bonheur.

Nous nous trouvons ici en présence de deux tâches bien claires. La première consiste à rechercher ce qu'est ce bonheur, quelles sont les qualités et les attraits qu'on lui attribue généralement ; la seconde, à l'analyser, tel qu'on nous le propose, et à voir si les propriétés qu'on lui reconnaît suffisent à procurer un résultat complet.

Pour commencer, tout système moral réclame, comme on l'a vu, une fin d'action et une fin à laquelle on n'arrive que par la voie de la moralité. De plus, cette fin est dans la vie la seule chose qui soit vraiment digne d'être atteinte, et, puisque nous n'avons point affaire à une autre vie que celle-ci, cette fin doit se trouver dans les jours et dans les années dont se compose notre courte existence. C'est de la valeur adéquate de cette fin universelle que dépend toute la question de la valeur positive de la vie et de la dignité essentielle de l'homme.

Cette façon de régler le cas en question est telle que les moralistes positivistes eux-mêmes l'ont souvent admise. Voici, par exemple, un passage extrait de l'autobiographie de J. S. Mill. « A partir de l'hiver de 1821, écrit-il, où, pour la première fois, je lus Bentham... j'ai eu ce qu'on peut vraiment appeler un objet à ma vie, celui d'être un réformateur du monde. J'ai bien, sur ma route, cherché à cueillir ailleurs des fleurs ; mais la satisfaction personnelle, sérieuse et permanente, dans laquelle seule j'ai pu me reposer, je n'ai jamais compté la trouver que là. Le temps est venu cependant, où je me suis éveillé comme d'un songe, où j'en suis arrivé à me poser directement cette question : Suppose que tous les objets de ta vie soient réalisés, que tous les changements dans les institutions et dans les opinions réclamés pour l'avenir soient accomplis en ce moment ; serait-ce donc une grande joie, serait-ce le bonheur pour toi ? Un sentiment invincible, dont j'eus conscience, me répondit : Non. A ce mot, tout mon cœur tressaillit en moi, et tous les fondements sur lesquels s'élevait ma vie s'écroulèrent... Le but avait cessé de me charmer ; quel intérêt pouvait rester encore dans les moyens? Il me sembla qu'il n'y avait plus rien pour quoi je pusse vivre encore. Les vers de Coleridge sur l'abattement représentent bien ma situation :

> « Un chagrin sans douleur, morne, vide et sombre,
> « Un lugubre chagrin, étranglé, sans passion,
> « Qui ne trouve aucune issue naturelle, aucune consolation,
> « Ni dans la voix, ni dans les soupirs, ni dans les larmes.
> . . . .
> « Travailler sans espoir à verser du nectar dans un vase sans fond,
> « Espérer sans aucun objet, ce n'est pas vivre. »

Cet aveu devient encore plus significatif par le commentaire dont le fait suivre l'auteur. « Mon abattement, à l'envisager en toute sincérité, ne méritait d'autre nom que celui d'égoïsme, puisqu'il tenait à la ruine de l'édifice de mon bonheur ; pourtant la destinée de l'humanité n'en demeurait pas moins dans ma pensée inséparable de la mienne. Je sentais qu'une brèche dans ma vie ferait brèche dans la vie elle-même ; car en admettant que les réformateurs de la société et du gouvernement aient vu le succès couronner leurs efforts ; que tous les membres de la communauté aient conquis, avec la liberté, les conditions du bien-être matériel ; que les entraves de la lutte et de la privation aient cessé de nous retenir loin des plaisirs de la vie, la question serait encore de savoir si tous ces avantages constitueraient des biens véritables ; et je sentais bien qu'il fallait à l'humanité de meilleures espérances et qu'à moins d'en découvrir, j'avais de bonnes raisons de persister dans mon abattement. »

Dans le cas de Mill, cet abattement ne dura pas toutefois ; par des moyens auxquels il n'est pas encore temps de toucher, il réussit, à sa propre satisfaction, à trouver la fin qu'il demandait. Je l'ai cité seulement pour montrer ce qu'il pensait de la nécessité d'une telle fin. Il n'en fit pas profession en théorie seulement et du bout des lèvres ; il en témoigna aussi par de longs jours de misère, par des idées de suicide intermittentes et par des années de mélancolie sans cesse renaissante. Une fin dernière à l'action, un genre de bonheur capable de nous satisfaire : voilà, et voilà seulement, il le sentait bien, ce qui pouvait donner à son œuvre une signification et rendre possible un genre de vertu quelconque. Nous recevons la même assurance d'une autorité supérieure à la sienne. Le professeur Huxley nous dit que la seule grande question à laquelle l'éducation doive répondre, est celle que Mill se posait avec tant d'ardeur. « La fin dernière de l'éducation est de favoriser la moralité et le perfectionnement, en apprenant aux hommes à se discipliner, en les amenant à comprendre qu'on atteint la plus haute et la seule vraie satisfaction, non pas en se traînant avec la foule, en glissant sur les pentes de la sensualité, mais en s'efforçant de gravir les sommets, où la raison plane dans un calme éternel et discerne l'indéfinissable mais radieux idéal du bien suprême,... colonne de nuée pendant le jour, et de feu pendant la nuit. » On trouve dans ces paroles un excellent spécimen des exhortations morales habituelles à la nouvelle école.

Or, tout va bien dans cette voie, pour peu qu'on y marche ; et s'il n'y manquait une chose, nous aurions précisément la réponse que nous désirons tant de formuler ; mais cette seule lacune enlève au reste toute valeur. Toute cette morale a peut-être beaucoup de sens ; impossible toutefois de dire exactement ce qu'elle signifie. Avant de faire effort pour arriver au *bien suprême,* il faut que nous sachions quelque chose de ce *bien suprême :* il faut que ce *brillant idéal* se dresse et se dévoile. S'il n'en a pas le pouvoir, s'il s'évanouit dans le brouillard, à mesure qu'on s'en approche ; s'il revêt pour chacun de nous une forme différente quand on s'en éloigne ; bien plus, s'il n'est donné de le voir qu'à quelques-uns seulement, tandis qu'il demeure pour les autres tout à fait invisible, il ne nous reste alors qu'à le jeter bas, comme une vaine illusion, sans perdre plus de temps à le poursuivre. Mais le positivisme prétend bien que ce n'est pas une illusion. Le ciel et l'amour de Dieu, nous dit-il, voilà des illusions ! Ce bien suprême que nous vous offrons, au contraire, s'en distingue très nettement. C'est une chose présente, à notre portée, faite pour des créatures de chair et de sang, et c'est dans cette vie journalière et commune qu'on l'obtient et qu'on en jouit. C'est, nous disent expressément et d'une voix unanime, les prophètes du positivisme, une forme de bonheur qui doit résulter pour nous en cette vie d'une certaine conduite ; c'est essentiellement une affaire du temps présent et qui ne peut être en aucune façon, au dire du professeur Huxley, affectée par le fait de la prolongation ou de l'extinction de notre vie consciente.

Cela étant, rien de plus raisonnable assurément que de demander compte explicitement de ce bien suprême, et si l'on n'a pas d'explication nette à nous en donner, de chercher soigneusement à quel point on peut s'en rendre compte.

Remarquons d'ailleurs, qu'on a droit de faire une pareille demande, sans violer en rien la règle d'Aristote, et sans réclamer une plus grande exactitude que n'en comporte le sujet. Le *bien suprême* peut fort bien être un objet vague, incapable d'être exactement décrit, comme une figure d'Euclide. Mais beaucoup d'objets vagues admettent une description assez exacte pour la conduite pratique. On peut toujours les définir de telle sorte qu'on sache tout de suite ce qu'il en faut penser et qu'on puisse après les trouver et les reconnaître. Ainsi en est-il des sentiments, des caractères et des physionomies personnelles ; le goût des aliments, le style d'un ameublement, le ton général et la teneur de notre vie en des circonstances diverses, sont du même genre. Le *bien* que nous avons à considérer peut sûrement se décrire comme tous ces objets. Quand donc nos penseurs exacts nous parlent du suprême bonheur, nous demandons à savoir la signification qu'ils attachent à ces mots. Le professeur Huxley, par exemple, en a-t-il joui, espère-t-il en jouir? S'il en est ainsi, où, quand et comment? Pour l'acquérir qu'y a-t-il à faire ou à ne pas faire? Quand on le possède, à quoi ressemble-t-il? Est-ce quelque chose de subit, d'enivrant, d'intermittent, comme semble l'insinuer le

langage qu'on emploie pour en parler? Ne le goûte-
t-on qu'à de rapides moments d'extase néo-platonique,
qui rencontrent une pierre d'achoppement dans toutes
les actions de la vie? On ne saurait le supposer. Nos
penseurs exacts sont essentiellement autres que des
mystiques ; et le suprême bonheur doit avoir bien plus
de solidité qu'on n'en trouve en des extases transcen-
dentales. Donc, à coup sûr, s'il existe, il faut que, de
façon ou d'autre, on puisse mettre la main dessus.
C'est une colonne de feu pendant la nuit ; elle sera donc
certainement visible. Il faut le dresser à tous les yeux
et il attirera tous les hommes à lui. Il n'est rien, s'il
n'est pas tel, comme nous le verrons mieux encore en
poursuivant notre sujet.

Ce bien principal ou ce suprême bonheur, étant la
fin de l'action morale, un point s'y montre tout de suite
en évidence. Il faut que ceux qui pratiquent la morale, ou qui promulguent des systèmes moraux, en
connaissent la valeur. Les hommes vertueux sont tels,
parce que la vertu les conduit à la fin à laquelle
ils veulent arriver. Mais ce n'est point assez. Il ne
suffit pas que le bien apparaisse dans tous ses attraits
à ceux qui déjà le recherchent, il faut qu'il puisse
attirer ceux qui ne le connaissent pas, qui ne l'ont
jamais cherché, qui se sont détournés au contraire de
tout ce qui y conduit. Il faut, en un mot, qu'il rende
non seulement les vertueux satisfaits de la sagesse de
leur vertu, mais qu'il convainque les vicieux de la
folie de leur vice. Aux yeux du moraliste positiviste,
le vice n'est mauvais qu'en raison de ce qu'il nous

fait perdre dans le temps présent, *quelque chose* de précieux. Il ne peut nous convaincre de notre erreur qu'en nous donnant une idée de la perte que nous faisons. Il doit pouvoir le faire, si son système a quelque valeur : puisqu'il promulgue ce système, il se reconnaît en état d'en montrer les avantages. La tâche du médecin consiste à guérir le malade ; son talent ne doit pas se borner à nous donner des explications sur sa propre santé. Une morale qui ne vaut pas qu'on la prêche ne vaut évidemment pas qu'on la pratique. Inutile de fournir une preuve qui n'a de sens que pour ceux auxquels elle est superflue. Il est donc de l'essence même de la fin morale qu'on puisse généralement la présenter d'une façon ou d'une autre, en sorte que, par son excellence, elle fasse appel à quelque sens commun à tous les hommes. Encore faut-il observer que nous n'exigeons pas une exactitude mathématique, nous demandons seulement qu'on nous donne une explication assez nette, pour nous permettre de reconnaître dans la vie le fait correspondant.

Maintenant, qu'est-ce qu'un code de morale, et pourquoi le monde a-t-il besoin d'en avoir un ? Un code de morale est un ensemble de chapitres restrictifs qui nous enjoignent rigoureusement de marcher dans certaine voie. Mais pourquoi ? A quoi bon ces prescriptions ? C'est qu'il y a beaucoup d'autres voies où l'on se sent naturellement entraîné à marcher. La voie droite est droite, parce qu'elle nous mène au genre de bonheur le plus élevé ; les sentiers perdus sont tels, parce qu'ils aboutissent au genre le plus infime du

bonheur. Qu'arrive-t-il, quand des hommes préfèrent
le vice à la vertu? Ils considèrent un bonheur moindre
et inférieur comme préférable au plus grand et au
meilleur. Cette méprise est l'essence et la cause de
l'immoralité; cette méprise, le genre humain est toujours porté à la faire, et c'est seulement à cause de
cette inclination, que tout système de morale doit
avoir une valeur générale.

Si nous étions tous enclins à la moralité, il y aurait
sans doute encore à l'analyser un grand intérêt spé-
culatif; mais on pourrait se passer d'un système de
morale pour obtenir un grand résultat pratique. La
loi, comme on sait, vient de la trangression, et les
moralistes doivent se mêler de la nature humaine,
principalement à cause de ses inconstances et de sa
corruption. C'est un cheval sauvage, qu'il ne s'agit pas
de dompter une fois pour toutes, mais bien de conduire
et de tenir toujours en rênes. L'art du moraliste consiste à faire ouvrir les yeux de l'esprit sur le véritable
but de la vie, afin de nous donner la conscience claire
de la perte que nous faisons en le perdant. Et ceux
auxquels nous avons surtout à faire voir cette fin,
ne sont pas, remarquons-le bien, ceux qui désirent
qu'on la leur montre et qui la cherchent de leur plein
gré ; ce sont bien plutôt des hommes qui s'en détournent,
et auxquels il faut en imposer la vue. Ce ne sont pas
les justes, mais les pécheurs qu'il convient d'appeler
à repentance. Et de plus, non seulement cette fin doit
être présentable, il faut encore qu'une fois présentée,
elle puisse résister aux critiques opiniâtres que sou-

lèveront contre elle ceux qui redoutent de céder à ses
attraits, qui se trouvent bien comme ils sont, et ne
veulent pas qu'on leur enlève la satisfaction dont ils
jouissent. Ceux-là ne manqueront pas de la mettre à
l'épreuve et de recourir à tous les moyens en leur
pouvoir, pour établir que son attrait nous trompe : ils
la soumettront à l'examen de la raison, comme un mé-
tal qu'on éprouve au moyen des acides. Ils demanderont sur quoi elle repose et de quoi elle se compose. Ils emploieront contre elle une analyse aussi
impitoyable que celle qui a servi aux positivistes pour
dissoudre le théisme.

Voici donc le fait que présuppose toute morale positiviste. Elle présuppose que, par sa nature même,
la vie contient en soi la possibilité d'un certain genre
de bonheur, accessible à tous les hommes et supérieur
à tous les autres. Ce bonheur, il faut qu'on puisse le
présenter et le faire agréer à ceux qui ne le connaissent
pas par expérience. Il ne suffit point que son excellence ait une vague apparence, il faut qu'on puisse la
démontrer par des faits clairs et manifestes ; il est
de plus nécessaire qu'il y ait une séparation profonde entre ce bonheur et l'alternative opposée. La
vie dans le vice, la plus fière, la plus sereine, la plus
favorisée, doit sembler misérable, si on la compare
avec la vie dans la vertu, et misérable à un très haut
degré ; car la moralité n'a d'importance que dans la
proportion rigoureuse de ce qu'elle nous fait gagner
et de ce que nous perdons sans elle. Si la séparation
n'avait pas cette profondeur, le langage qu'on emploie,

en parlant de l'importance de la vertu, de la dignité
de la vie, et de la solennité de ce combat moral, serait
tout à fait exagéré et ridicule.

Reste à savoir si ce bonheur est un mythe ou une
réalité. C'est là la grande question. La vie humaine,
si on lui enlève toute espérance placée en dehors d'elle,
peut-elle le donner? Si l'on répond négativement, on
avouera dès lors qu'il n'y a pas de moralité sans religion. Mais il se peut qu'elle soit en mesure de le
procurer ; elle a peut-être des capacités plus vastes que
celles qu'on lui a accordées jusqu'à présent. Ce bonheur, nous l'avons peut-être réellement sous la main :
nous ne l'avons pas remarqué jusqu'à présent, parce
qu'il se trouvait placé trop directement sous nos yeux.
Eh bien, dans tous les cas, quelque part qu'il soit,
qu'on nous le signale. Sous peine de le rendre inutile,
on devra, comme nous l'avons vu, le présenter généralement à tous, et tant qu'on ne pourra le présenter
à ceux qui en ont le plus besoin, il ne servira de rien.
Et nous ne ferons certainement alors que nous conformer aux principes de ceux qui le mettent en avant,
quand nous refuserons d'en reconnaître l'existence.
« Ni la simplicité de l'esprit, » a dit le professeur Clifford, « ni l'ignorance qui provient de l'infériorité de
notre condition, ne peuvent nous dispenser du devoir
qui s'impose à tous, de mettre en question tout ce que
nous croyons. »

Donc, la question à laquelle nous cherchons présentement une réponse se trouve établie avec une
clarté suffisante, qui en met l'importance et la légiti-

mité hors de doute. J'ai maintenant à montrer en détail que les réponses qu'on nous a données jusqu'à ce moment ne sont aucunement satisfaisantes ; que les unes sont évasives, que les autres laissent beaucoup à désirer, que les plus plausibles même perdent toute valeur, par suite d'un défaut subtil, mais profond, qu'elles ont toutes.

Ces réponses se divisent en deux classes, lesquelles pour avoir été toujours confondues, n'en sont pas moins en réalité séparables et distinctes. Le professeur Huxley, un des plus forts de nos penseurs positivistes, nous aidera à les comprendre et à les distinguer. Il se propose de nous dire, ne l'oublions pas, à propos de ce *bien suprême*, de ce bonheur dont nous avons à parler... le secret de la valeur de notre vie et la règle de toute notre conduite. Ce bonheur, il le divise en deux catégories (1). Il y a, selon lui, deux choses à distinguer, quand on en parle. On peut entendre le bonheur d'une société, ou celui des membres qui la composent. Et quand il est question de moralité, il s'agit encore de deux choses qui doivent rester distinctes. C'est d'abord ce que le professeur appelle la *moralité sociale*, laquelle a pour criterium et pour objet le bonheur de la société ; vient ensuite ce qu'il appelle la *moralité personnelle,* dont le bonheur individuel est le criterium et l'objet. Les réponses des positivistes se partagent donc en deux classes, selon qu'elles se rapportent à tel ou tel genre de bonheur.

(1) Voyez *Nineteenth Century*, n° 3, p. 536-537.

Avant tout, il importe que cette division soit comprise, qu'elle demeure claire dans notre esprit, si nous voulons voir en toute vérité ce à quoi aboutissent nos systèmes modernes de positivisme. Car ce qui rend à présent ces systèmes si difficiles à débrouiller, c'est que ceux qui les exposent s'embrouillent eux-mêmes continuellement dans ces deux classes de réponses. Ils donnent, à tort et à travers, tantôt l'un, tantôt l'autre, convaincus que, grâce à ce mélange des substances, ils arrivent à fournir des solutions sur toute question. C'est ainsi qu'ils parlent toujours de la vie, comme si le bonheur personnel en devait être le couronnement, et que sitôt qu'on leur demande d'expliquer la nature et la base de ce bonheur, ils changent de terrain, et nous répondent en exposant les conditions et les lois du bonheur social. Nous en trouvons encore un parfait exemple chez le professeur Huxley. Il débute par cette thèse, que ces *deux ordres* de moralité ont assez de force en eux-mêmes pour se soutenir sans le secours du surnaturel. Nous cherchons alors sur quel terrain il va les établir : et il nous faut suivre son explication qui ne porte que sur un *seul* point.

« Étant donnée, nous dit-il, une certaine société d'êtres humains, placée en des circonstances déterminées, on demande à savoir si une action particulière d'un de ses membres tendra à accroître ou non le bonheur général. La question relève d'une connaissance naturelle et, comme telle, elle peut légitimement fournir un sujet d'enquête scientifique... Qu'on nous montre que le vol, le meurtre ou l'adultère, ne tendent pas à diminuer le bonheur de la société, alors, en tenant uniquement compte de la connaissance naturelle, on n'y verra pas des immoralités sociales. »

Dans ce passage du moins, nous trouvons une chose : le sommaire de l'une des classes de réponses que nous offrent nos moralistes positivistes. C'est de cette classe que je vais m'occuper dans le chapitre suivant. Je montrerai aussi brièvement que possible que cette réponse est absolument inapplicable ; après quoi, je passerai à la seconde classe.

CHAPITRE III.

DE LA SOCIOLOGIE COMME FONDEMENT DE LA MORALE.

La société, dit le professeur Clifford, est le plus haut de tous les organismes ; et sa nature organique, ajoute-t-il, est un des plus grands faits que notre génération présente ait la première établi, d'une façon rationnelle. C'est parce que nous l'avons compris que nous avons pu donner à la morale une base positive ; et c'est, en raison de cet organisme de la société, « que des actions individuelles sans importance, réunies en masse, constituent des mouvements considérables. La coopération, ou l'association pour le travail, en est la vie ; et c'est la pratique de cette association, » inconnue pourtant jusqu'à nos jours, qui a façonné l'homme de telle sorte, ajoute-t-il, « qu'elle a créé en lui deux facultés spécialement humaines, la conscience et l'entendement ». La première, nous dit-on, nous inspire le désir du bien, et la seconde nous apprend à le réaliser par l'action. De même encore le professeur Huxley, pour en revenir à lui, prétend que « l'humanité deviendrait ainsi « une véritable *civitas Dei* »; chacun y aurait des facultés morales, en vertu desquelles il règlerait tous ses désirs et ne leur permettrait jamais d'aller à l'encontre du bien de la communauté ». De son côté, J. S. Mill, dont nous venons de voir les inquiétudes au sujet de la valeur de la vie, nous déclare que, pour lui du moins, cette même réponse lui donne une entière satisfaction. Jamais, nous dit-il, même au milieu de ses perplexités, « il n'avait hésité dans cette conviction », que si la vie avait une valeur réelle, « le *bonheur* en devait être la fin, comme il doit être le criterium de sa règle de conduite. » Maintenant, il croyait que pour y arriver, il ne fallait pas en faire une fin directe, « mais qu'il fallait proposer à l'esprit un autre objet que son propre bonheur : le bonheur des autres et le perfectionnement du genre humain ». De bien des côtés et de bien des manières on nous fait la même déclaration. Le nom commun de cette théorie, c'est l'utilitarisme; et sa grande prétention, la force spéciale qu'il s'attribue, c'est de donner à la morale une base positive, laquelle repose sur la science bien établie de la sociologie. La sociologie nous offre-t-elle vraiment cette base? voilà ce que nous avons à rechercher maintenant. Elle a bien des règles pratiques sur lesquelles elle veut la poser; reste à savoir seulement si ces règles correspondent à ce que nous appelons la morale.

On détermine aisément, en de certaines limites du moins, le domaine du sociologiste. C'est à lui de donner au corps social les soins que donne le médecin au corps individuel, à lui d'étudier l'action humaine, en tant qu'elle peut ou non produire certain bien général. Mais le point auquel il faut arriver est celui-ci : Qu'est-ce que ce bien général? que comprend il? L'école positiviste soutient que c'est le bonheur général, et ses partisans se flattent de répondre ainsi à la grande question de savoir, quel est le criterium de la conduite et la véritable fin de la vie? Mais si cette réponse nous présente, comme nous le verrons, quelque chose de plausible, elle n'est pourtant aucunement celle que nous cherchons.

Notre question la voici : Quel est le vrai bonheur? Que nous répond-on? Que le vrai bonheur est le bonheur général, le bonheur des hommes en société, également distribué entre tous. Nous voilà bien avancés ! Ce *bonheur* cherché n'en demeure pas moins un coffre fermé ; et nous ne savons rien de ce qu'il contient. Une société heureuse ne peut et ne doit signifier qu'un certain nombre d'individus qui sont heureux, ou organisés de telle sorte que leur bonheur individuel est assuré. Mais que demandent ces individus? Avant d'essayer de leur assurer quelque chose, voilà ce qu'il faut savoir. Du moment que nous connaîtrons ce qui fait le bonheur des individus, nous saurons également ce qu'il faut à la société. Alors, la moralité sociale, comme le dit le professeur Huxley, deviendra très légitimement le sujet d'une recherche scientifique, mais alors seulement. Et voilà justement ce que l'école positiviste perd constamment de vue, et il n'y a pas à chercher bien loin la raison de la confusion qui se produit.

Jusqu'à certain point, on peut dire en toute vérité que le bien général est une matière suffisamment claire, et sur laquelle on ne saurait raisonnablement discuter. Certaines règles de conduite peuvent s'établir et se démontrer par des méthodes rigoureusement scientifiques. On démontrera que certaines actions ne méritent jamais d'être tolérées, et qu'il faut se liguer contre elles pour les supprimer autant que possible. Toute action, par exemple, qui tendrait à propager la peste, à détruire la confiance entre les citoyens, à menacer nos propriétés ou nos vies, constitue une action vile et qu'on peut scientifiquement vérifier comme telle.

Mais le *bien général,* d'après lequel on juge ces actions, est chose tout à fait distincte du bonheur, bien qu'il y touche de près assurément. On n'y saurait voir un genre spécial de bonheur, bas ou élevé, mais seulement une condition négative, également requise à tous les genres. Si nous devons être heureux, de quelque manière que ce soit, il va sans dire qu'il faut que nos vies et ce qui tient à nos vies, notre fortune et notre santé, soient en sûreté tout d'abord. Mais cette simple garantie ne nous assure pas le bonheur, elle nous permet seulement de nous le procurer, si nous le pouvons. Qu'on nous donne donc quelque jouissance à mettre en commun et qui constitue le bonheur, et nous formulerons alors des règles pour y parvenir. Mais à défaut de toute jouissance de ce genre, le seul but qui reste à la moralité sociale, comme la seule signification que puisse avoir le *bien général*, ce n'est point d'arriver à un ou plusieurs genres de bonheur, mais simplement d'obtenir la garantie des conditions sans lesquelles tout bonheur serait impossible.

Supposons que le genre humain fût une collection de canaris en cage, et qu'une grande question s'élevât sur le genre de nourriture qu'il convient de leur donner : du chènevis, du colza, du millet ou bien un mélange convenablement assorti de ces trois graines ; cette hypothèse représente bien le cas où nous nous trouvons et la question que nous adressons à l'école positiviste. On comprend parfaitement que, dans cet embarras, on ne répondra pas au point qui nous occupe, en venant nous dire que les oiseaux ne doivent pas s'arracher les yeux, et qu'ils doivent tous avoir libre accès à la mangeoire, que nous ne savons d'ailleurs comment remplir.

Voici donc l'erreur que commet continuellement l'école positiviste. Elle confond les conditions négatives du bonheur avec les éléments dont il se compose. Le professeur Huxley, dans un passage que j'ai déjà cité, la commet, et nous le prenons sur le fait. *Le vol, le meurtre, l'adultère,* sont trois choses, s'il nous en souvient, qu'il met dans la même catégorie et qui lui semblent placées sur le même terrain. Mais il résulte clairement de nos observations qu'on ne saurait en juger ainsi. Nous condamnons le vol et le meurtre pour un motif, et l'adultère pour un autre tout différent : les premiers, parce qu'ils sont incompatibles avec une forme quelconque de bonheur; le dernier, parce que, suppose-t-on, il détruit une de ces formes particulières, ou plutôt en substitue une autre qui est censée moins parfaite que celle qu'il supprime. Si le *bien suprême,* si le genre de bonheur le plus parfait est bien la fin que nous cherchons, les révélations de la sociologie ne nous mèneront pas loin dans la voie qui y conduit. Ce n'est pas en mettant seulement en pratique l'association du travail que nous apprendrons à construire jamais la vraie *civitas Dei.* On peut pratiquer avec la même perfection cette association du travail pour des fins tout opposées. Mettez une armée en campagne, que la cause soit juste ou injuste, elle aura besoin dans l'un et dans l'autre cas de la même discipline. Il doit y avoir de l'ordre parmi des brigands, aussi bien que parmi les honnêtes gens. On en peut trouver dans une mauvaise maison, comme dans un couvent; et tout ordre repose toujours sur une coopération. Nous admettons la coopération, mais nous demandons dans quel but on coopérera.

J'ai comparé la science de la sociologie à celle de la médecine; cette comparaison va nous fournir encore un enseignement. Les deux sciences ont pour but de produire la santé; la santé et le bonheur, en ces deux cas, se trouvent dans le même rapport; les deux sciences peuvent contribuer beaucoup à nous faire jouir de

ces biens ; aucune, toutefois, ne saurait par elle-même
nous en assurer la perfection ni nous y conduire. Un
homme, pour peu qu'il ait de la prudence, jouira
d'une excellente santé, et n'en mènera pas moins une
vie honteuse et dégradante. Autant en dirions-nous
d'une société. Les cités de la Pentapole, bien que
nous sachions le contraire, auraient pu jouir d'une
santé sociale parfaite ; il y a du moins de bonnes raisons pour le croire. Elles s'étaient élevées à un haut
degré de puissance et de prospérité ; mais on y at-
teignait trop aisément le genre de bonheur qu'ambi-
tionnaient leurs citoyens, et il ne s'y trouvait pas dix
hommes qui n'eussent à leur façon réalisé leur *bien
suprême*.

En deux hypothèses seulement, on donnerait au
bien général et à la santé de l'organisme social un
sens plus déterminé, qui permettrait d'en faire comme
une règle de conduite. Il faut croire que l'une ou
l'autre de ces suppositions demeure toujours au fond
de l'esprit positiviste. Quand on se borne simplement
à les admettre, sans les formuler, on y découvre peut-
être un semblant de vérité ; mais du moment qu'on
les établit distinctement, on en voit apparaître toute
la fausseté.

La première consiste à dire, que la seule condition
requise pour le bonheur humain est la santé, la santé
de l'organisme social, qui comprend une quantité
suffisante de richesse et de liberté ; que la vie humaine, pour peu qu'elle en jouisse, est toujours morale ; qu'elle a toute sa dignité et toutes ses joies

naturelles, de quelque façon qu'elle se comporte
d'ailleurs. Mais pareille supposition dans la bouche
d'un moraliste est assurément une absurdité. Car en
la prenant pour vraie, on trouverait à Sodome tout
autant de moralité, que sous la tente d'Abraham ;
et dans un état bien réglé, il y aurait place pour ces
deux sociétés. L'organisme social atteindrait ainsi
son plus haut degré de perfection, en manifestant
toutes les richesses de la variété par le développement des aspects les plus divers. Il se composerait
des communautés les plus bigarrées (1), de mono-
games et de partisans de l'amour libre, d'ascètes et
de sybarites, de saints et de παιδερασταί, qui tous y de-
viendraient les pierres de la vraie *civitas Dei*, de la
sainte cité de Dieu. On aurait bien à se demander si
pareil état est désirable, mais là n'est pas la question. Toujours est-il qu'on ne pourrait le dire moral
en aucun des sens où le mot a été pris.

La seconde supposition dont j'ai parlé, moins évidemment absurde que celle-ci, est en réalité tout aussi

(1) Comme le remarque Mr. Spincer, la société ne ressemble pas à ces
organismes si puissamment concentrés que chaque partie doit principalement converger vers l'unité du tout, et se trouve condamnée à périr
si elle s'en sépare, mais bien à ceux qui présentent à la fois la séparation et la réunion. S'il faut entre les parties une union et une organi-
sation, ce qui importe davantage encore, c'est la vie des parties prises
séparément. La véritable santé sociale dépend du bien des communes,
des villes et des villages, infiniment plus que de la forme et du prestige
d'un gouvernement impérial. Qu'on y trouve la coopération du travail,
l'union dans un commun effort, l'activité dans un même but, la répu-
blique dès lors y est constituée.

(Le professeur Clifford, *Nineteenth Century*, octobre 1877.)

fausse. Elle repose sur cette vague idée, que, pour une raison ou pour une autre, le seul bonheur qui puisse se répartir également entre tous doit nous offrir cette égalité, non seulement dans son degré mais encore dans sa nature. Or le seul genre qui soit susceptible d'une telle distribution est celui qui répond à nos conceptions d'excellence morale. Rien de plus vrai, car il y a certains genres de bonheur qui ne peuvent, alors même qu'ils se rendent accessibles, échoir en partage qu'au petit nombre, et ces rares privilégiés n'en jouissent que dans des conditions qui troublent le bonheur des autres. Il faut donc, au nom du bien général, condamner ces genres de bonheur. Mais on aura beau les éliminer, on ne trouvera pas à leur place un résidu de vertu; car loin de s'appliquer dans leurs points de contact au mal moral dans toute son étendue, ils ne font guère qu'en côtoyer les bords; et la condamnation qui les frappe est plutôt légale que morale. Elle porte, effectivement, moins sur le genre de bonheur pris en lui-même, que sur les circonstances où l'on est obligé de le chercher. Ainsi la pratique de la séduction se trouve-t-elle condamnée par les maux qu'elle cause aux victimes et aux familles des victimes. Mais, supposé que la victime y consente, que sa famille ne s'y oppose pas, cette raison de la condamner disparaît; pourtant, en ce dernier cas, aux yeux du moraliste, le mal devient pire que dans le premier. On se méprend donc tout à fait, quand on croit déterminer et circonscrire d'une façon appréciable le genre de bonheur que la vie a pour but de

réaliser, en disant qu'il se rapporte à une fin générale.
On peut s'arranger du vice en commun tout aussi bien
que de la vertu ; on le règlerait sagement pour ne pas
fatiguer les goûts auxquels il fait appel ; ainsi ménagé
avec autant d'habileté que de prévision, il prendrait
place à côté de la vertu, et ni dans la sociologie ni
dans la moralité sociale, on ne trouverait aucune
raison de préférer l'une à l'autre.

Nous pouvons donc observer, que s'il y a dans certain
genre de bonheur un indice moral de ce que le professeur Huxley appelle la *moralité sociale,* — c'est-à-dire
des règles qui nous procurent les conditions négatives
du bonheur, — ce genre de bonheur n'est pourtant
pas en lui-même la moralité. Il pourra devenir tel
sans doute, si, ayant conscience que nous nous con-
formons à la moralité, nous faisons de cette persuasion
un des facteurs de notre bonheur personnel. Il en
reçoit alors comme une apothéose. Il s'infuse en nous
pour y devenir une portion, une parcelle de notre per-
sonnalité morale. Mais alors aussi, il change tout à
fait de nature, comme nous le verrons, et ne nous
donne plus qu'une très petite partie de la réponse
que nous cherchons.

Il résulte de ce que nous venons d'exposer, que le
bonheur général ou social, à moins d'une explication
plus satisfaisante, est simplement, en fait de morale,
un mot vide de sens. Il se dérobe entièrement à la
question que nous posons, car en disant que le bonheur est général, on ne spécifie rien, pas plus qu'on
ne détermine la nature d'un mets en disant que tout

le monde en mange à une table, ou celle du langage,
quand on nous apprend que tout le monde le parle dans
un appartement. Le bonheur social de tous ne signifie
rien de plus que le bonheur individuel de chacun ; si
le bonheur social a un sens quelconque, en d'autres
termes, s'il est une preuve de la moralité, il faut qu'il
produise un bonheur personnel d'un genre qu'on n'a
pas expliqué encore. Sans quoi, la sociologie ne fera
que venir en aide à la licence personnelle ; la loi générale protégera l'absence de toute loi dans l'individu ;
et la moralité sociale la plus complète deviendra la
plus complète immoralité personnelle. Si nous com-
parions à un if l'organisme social, la science aurait
beau nous expliquer comment il est sorti de terre,
comment il a grandi, et comment il faut à ses branches de l'espace pour s'étendre, elle ne nous dirait pas
comment de cet arbre nous pourrions faire un paon. La
moralité doit en fin de compte reposer sur des faits
sociologiques démontrés, et ce n'est pas seulement
vrai, mais évident. Elle y repose toutefois, comme une
statue sur son piédestal. Le même piédestal peut recevoir une Minerve, aussi bien qu'un Priape.

Mais nous n'en avons pas encore fini sur cette matière. Nous avons toujours à chercher quel est le type
du bonheur individuel, dont la moralité sociale veut
faire un tout universel. On l'obtiendra sans doute en
partie, en obéissant *volontairement* aux règles qui le
rendent accessible à tous. Mais, ne l'oublions pas, cette
obéissance doit être volontaire et non pas forcée. Les
lois feront assurément tout leur possible pour nous y

astreindre, mais elles n'y parviendront jamais entièrement ; en eussent-elles le pouvoir, elles ne produiraient pas encore la moralité. Nous déclarons hautement morale telle façon d'agir, parce qu'elle est volontaire, et nous l'appelons simplement légale, quand elle est forcée. Nous ne dirons pas qu'un ours sauvage est apprivoisé, parce qu'on l'a si bien enfermé dans sa cage qu'on n'a plus à craindre ses attaques ; pas plus que nous n'appellerons homme de bien, celui qui a des désirs mauvais, quand il s'abstient seulement par crainte de les mettre à exécution. Il ne suffit même pas que cette obéissance soit volontaire, en ce sens qu'elle ne coûte pas ; pour qu'elle devienne une vertu morale, il faut qu'on y trouve un plaisir positif. Il ne s'agit pas seulement d'obéir à la loi, mais bien d'y coopérer avec amour.

Maintenant, même à défaut d'une tendance morale plus élevée, ce résultat, si on l'atteint, nous donnera déjà assurément un élément moral en soi. Supposons, par exemple, que deux animaux qui aiment la boue n'aient pour s'y vautrer qu'une seule place ; tous deux voudraient naturellement l'avoir toujours ; mais si chacun d'eux prenait plaisir à céder la place à son frère, quand viendrait son tour ; s'il savait régler le plaisir qu'il trouve à s'embourber, de façon à n'en prendre pas moins quand il verrait l'autre se rouler dans la fange, nous serions ici sans doute en présence d'un élément moral. Dans une société humaine, cette disposition ne nous mènerait pas aussi loin que nous le voudrions ; en l'obtenant cependant, nous aurions

avancé dans la voie. Reste à savoir si cet élément
moral, cette coopération à la loi, exempte d'égoïsme
et pleine d'ardeur, peut se produire en dehors de la
fin supérieure à laquelle doit se rapporter la loi sociale. L'école positiviste le croit apparemment, et
nous propose ainsi quelque chose qui ressemble à une
base. C'est cette base qu'il nous faut soigneusement
examiner, pour savoir à quel point elle est réellement
en état de supporter le fardeau dont on veut la
charger.

Nous devons reconnaître comme un fait indubitable, que l'homme possède un sentiment spécial et
d'une grande importance, qui s'appelle, au point de
vue passif, la sympathie, et au point de vue actif, la
bienveillance. Ce sentiment existe chez différentes
personnes à des degrés divers, et dans certaine mesure, probablement chez tout le monde. Qu'on entende
une histoire agréable, par exemple, et l'on aura tout
de suite la démangeaison de la raconter à un ami capable de l'apprécier; on estime qu'on double le plaisir
en le partageant. Pour la même raison, deux gourmets
goûteront mieux ensemble un bon dîner, que si chacun
d'eux le prenait séparément. En pareil cas, le plaisir de
l'un sert de réflecteur, dans lequel l'autre voit se reproduire le sien. Et ce n'est pas tout, non seulement nous
éprouvons le désir de voir les autres associés à notre
plaisir, il arrive aussi que nous aimons souvent mieux
le plaisir pour eux que pour nous. Qu'il n'y ait, par
exemple, qu'un seul fauteuil dans une pièce, on le
donnera à un autre, et l'on préférera rester debout soi-

même, ou s'asseoir sur un banc. On a plus d'ennui parfois à voir le malaise d'autrui, qu'à supporter le sien propre.

C'est sur ce fait, inhérent à la nature humaine, que s'appuie l'école positiviste pour la mise en pratique de sa force motrice ; cette sympathie et cette bienveillance font le secret de l'union sociale ; c'est grâce à elles, que les règles innées de la moralité sociale deviennent en nous les puissances directrices de nos autres instincts.

Ces beaux sentiments sur lesquels on s'appuie se trouvent toutefois bien insuffisants. Qu'il y ait là des faits indubitables, produits chez nous par la force constitutive de notre nature, je l'accorde, mais ils n'ont point l'importance qu'on leur donne et l'on ne tarde pas à en atteindre les limites. Ils sont inégalement distribués, ils agissent d'une façon capricieuse et partiale ; il suffit, pour les troubler et les paralyser, de l'instinct opposé de l'égoïsme, qui entre pour autant dans notre nature, et y tient d'ordinaire tout autant de place. On n'aurait envisagé la question qu'à un point de vue fort étroit, si l'on disait le contraire, et l'on soutiendrait toutes les théories imaginables avec des méthodes d'observation aussi fantaisistes.

On a vu des exemples d'héroïsme désintéressé se produire bien souvent chez des hommes grossiers, en maintes occasions, en des naufrages, par exemple, et se produire spontanément. Si nous tenons compte seulement de cet ordre de faits, nous en conclurons que c'est bien la vraie nature de l'homme qui se traduit ici dans toute son intégrité ; qu'il y a chez nous une force constante, contenue d'ordinaire, mais que nous apprendrons peu à peu à utiliser. Mais si nous allons un peu plus loin dans nos observations, nous trouverons un autre ordre de faits, où l'égoïsme est tout aussi prédominant que le désintéressement l'était dans le premier cas. Ainsi, le matelot qui exposera ses jours pour sauver une femme à bord d'un bateau prêt à sombrer, la renversera et l'écrasera pour échapper à l'incendie dans un théâtre. Et quand on apprécie sincèrement la nature complexe de l'homme, on reconnaît que ce matelot, dans ce dernier cas, personnifie une tendance beaucoup plus commune et avec laquelle il faut compter davantage. Aucun de ceux qui ont étudié la vie et l'histoire ne dira le contraire. Les vies des plus grands hommes du monde, qu'ils s'appellent Goethe ou Napoléon, seraient les premières à nous en fournir la preuve ; et les vies de ceux qui ont été les meilleurs sur cette terre, et qui ont remporté le plus de victoires sur l'égoïsme, ne seraient pas les dernières à témoigner de la force persistante de cette tendance. Qu'on atténue tant qu'on voudra la portée de ces faits peu rassurants, la question, au point de vue pratique, n'en sera guère plus avancée. Les instincts désintéressés, quelque 'large part qu'on leur accorde, n'ont en général qu'une puissance très limitée et ne se montrent forts qu'à de rares instants, en des circonstances exceptionnelles. *En l'absence d'un motif supérieur*, ils prédominent seulement, lorsque l'avantage à procurer aux autres se trouve momentané-

ment investi d'une valeur singulière, et que la perte
qu'on a soi-même à faire est aussi singulièrement réduite; ou bien encore, lorsque vient à disparaître
subitement la possibilité de choisir entre deux partis,
pour ne laisser d'autre alternative que l'héroïsme ou
la honte. Mais pareille chose n'arrive que dans les
grandes catastrophes, dans un naufrage, par exemple ; et les seules circonstances où l'on peut compter
sur un dévouement désintéressé sont de celles que nous
espérons pouvoir éliminer, grâce aux ressources du progrès. L'état ordinaire de la vie où les sentiments sont à
leur diapason normal, voilà, dans la circonstance, ce
dont nous avons réellement intérêt à nous occuper.
Et, ici, le désintéressement, tout en restant un fait
aussi certain que l'égoïsme, pour agir spontanément
et en dehors d'un autre motif supérieur, se trouve
essentiellement au-dessous de la tâche que nous lui
demandons.

Souvent, ai-je dit, on aimera mieux s'asseoir sur
un meuble incommode et laisser le fauteuil à un ami;
d'autres fois cependant, on aura de la répugnance à le
faire. On n'hésitera pas, quand le plaisir de voir quelqu'un à son aise l'emportera sur celui qu'on aurait à
s'y mettre. Et c'est le cas, en certains états de l'esprit
et du corps. Mais qu'on ait besoin de sommeil ou de
repos, l'instinct égoïste étouffera tout de suite le désintéressement et, à moins qu'on ne subisse l'influence
de quelque motif étranger, on gardera pour soi le fauteuil. De même encore, dans le cas des deux gourmets : si la bonne chère suffit pour deux, chacun sen-

tira qu'il vaut mieux avoir un compagnon ; mais si les mets en question ne peuvent se partager, de part et d'autre on aura tendance à s'en emparer exclusivement.

La même observation s'applique quand il s'agit des conditions du bonheur. Si nous pouvons, sans inconvénient pour nous, réprimer « tous ces désirs qui », comme le dit le professeur Huxley, « vont à l'encontre du bien du genre humain », tous, nous le ferons certainement volontiers. Il y a même plus en ce cas. La *civitas Dei* qu'on nous promet arrivera peut-être à s'organiser ; elle pourra « s'élever comme une exhalaison ». Mais si la répression de soi-même entraîne de graves difficultés, si elle exige un combat constant, quand nous aurons à nous abstenir d'une action, il nous faudra voir clairement que le bonheur qu'elle enlève aux autres dépasse de beaucoup celui qu'elle nous donnerait.

Supposez, par exemple, qu'un homme soit amoureux de la femme de son ami, et qu'il ait pris l'engagement de la conduire un soir au théâtre. Il y renoncera certainement, s'il sait qu'en donnant suite à son projet, il fera brûler vifs tous les spectateurs de la galerie. Mais il n'y renoncera sans doute pas, par la raison que son exemple fera baisser un peu le niveau moral parmi ceux qui occupent les stalles ; encore moins s'en abstiendra-t-il, par la raison que sa conduite doit inspirer une immense jalousie au mari d'une autre femme.

Quand on abandonne un sujet de plaisir personnel dans l'intérêt du bonheur de la communauté, on met toujours en balance les deux genres de bonheur. Mais, sauf des cas très rares, on désavantage ce dernier et l'on n'en met qu'une partie dans le plateau. Ce qui doit augmenter mon plaisir dans la proportion d'un million de livres ne coûtera pas à la société la moitié d'un liard. Le désintéressement par rapport à la société diffère ainsi essentiellement de celui qui touche à l'individu. Quand il s'agit du dernier, on se sert d'une mesure commune pour estimer les raisons de part et d'autre, ce qui n'arrive pas pour l'autre. Dans celui-là, comme on se trouve parfois en présence de deux alternatives extrêmes, il en peut résulter, ainsi que nous l'avons vu, des dévouements sans égoïsme ; dans celui-ci, de pareilles alternatives ne sauraient se présenter. Je sais que certaine ligne de conduite me procurera d'un côté de grands avantages, d'un autre, que si tout le monde la suivait elle causerait un grand préjudice général ; mais je sais aussi qu'en fait ma façon d'agir, à moi, sera à peine nuisible à la communauté, ou ne l'atteindra que fort peu en tous cas. Aussi mon choix ne se règlera-t-il pas sur celui du matelot dans un naufrage. Il ne s'agit pas de sauver ma vie aux dépens d'une femme, ou de sauver la vie d'une femme aux dépens de la mienne ; il s'agit plutôt, ce semble, de lui laisser perdre une boucle d'oreille ou de me casser un bras.

Il suit de là, que les conditions générales d'un bonheur indéterminé forment un idéal absolument impropre à contre-balancer les tentations personnelles, ou même à nous inspirer la volonté, ne parlons pas de l'ardeur, requise pour les renoncements qu'on nous demande. En ce qui concerne les individus, ces conditions sont tellement vagues, que même dans les cas les plus extrêmes, on comprendra difficilement qu'un acte de la volonté peut les troubler d'une manière sensible. Quant à ce qui regarde la société, si l'on ne voit pas clairement que le bonheur en question est d'une valeur extraordinaire, on ne se sentira jamais beaucoup d'ardeur à concourir à le rendre possible. Si nous savions que l'organisme social, dans son état de santé le plus élevé, ne peut avoir de plus grand plaisir que celui qui consiste à manger et à dormir, on ne se passionnerait guère pour de semblables intérêts. Si, pour atteindre un si pauvre résultat, nous nous décidions à ne reculer devant aucun sacrifice, nous agirions alors par résignation bien plus que par joie. La fin morale dont la science de la sociologie approche le plus et qu'elle nous propose, est donc, selon toute probabilité, une fin que l'homme ne poursuivra pas, ou qui, s'il le fait, ne le conduira pas à un état plus heureux que celui d'un acquiescement passif et indifférent. Nous ne voulons pas nous en contenter : allons donc chercher le bonheur lui-même, et non plus ses conditions négatives. Tâchons de découvrir le plus grand bien qui soit à la portée de chacun de nous, nous y trouverons peut-être des motifs pour nous efforcer d'assurer aux autres un pareil bienfait. Mais toute la question est de savoir en quoi consiste ce plus grand bien, et, puisqu'il s'agit de santé sociale, de connaître la fin vers laquelle doit tendre la santé sociale.

On peut donner, je l'ai dit, la réponse principale à cette question en des termes qui se rapportent à l'individu seulement. Le bonheur social n'est qu'un groupe de chiffres sans valeur, tant qu'on ne met pas en avant l'unité individuelle. Le bonheur d'un homme peut bien dépendre de celui des autres : mais encore est-il nul, si chacun ne l'a d'abord en soi. Si nous n'avions pas de plus grand bonheur que de nous voir les uns les autres danser *le cancan*, ce pourrait être moral à nous tous de le danser ; et ce qui ferait alors le bonheur du monde, ce ne serait pas le fait même que nous y dansons tous, mais le plaisir que nous causerait la vue d'un tel spectacle.

Beaucoup de jeunes officiers ont de leur régiment un sentiment de profonde fierté ; en un sens, le caractère de ces régiments se personnifie dans un corps : mais il ne dépend pas moins du caractère personnel de chacun des membres de ce corps. En réalité, ce sentiment signifie seulement qu'un groupe d'hommes se complaît dans les dispositions qui se rencontrent chez eux. Tel officier se vantera de la prodigalité avec laquelle chacun, dans son régiment, dépense son argent ; tel autre se fera gloire de ce qu'on y boit énormément ; celui-ci trouvera que tous ses collègues sont d'un rang distingué ; celui-là, qu'ils ont tous le goût du plaisir. Ce qui fait la différence entre un régiment et un autre, c'est d'abord, et avant tout, une source personnelle de bonheur commune à tous ses membres.

Il en est du caractère d'un régiment comme du caractère de la vie en général. Quand nous disons que l'hu-

manité peut devenir un tout glorieux, nous entendons
que chaque homme peut y obtenir comme individu
quelque gloire positive. — Qu'y dois-je avoir ? Et moi ?
Et moi ? Et moi ? Que m'offrez-vous ? Et à moi ? Et
à moi ? C'est la première question que pose le bon
sens du genre humain. « Vous devez promettre, dit-il,
quelque chose à chacun de nous, sinon vous ne pouvez sûrement rien nous promettre à tous. »

On n'échappe vraiment pas à ce dilemme, quand on
nous dit que nous devons travailler tous les uns pour
les autres et que nous y trouverons le bonheur. La
question ne fait alors que se présenter sous deux autres
faces. Quelle sorte de bonheur assurerai-je aux autres,
et les autres m'assureront-ils à moi-même ? A quoi
ressemble-t-il ? En vaut-il la peine ? Dans l'utopie positiviste, on nous dit que le bonheur de chacun se lie
à celui de tous et acquiert ainsi une magnificence sans
bornes. Sous la puissance fusionnante de la bienveillance, le genre humain y devient un grand tout. La
bienveillance, toutefois, signifie simplement que nous
souhaitons à nos voisins d'être heureux, que nous les
aidons à le devenir et qu'on est heureux enfin de leur
bonheur. Mais évidemment le bonheur doit être autre
chose que la bienveillance. Autrement, sachant que le
plus grand bonheur pour l'homme consiste à savoir que
les autres sont heureux, tout ce que je devrais m'appliquer à leur procurer, ce serait la connaissance de mon
propre bonheur, et pour exprimer complètement le bonheur de l'utopie positiviste, il faudrait employer quelque chose comme cette simple formule : « Je suis heu-

reux, parce que vous êtes heureux de ce que je suis heureux. » Mais cela ne suffit point. La joie doit avoir un objet autre qu'elle-même. Il faut à nos bons désirs pour les autres une satisfaction plus réelle que celle qui consiste à savoir qu'en retour ils nous veulent du bien. Ce que je souhaite aux autres et ce qu'ils me souhaitent doit être quelque chose que chacun de nous, eux et moi, nous devons apprécier comme un plaisir personnel. On n'en trouverait certes pas à procurer aux autres ce qui ne nous en causerait pas à nous-mêmes, si les autres nous le procuraient.

« Une vie joyeuse, » comme le dit très bien Thomas More, « c'est-à-dire une vie agréable, peut être un mal : et s'il en est ainsi, alors non seulement tu ne dois y porter personne, mais tu dois, autant que tu le peux, en détourner les autres, comme d'une chose misérable et malfaisante ; s'il en est autrement, si tu peux non seulement, mais si tu dois la procurer aux autres, pourquoi pas surtout à toi-même, alors que tu es obligé d'avoir pour toi autant de complaisance et de charité que pour les autres ? »

Voici donc maintenant la question fondamentale : Quelle est la vie que l'homme doit tâcher de se procurer ? Comment la rendra-t-il aussi agréable que possible ? Et quand il aura fait de son mieux, de quelle façon sera-t-elle agréable ? C'est donc sur des termes individuels, et seulement individuels, qu'on doit d'abord établir clairement la valeur de la vie. Si la monnaie n'est pas de bon aloi, nous ne la rendrons jamais telle,

en la faisant simplement passer de main en main,
dussions-nous la multiplier à l'infini. Un million de
faux billets ne nous enrichiront pas plus qu'un seul.
Si l'argent a vraiment de la valeur, alors le plaisir que
nous avons à le posséder pourra s'accroître pour chacun de nous par le fait que nous en connaîtrons la
diffusion. Il faudra pour cela que la part attribuée à
chacun soit réellement considérable.

Ainsi, certains genres de bonheur s'élèveront-ils
peut-être jusqu'à l'extase, dans la pensée qu'un autre
les partage. Mais s'il s'agit simplement d'un sentiment de joie, on ne tombera pas en extase à la seule
pensée que d'autres sont joyeux comme nous. Quand
le bonheur de deux ou de plusieurs personnes s'élève
à une certaine température, il peut en résulter une
fusion où la somme des parties vient s'ajouter au
produit. Mais au-dessous du degré voulu, il n'y aura
ni union ni fusion, et quel que soit le nombre de
ceux qui se partagent un très minime bonheur, on
aura beau en grouper toutes les parcelles, on n'en
fera jamais un très grand. Deux grands esprits
peuvent acquérir de la valeur en s'éclairant mutuellement ; mais deux moitiés d'esprit n'en compose-
ront jamais un complet. Qu'on amplifie une mauvaise peinture, elle n'en deviendra pas meilleure ; un
roman tout bonnement lisible ne changera pas de
caractère, quand on en tirerait des millions d'exem-
plaires. Qu'on oblige sous peine de mort une dizaine
d'individus à faire en un jour le trajet de York à
Londres ; si la chose est possible, chacun fera assuré-

ment de son mieux pour aider les autres à s'en acquitter ; mais si elle dépasse les moyens humains, ces individus auront beau se grouper pour ne former qu'un seul corps, ils n'en viendront pas à bout davantage, en partant ensemble tous les dix de Charing-Cross ; chacun d'eux n'aura jamais fait que son dixième de route. Tous ensemble n'auront pas franchi une plus grande distance que celle qui peut être parcourue par un seul. Ainsi en est-il de la valeur de la vie humaine ; on a beau la prendre dans sa totalité, elle dépend toujours des capacités de l'être humain individuel, considéré comme un animal capable de jouir. Que les capacités soient grandes, nous aurons plus d'ardeur dans notre désir de les satisfaire, à notre profit, très certainement, et peut-être même au profit des autres, et ce second désir pourra s'accroître au point de modifier et de diriger le premier. Mais nous demandons de grandes capacités et des moyens déterminés de les satisfaire, sinon l'instinct de notre intérêt propre perdra de sa force et de sa vigueur, et celui de l'intérêt des autres n'aura plus le pouvoir de les servir.

Parlons plus clairement. Si le bonheur n'est pas une propriété distincte et positive, il n'a rien à gagner en tant que fin d'action, ni en valeur ni en précision, dans une extension, en quelque sorte latérale : rien à gagner en acquérant d'autres dimensions, rien non plus en se prolongeant dans les perspectives de l'avenir. Il faut d'abord que nous sachions ce qu'il est, avant de savoir s'il est de fait susceptible d'accroissement. A défaut de cette connaisssance, l'idée d'un progrès, l'espoir d'une destinée plus brillante, n'ajoutera rien à ce quelque chose qui manque, et qui, dans les définitions de la sociologie, nous apparaît toujours comme tout à fait insuffisant. Assurément, nous pouvons espérer que les conditions sociales iront en s'améliorant, que la machine sociale se mettra graduellement à se mouvoir avec plus de douceur; mais à moins qu'on ne nous propose quelque chose de positif, le résultat de tout ce progrès aboutira, soit à un ennui ininterrompu, soit à quelque sensualité bestiale. Les feuilles de roses auront beau s'étendre en couche adoucie, celui qu'on y couchera n'en sera que plus ennuyé ou plus dégradé.

    « Demain, demain, demain
    « S'en va à petits pas d'un jour à un autre.
    « Et tous nos jours d'hier n'ont éclairé que pour des fous
    « Le chemin qui conduit à la poussière du tombeau. »

Telle doit être, à moins que la sociologie ne nous prouve le contraire, la leçon que nous aura en réalité enseignée toute cette philosophie positive du progrès. Mais ce qu'y voient les positivistes en diffère. Les vers suivants sont de Georges Elliot.

    « Oh! puissé-je m'unir au chœur invisible
    « De ces morts immortels qui vivent encore,
    « En des vies que rend meilleure leur présence!
    « Vivre ainsi c'est le ciel. . . . .
    « C'est produire dans le monde une harmonie qui ne meurt pas,
    « Où respire l'ordre merveilleux qui règle,
    « Avec un pouvoir grandissant, le progrès de l'humanité.
    « Puissions-nous recevoir en héritage cette douce pureté

« Pour laquelle nous avons combattu, gémi, agonisé,
« Les yeux perdus dans le vaste passé qui n'enfanta que le désespoir !
« Notre être, ainsi meilleur, vivra, jusqu'à ce que le temps humain
« Ait fermé sa paupière et que les cieux humains
« Soient repliés, comme un rouleau, dans la tombe,
« Où nul jamais ne les lira. C'est la vie à venir,
« Qu'ont rendue pour nous plus glorieuse ces martyrs
« Dont nous tâchons de suivre les pas. Puissé-je atteindre
« Ces cieux très purs ! être pour d'autres âmes
« Le calice de vaillance en quelque grande agonie,
« Allumer de généreuses ardeurs, nourrir de purs amours,
« Engendrer des sourires exempts de cruauté,
« Être la douce présence du bien partout diffus,
« Et dans sa diffusion toujours plus intense !
« Ainsi je m'unirais à ce chœur invisible
« Dont l'harmonie est la joie du monde. »

Voici donc la religion positive du progrès et de la
bienveillance, telle qu'elle est prêchée au monde moderne au nom de la pensée exacte, et telle qu'on nous
la présente dans un résumé plein d'enthousiasme.
Voici l'espoir, l'ardeur, la sympathie et la résolution :
il y en a assez et même trop. Une question se présente
pourtant tout d'abord. Comment exciter ces sentiments
et que signifient-ils, après tout? Ils se rapportent,
comme nous l'avons vu, à quelque chose que la science
de la sociologie ne nous révèle pas. En outre, ils ne peuvent durer s'ils sont réduits à se ronger eux-mêmes,
comme l'estomac quand il est vide. Il leur faudrait
quelque satisfaction solide, et nous avons bien besoin
qu'on nous la montre. Incontestablement, on peut
trouver *dulce et decorum* de souffrir et même de mourir,
pourvu qu'on souffre ou qu'on meure pour une fin
dont on apprécie la haute valeur. Il se peut qu'un

chrétien se laisse crucifier avec joie, si de la sorte il détourne les hommes du vice pour les convertir à la vertu; mais un connaisseur en vins ne se ferait pas crucifier pour que son meilleur ami préférât le champagne sec au doux. Tous les combats, toutes les agonies, qu'ont à supporter avec tant d'enthousiasme les saints du positivisme, dépendent donc, quant à leur valeur et à leur possibilité, de l'objet pour lequel ils sont censés se produire. Cet objet, dans les vers cités plus haut, se trouve bien énoncé plusieurs fois, mais d'une manière incidentelle, en termes vagues, comme si la nature et la valeur en étaient d'elles-mêmes évidentes et pouvaient se garantir toutes seules, comme s'il s'agissait uniquement des moyens, et non pas de la fin. Les moyens sont pourtant les créatures de la fin et ne peuvent avoir d'honneur qu'autant qu'elle leur en confère.

Or, les seules fins indiquées dans ces vers sont un *nouvel être meilleur, une douce pureté* et *des sourires exempts de cruauté*. La condition requise, c'est *l'ordre merveilleux;* et le résultat aboutit à la *joie du monde*. Tout le reste du langage n'ajoute rien à la connaissance positive qu'on voudrait avoir et ne sert qu'à en faire sentir l'absence. Les cieux très purs, nous dit-on, que les hommes d'une génération doivent avoir en vue, sont une augmentation de joie qui sera, par leur bonne conduite, assurée à la génération à venir; cette joie, une fois réalisée, sera comme le chant séraphique des morts saints et bénis. Ainsi, le présent pour les positivistes est la vie future du passé, et la terre est un ciel qui la réalise sans cesse. Il paraît que c'est comme un chœur éternel en action : les exécutants sont encore un peu en dehors du ton, mais ils deviennent à chaque instant de plus en plus parfaits. S'il en est ainsi, il y a en ce moment un ciel de ce genre autour de nous, une joie musicale résonne sans cesse à nos oreilles ; notre joie actuelle eût été le ciel pour nos grands-pères, si elle avait commencé un siècle plus tôt.

Mais il est clair que cette prétendue musique ne se trouve pas partout. Où donc est-elle alors? Et quand nous l'aurons, méritera-t-elle tous les éloges qu'on lui décerne? La sociologie nous indique bien le moyen, comme on l'a vu, d'assurer à chaque exécutant sa voix ou son instrument, mais elle ne ne nous dit pas comment avoir de bonnes voix et de bons instruments ; elle ne décide pas si l'orchestre jouera du Beethoven ou de l'Offenbach, si le chœur chantera un psaume de la pénitence ou une chanson à boire. Quand nous aurons découvert en quoi consiste la grande joie du monde, il nous faudra toujours en revenir à la question de savoir à quel point une pareille joie peut être la fin générale de notre activité.

CHAPITRE IV.

LE BIEN AU POINT DE VUE DE SA RÉCOMPENSE.

Nous avons serré de près, dans le chapitre précédent, une question qui ne contient en réalité rien que n'admettent les positivistes eux-mêmes. Mais qu'on étudie l'ensemble de leur langage, on verra que dans la pratique ils ne croient aucunement à leurs déclarations; qu'ils ne regardent pas la sociologie comme étant en état de déterminer la fin de l'action ou de la vérifier, ni la sympathie, comme suffisante pour y conduire. Ils avouent bien au contraire cette insuffisance, puisqu'ils vont chercher à tout instant des éléments nouveaux, empruntés à un ordre d'idées tout à fait différent. Le malheur de cet aveu, c'est qu'en le faisant, ils n'en ont sans doute conscience qu'à moitié, car ils reproduisent sans cesse comme valables des arguments qu'ils ont à d'autres moments implicitement condamnés comme nuls. J'ai donc eu pour but de mettre une bonne fois dehors ces arguments et de fermer solidement la porte sur eux. Car ils ont joué jusqu'à présent le rôle d'une populace oisive, souvent congédiée, mais qui fait à chaque instant de nouveaux efforts pour rentrer et qui pousse des cris bruyants, pour faire passer, grâce à la confusion, un jugement qui n'a jamais été rendu. Ne parlons donc plus des conditions du bonheur, jusqu'à ce que nous sachions ce qu'est ce bonheur; ne parlons plus d'enthousiasme, avant de savoir s'il y a de quoi s'enthousiasmer.

J'ai cité tantôt les élans de Georges Elliot, comme étant l'expression de cet enthousiasme. Je vais la citer encore pour montrer qu'elle reconnaît bien que la valeur de cet enthousiasme dépend de son objet, lequel objet doit être défini, et surtout d'une nature personnelle. Dans son roman de *Daniel Deronda*, la majeure partie de l'intérêt tient à la façon dont se développera le caractère de l'héroïne, et cet intérêt, dans la pensée de l'auteur, est d'un genre très profond. Que sera-t-elle? demande expressément Georges Elliot; et elle répond à la question dans le passage suivant, tout à la fois très remarquable et très instructif.

« Y a-t-il dans l'histoire de la vie humaine un fil plus léger et plus délicat, que cette conscience d'une jeune fille, livrée à ses réflexions sur la voie dans laquelle elle devra s'engager pour se faire une vie heureuse? Et cela, à une époque où les idées se rangeaient d'elles-mêmes en bataille avec une incroyable ardeur; où s'affirmait avec fierté la fraternité universelle; où,

dans une autre partie du monde, les femmes ne ver-
saient pas une larme sur leurs maris et sur leurs fils,
tombés noblement en défendant la cause commune ;
où, dans ces contrées de l'univers, les hommes man-
quaient de pain, ne songeaient pas à s'en plaindre et
demeuraient inébranlables ; dans un temps où l'âme
humaine prêtait l'oreille à des pulsations qu'elle avait
senties pendant des siècles sans les comprendre, pour
arriver au sentiment complet d'une vie nouvelle de
terreur ou de joie ?

« Au milieu de ce drame puissant, que peuvent être
des jeunes filles, avec leurs visions bornées ? Ce qu'elles
sont... le oui et le non de ce bien pour lequel l'homme
souffre et combat. Car c'est dans ces vases délicats
que se conserve à travers les âges le trésor des affections humaines. »

Nous abordons enfin sur un terrain solide. Voilà
l'énergique et sincère aveu de tout ce qu'on a poursuivi
dans le chapitre précédent ; la fin requise de l'action,
la règle de la conduite, se localisent enfin et arrivent
au foyer. On n'en fait aucune description sans doute,
mais on les renferme dans un cercle étroit et le sujet
de nos recherches futures devient comparativement
facile. Il s'agit principalement et avant tout du choix
que fait l'individu d'un mode de bonheur entre tous
les autres, du choix d'une certaine *voie*, de celle où,
suivant les paroles de Georges Elliot, *on se fera une
vie heureuse*. Plusieurs catégories du plaisir s'offrent
à nous ; mais il en est une, nous dit-on, sans comparaison plus excellente que les autres ; la choisir, et la

choisir seule : voilà ce qui nous fera participer à la sainte valeur de la vie. Le choix ou le refus, c'est le oui et le non de tout ce qui rend la vie digne d'être vécue, et la source pour les positivistes de la solennité, de la terreur, de la douceur et de tout ce qui entre dans leur vocabulaire moral. « Quelles sont les alternatives de bonheur que m'offre la vie? En combien de voies puis-je entrer pour sentir que ma vie devient une bénédiction? Et quelle est celle où je trouverai cette bénédiction plus abondante? » Voilà bien la grande question de la vie, et tout individu indistinctement peut la poser. La réponse qu'y fait le positivisme doit être d'une application universelle et la même pour tous; c'est elle d'ailleurs qui sert de fondement au système moral positiviste.

Et ce système, je l'ai déjà dit, se proclame essentiellement moral... moral dans le vieux sens religieux du mot. Il conserve tout l'ancien vocabulaire de la morale et donne la même valeur aux vieilles distinctions du bien et du mal. Nous allons voir ce que requiert ce système.

Une de ses vertus principales, la seule à laquelle nous ayons touché jusqu'à présent, c'est, comme nous l'avons vu, un renoncement habituel. Mais un renoncement à quoi? A quelque chose sans doute que nous nous refusons à nous-mêmes, pour procurer aux autres un bien positif ou négatif. Mais le bien qu'on peut ainsi transférer ne saurait être évidemment le *plus grand bien*, sinon la moralité ne consisterait plus que dans l'abandon de sa propre fin.

Cette fin doit être évidemment quelque chose d'intérieur et d'inaliénable, comme celle que propose la religion, et qui consiste dans un certain état intérieur du cœur ou des affections du cœur. Le bien-être matériel peut, en quelque mesure, contribuer à le produire et à le maintenir, mais il n'a aucune valeur morale, si cet état n'existe pas d'ailleurs. Ce bien-être nous donnera bien le pain matériel de chaque jour; mais les positivistes soutiennent, comme les chrétiens, que l'homme ne vit pas seulement de pain et que sa vie ne consiste pas dans l'abondance des biens qu'il possède. Aussi, mettez-les sur cette thèse, et vous les entendrez tous condamner d'une voix unanime les mêmes séductions que le christianisme réprouve; et comme lui, ils vous désigneront quelque autre trésor qui ne saurait vieillir, une eau dont la vertu est telle que celui qui en boit n'aura plus jamais soif.

Maintenant, qu'est-ce que ce trésor..... cet état intérieur du cœur? Comment l'analyse-t-on et pourquoi a-t-il tant de prix? Là-dessus, l'obscurité demeure complète encore. Aucun moraliste positiviste ne nous en a jamais parlé d'une manière satisfaisante. Cette affirmation, je le sais, beaucoup la contrediront, et jusqu'à de plus amples informations, il n'y a rien là que de naturel. On nous dira qu'on a maintes fois proposé au monde un bonheur positif, précisément du genre demandé; qu'on l'a non seulement proposé, mais poursuivi avec ardeur, et que plusieurs en ont joui respectueusement. Pour un grand nombre, la vérité, la bienveillance, la pureté et surtout l'affection pure, n'ont-elles pas été, en elles-mêmes, des fins d'action positives? et cela, comme le dit le Dr. Tyndall, sans aucune préoccupation « de récompense ou de châtiment dans les perspectives de l'avenir ». N'est-ce pas pratiquer la vertu de la façon la plus haute, que de la rechercher de telle sorte qu'on peut répondre à celui qui demande quelle récompense on en attend, ce que Thomas d'Aquin répondit au Christ : *Nil nisi te, Domine*. Ne l'a-t-on pas pratiquée ainsi? N'est-ce pas la situation prise par le positivisme et atteinte du moins à un très haut degré? N'est-il pas vrai, comme l'a dit un écrivain récent (1), « qu'il y a eu des vies entretenues et fortifiées par cet idéal (purement humain) qu'on en peut voir et qu'on en a vu parmi nous? Et le fait même d'un seul exemple ne prouve-t-il pas la valeur adéquate de la croyance? »

A cela je réponds : Rien de plus vrai que le fait, rien de plus faux que la conséquence qu'on en tire. Et nous voici amenés tout de suite au point que j'avais en vue, à la source la plus subtile de l'erreur positiviste, à la source secrète et non dévoilée de sa téméraire confiance.

L'école positiviste, comme nous l'avons vu, peut signaler et signale dans la vie des faits qui, au premier abord, ont toutes les apparences d'une fin morale adéquate. Il suffit, ce semble, d'avoir un sens droit pour en vérifier la suffisance et pour la trouver con-

____

(1) Voir *le Pessimisme*, par James Sully.

firmée parl'expérience pratique. Mais on oublie ici un
point important.

L'école positiviste, quand elle s'occupe de la vie,
déclare en considérer les énergies comme entièrement
dépouillées de toutes les fausses influences de la religion. Elle fait profession de l'avoir (qu'on me permette
de fabriquer un mot) *déreligionisée*, avant de s'en occuper. Mais elle trahit à ce sujet une singulière ignorance. Elle s'imagine, paraît-il, que la religion n'existe
nulle part que dans sa forme pure; qu'elle est toujours
un sentiment distinct de dévotion, ou l'assentiment
d'une foi consciente d'elle-même ; on s'est une bonne
fois débarrassé de ces formes, et l'on se persuade alors
qu'on a déreligionisé la vie. Mais sur ce point, l'application du procédé n'en est encore qu'à ses débuts, ou
plutôt elle n'a même pas commencé, on peut le dire,
en dépit des résultats qu'on a immédiatement obtenus.
Car, en réalité, on ne trouve la religion à l'état pur que
dans la minime partie des cas. Elle se combine, pour
l'ordinaire, avec les actes et les sentiments de la vie,
et forme pour ainsi dire avec eux une sorte d'amal-
game, qui leur donne des propriétés, des couleurs et
une consistance toutes nouvelles. Pour déreligioniser
la vie, ce n'est donc pas assez de condamner les croyances
et d'abolir les prières. Nous pouvons élever nos sentiment et nos croyances, dont les symboles et les prières
ne sont que l'expression, bien au-dessus de cette vie
d'ici-bas. Le procédé, fût-il même partiellement réalisé, laisserait voir clairement encore, qu'en des proportions plus ou moins grandes, la religion se trouve

partout cachée. Nous la verrions souvent, là même où nous aurions été le moins tentés d'aller la chercher... dans l'esprit et dans l'humeur, dans nos ambitions présentes, dans certaines formes du vice et jusque dans nos plus frivoles amusements de chaque jour. Bien plus encore la trouverions-nous dans l'héroïsme, dans la pureté, dans l'affection, dans l'amour de la vérité et dans tout ce qu'il plait aux positivistes d'exalter.

Ils s'imaginent, ce semble, qu'il leur suffit de donner la mort à Dieu, pour que son héritage nous appartienne. Ils frappent donc de leurs coups les croyances théistes, puis se retournent aussitôt du côté de la vie, s'en partagent les ressources, en comptent les trésors et s'empressent de nous dire : « Ayez pour but ceci, puis cela, puis cela encore. Voyez comme la sainteté est belle, comme le plaisir est enivrant ! Ces biens valent la peine assurément qu'on les recherche pour eux-mêmes, indépendamment *de toute perspective de peine ou de récompense dans l'avenir*. » Par le fait, ils se trouvent en face des intérêts et des sentiments de la vie de ce monde; ils en voient les clartés et les ombres étalées devant eux, comme les couleurs sur la palette d'un peintre; ils croient n'avoir plus qu'à se mettre à l'œuvre et à les employer. Mais qu'ils veuillent bien attendre un moment; ils sont trop pressés. La palette et les couleurs ne sont point encore prêtes pour eux.

La religion est une des couleurs de la vie qui, de leur propre aveu, a eu jusqu'à présent une très grande importance; ils l'ont balayée; ils en ont nettoyé la palette, et nous leur dirons pourquoi. Ce peut être une couleur agréable ou non ; cela dépend des goûts. Mais la raison pour laquelle ils l'ont rejetée, c'est qu'elle ne leur a pas paru solide. Ils ont trouvé qu'elle ne tarde pas à s'affaiblir à la clarté grandissante du soleil de la science, qu'elle s'obscurcit promptement, s'altère et ne vit plus. Une fois partie, il n'y a plus à la restaurer, et, dans l'avenir, il faudra en proscrire l'emploi dans les peintures qu'on fera de la vie. Ils déclarent donc formellement qu'ils vont cesser dès à présent de s'en servir.

Mais il y a un point, un point tout à fait important, qui leur échappe complètement. Ils enlèvent cette couleur et la rejettent de la palette à l'état pur, et déclarent alors qu'ils vont nous montrer par l'expérience qu'on peut parfaitement s'en passer. Mais jamais ils ne paraissent se douter qu'elle peut fort bien se mêler encore aux couleurs qu'ils conservent, et que c'est peut-être là le secret de leur profondeur et de leur éclat. Qu'ils y regardent bien, ils verront que la religion, comme un subtil principe colorant, se cache sous toutes leurs couches, et que la moindre de ses parcelles y produit des effets impossibles sans elle. Qu'ils se donnent la peine de commencer cette analyse, et ils s'apercevront bien vite que le procédé à suivre pour débarrasser la vie de la religion n'est pas aussi simple qu'ils l'ont imaginé. On peut en réalité nous enlever nos dogmes actuels, mais non pas les effets qu'ont produits ces dogmes dans le cours des siècles. Dissimulés sous des formes diverses, ils nous environnent de toutes parts; ils se présentent à nous dans tous les intérêts et dans tous les plaisirs de l'humanité. Ils ont pris la vie d'assaut; ils y ont fait leur chemin. Comme une saveur cachée, ils ont pénétré tous les fruits du jardin. C'est comme une liqueur puissante, comme un stimulant actif, injecté dans tout notre organisme.

Si donc nous voulions apprécier la force et la valeur de la vie indépendamment de la religion, ce n'est pas en l'observant dans son état présent que nous pourrions arriver à une conclusion. Avant d'apprendre quelque chose d'une pareille observation, il faudrait toucher à bien des points; et l'école positiviste, quand elle prend la vie telle qu'elle est pour en raisonner, élève ses constructions sur un terrain absolument défectueux. Il est radicalement faux de prétendre qu'on pourrait citer aujourd'hui un seul exemple, ou qu'on en pourrait trouver un certain nombre dans le passé, à l'aide desquels on ferait avancer d'un pas une démonstration, tendant à prouver qu'on a des formules efficaces et dépouillées de toute religion. Il faudrait d'abord analyser ces formules, pour savoir à quel point elles en sont vraiment exemptes, et ensuite, si l'on y trouvait des éléments religieux, les en faire soigneusement disparaître.

Il serait à propos que l'école positiviste apportât à cette analyse spirituelle un peu de cette habileté qu'elle a su mettre dans l'analyse de la matière. Ainsi, pour leurs expériences au sujet des générations spontanées, quelles peines indicibles n'ont-ils pas prises!

Avec quelle laborieuse attention, avec quel soin jaloux
de sincérité, n'ont-ils pas fait tous leurs efforts pour
stériliser complètement les fluides où ils avaient à
chercher des productions nouvelles de la vie! Quelles
précautions scrupuleuses pour éviter d'y laisser aucun
germe déjà existant! Avec quelle complaisance ils nous
avertissent que la plus légère négligence pourrait
vicier les expériences!

Assurément les matières spirituelles méritent bien
qu'on les traite avec autant de soin. Ce que nous avons
à étudier ici, ce n'est plus la production des formes les
plus infimes de la vie animale, mais celle des formes
les plus élevées du bonheur de l'homme. On avait
toujours cru les tenir de la religion seulement. Elles
doivent à présent, dans la doctrine moderne, se produire sans son assistance. Traitons donc la beauté
de la sainteté, l'amour de la vérité, « le trésor des
affections humaines, » comme le Dr. Tyndall a traité les
infusions d'où la vie, disait-on, pouvait tirer son origine. Portons-les à l'ébullition, pour ainsi parler, afin
d'y détruire tout germe de religion; nous verrons alors
jusqu'à quel point nous y pourrons trouver encore le
même bonheur extatique. Et puis, traitons encore de
la même manière le vice aussi bien que la vertu.
Quand nous l'aurons fait, nous proclamerons hon-
nêtement les résultats restants; nous verrons quels
éléments de bonheur nous pourrons, avec les positivistes, nous vanter de posséder encore. C'est alors
qu'un système de morale positiviste, s'il y en a de
possible, commencera à acquérir une réelle valeur

à nos yeux ; mais alors seulement et pas avant.

Une analyse comme celle-ci doit être naturellement une œuvre de temps. Chacun peut en accomplir pour soi-même une bonne part. Mais il faut en donner ici un échantillon qui nous en fera connaître suffisamment la nature et le résultat final. Dans ce but, je commencerai par considérer la fin morale en général, avec les trois principaux caractères qu'on s'accorde de part et d'autre à regarder comme essentiels à cette fin. Je noterai ensuite d'une façon générale combien de religion y demeure incorporée, puis je donnerai un ou deux exemples concrets, tirés des plaisirs et des passions qui animent la vie présente.

Les trois marques que doit avoir la fin morale sont sa qualité intérieure, son importance et son caractère en quelque sorte absolu.

Je commence par sa qualité intérieure. J'en ai déjà parlé plusieurs fois, mais c'est une matière si grave que je ne crains pas d'y revenir. En disant de la fin morale qu'elle est intérieure, j'entends qu'elle réside principalement, non pas dans l'action, mais dans les motifs de l'action, dans la volonté et non dans le fait ; ce que nous accomplissons effectivement y a moins de part que ce que nous nous efforçons de faire ; elle consiste plus dans l'amour que nous donnons que dans celui que nous recevons. Ce qui souille l'homme, c'est ce qui sort de son cœur : les mauvaises pensées, les meurtres, les adultères. La pensée n'aura jamais été traduite par la parole, les meurtres et les adultères n'auront point passé à l'acte ; et pourtant, si l'homme

est enchaîné, non par sa volonté, mais par une circonstance extérieure, il n'en sera pas moins taxé d'immoralité. « Nous avons premièrement à répondre, » observe
un écrivain moderne du positivisme, « des fantaisies
de notre esprit, sur lesquelles nous travaillons nous-
mêmes sciemment et volontairement ; et quand une
fois, » ajoute-t-il, « elles sont devenues mauvaises, elles
demeurent telles pour toujours ; l'insuccès accidentel
de leurs effets bons ou mauvais n'a pas le pouvoir de
les changer (1). » Et il en est des sentiments mauvais
ou vicieux, comme des bons et des vertueux, comme de
tout ce qui procède de l'esprit ou du cœur. « La joie
du véritable héroïsme, » dit le Dr. Tyndall, « visite le
cœur de celui qui a le droit de dire en réalité : « Je
n'aime que la vérité. » Ce n'est pas , observons-le,
la conquête objective de la vérité qui crée la joie, mais
bien le désir subjectif, la résolution subjective d'y arriver. La fin morale, pour le positiviste aussi bien que
pour le croyant, consiste dans un certain état intérieur
du cœur ou de l'esprit, état qui, s'il se peut, se tra-
duira nécessairement en action, mais dont la valeur ne
se mesure pas sur le succès en fait. Le champ de
bataille du bien et du mal est en nous ; et le grand
événement de la vie humaine, c'est l'issue du combat
qu'ils se livrent.

Et ceci nous amène au second point. La façon dont
de part et d'autre on parle de ce combat implique la
haute importance de cette issue ; importance dont les

(1) Le professeur Clifford, *Ethics of belief* (*Contemporary Review*),
janv. 1877.

7

proportions dépassent l'idée que nous en avons et qui
ne dépend même pas de nos sentiments à cet égard. Un
homme ne se rendra peut-être aucun compte de l'état
de son cœur ; nul autre que lui n'en pourra rien savoir ;
cet état n'en aura pas moins une grande et particulière
importance. S'il en était autrement, si l'importance
de l'état intérieur dépendait du sentiment que nous
en avons, il suffirait de se tromper soi-même pour
donner au vice la valeur de la vertu. Se croire noble,
pur et bienveillant, équivaudrait à l'être. Nous aurions
toutes les joies de la moralité, sans en avoir les inconvénients. Car il est aisé, pour employer une expression
de Mr. Tennyson, « de devenir faux au point de se croire
encore dans le vrai » ; et de la sorte, jugés uniquement
d'après la peine ou la joie dont nous aurions
conscience, les résultats de la fausseté la plus complète seraient les mêmes que ceux de la vertu la plus
entière.

Un homme pourra n'en pas arriver là ; aucun moraliste positiviste ne soutiendra pourtant qu'il ait
été vertueux, et l'on ne viendra pas dire de lui à sa
mort qu'il a trouvé le trésor de la vie. Au contraire,
on regardera sa carrière, au sens le plus profond du
mot, comme une tragédie. C'est pour cette raison
qu'on attache aujourd'hui une telle importance à la
pureté de la femme, et qu'on dit ordinairement de celle
qui ne l'a plus qu'elle est perdue. Extérieurement, le
le mal peut bien n'être pas grand et n'avoir pas de
fatales conséquences ; il est tout à l'intérieur et c'est
dans l'âme que se passe la tragédie. Mais, et ceci a

plus d'importance encore, alors même que cette femme
ne se croirait pas coupable, que l'acte en question ne lui
inspirerait aucun remords, le cas n'en deviendrait pas
meilleur, il ne ferait qu'empirer au contraire, et de
beaucoup. Tout père, tout époux, en conviendra,
pour peu qu'il n'ait pas, de parti pris, mis de côté tout
souci de la morale. Un positiviste ne se consolerait
pas, par exemple, de la séduction de sa fille, par cela
seul qu'il saurait que l'affaire est restée secrète et que
la jeune personne ne s'en fait aucun chagrin. Le langage que tiennent tous ceux qui professent le respect
de la morale implique que le mal causé par ce que nous
appelons un crime, est le même, soit que la personne
coupable en éprouve ou n'en éprouve pas du remords
et du chagrin.

Il y a pourtant, et nous arrivons au troisième point,
beaucoup de gens dans le monde qui, quoi qu'ils en
disent, n'accordent réellement et dans le fait aucune
vraie valeur à la moralité. S'ils en ont jamais prati-
qué quelque chose, ce n'a été que par intérêt. Ses
résultats les ont plus impressionnés que ses attraits,
et dans la pratique, ils se sont trouvés plus heureux
et plus satisfaits, à mesure qu'ils ont mis davantage
en oubli jusqu'à l'idée même de la vertu. Mais, comme
nous l'avons vu, d'après le langage qu'on accepte de
part et d'autre, il est entendu que les hommes vicieux,
fussent-ils aussi heureux que possible, n'ont pas droit
à ce bonheur, et que s'il leur plaît de s'en emparer,
ce sera toujours de façon ou d'autre pour leur malheur.
Eh bien, ce langage suppose évidemment qu'il existe

un type sur lequel il faut prendre la mesure du bonheur, indépendamment de la possession ou du désir individuel que nous en avons. Ce type est quelque chose
d'absolu, de supérieur au goût d'un homme et de toutes
les réunions d'hommes. C'est un type auquel l'humanité est, par voie d'autorité, obligée de se conformer,
sous peine, si elle n'obéit, de devenir un objet de mépris, de dérision et de haine. Ce langage suppose encore
que ceux qui trouvent leur bonheur dans la vertu ont
le droit de la commander et de l'imposer, s'ils le peuvent, à tous les autres. A défaut de cette persuasion,
la propagation du bien n'aurait plus aucune énergie
morale, et plus rien ne resterait de ce qu'on appelle
la propagande. Alors, si un homme, pour emprunter
un des exemples de Mr. Mill, préférait être un porc
satisfait plutôt qu'un Socrate mécontent, nous n'aurions aucune raison positive de penser qu'il a tort ; si
nous le pensions, aucun motif de le lui dire ; si nous
le lui disions, aucun moyen de le convaincre.

Ceux donc qui regardent la morale comme la règle
de nos actions, comme la seule clé qui puisse nous ouvrir le trésor de la vie, qui parlent de noblesse, de sainteté et d'héroïsme, qui déclarent redoutables nos res-
ponsabilités et nos privilèges (1), qui représentent à un
monde frivole la grandeur et la solennité de l'existence,
tous ceux, dis-je, qui emploient un pareil langage professent que trois choses sont indispensables à la fin mo-

____

(1) « C'est un redoutable privilège et une redoutable responsabilité
de pouvoir aider à créer un monde dans lequel vivra la postérité. »
(Le professeur Clifford.)

rale : premièrement, qu'elle est essentiellement intérieure et du domaine du cœur ; secondement, qu'elle est
d'une valeur incalculable et que notre seul vrai bonheur consiste à l'atteindre ; troisièmement, qu'elle doit
se régler sur un type qui a quelque chose d'absolu
et qu'il n'est de la compétence ni d'un homme ni de
tous les hommes de changer ou d'abolir. Voulez-vous
en voir la vérité? Niez une de ces trois propositions.
Dites que la fin morale est quelque chose, non pas
d'intérieur et d'inaliénable, mais d'extérieur et d'a-
liénable, que l'importance en est médiocre et secondaire, que le type auquel elle se rapporte n'a rien d'absolu, mais qu'il varie suivant les goûts de chacun ; et
sur-le-champ il devient impossible de prêcher la morale, qui ne mérite même plus cet honneur.

Maintenant, le théisme, que rejette la pensée moderne, offrirait à ces trois caractères de la fin morale
une base rigoureusement logique ; et d'abord, au
point de vue de son importance. On peut dire, sans
doute, que le théisme ici tranche le nœud et ne le délie
pas. Mais dans tous les cas il offre une solution et
voici comment. Les théistes avouent volontiers, qu'au
moyen des faits de la vie présente tels que nous les
connaissons, on ne saurait presque jamais expliquer
complètement l'importance de la fin morale. On ne
peut que la deviner et la prédire ; sa valeur repose
sur une promesse et non sur un accomplissement visible, et la possession attendue dépasse les bornes de
l'intelligence. Nous sommes dans la région du mystère, où l'on ne pénètre ni au moyen de la logique ni

par la voie de l'expérience, et dont le secret est placé trop haut pour qu'un aéronaute intellectuel puisse y monter jamais. Mais cette région existe; c'est un des points du symbole des théistes, qui enseigne que les choses les plus importantes dans la vie dépassent notre intelligence. On n'aurait cependant rien gagné, si l'on se contentait de s'en référer au mystère, à l'incognoscible. Le théiste le sait bien; il n'en est pas moins assuré qu'il y a, entre le mystère et lui, une étroite liaison. Il comprend aussi que si cette connexion doit influer sur lui, c'est qu'elle n'est pas temporaire, mais permanente et indissoluble. Il croit à cette connexion en raison de deux doctrines distinctes : l'existence d'un Dieu personnel qui la *produit*, et l'immortalité de l'âme qui la *perpétue*. Ainsi, d'après sa théorie, le théiste doit avoir l'œil toujours ouvert sur lui-même. Il se sent en relation constante avec un être conscient et tout-puissant, à la ressemblance duquel il a été fait et avec lequel il a une sorte de parenté. Cet être n'est indifférent à aucune de ses actions; et les relations qu'il a avec lui, soit pour le bien, soit pour le mal, ne cesseront jamais. Aussi, bien qu'il n'en comprenne pas dès maintenant la vraie nature, qu'il ne sache pas encore comment le bien est infiniment bon et le mal infiniment mauvais, il sait qu'il viendra pour lui un jour où ses yeux s'ouvriront, où ce qu'il voit confusément aujourd'hui au moyen d'un miroir, il le verra face à face.

De la même manière s'explique l'objectivité de la fin morale, ou plutôt l'objectivité du type de la fin subjective. Ce type, c'est la volonté de Dieu. Sitôt qu'elle nous est connue par un moyen naturel ou surnaturel, la partie divine de notre nature y répond à l'instant ; elle la reconnaît comme éternelle et divine, bien qu'elle n'en puisse donner la raison logique.

A la lumière de ces croyances, la qualité intérieure de la fin morale acquiert également une signification qui se comprend. Le premier devoir de l'homme se rapporte à Dieu, le second, à ses frères ; et c'est de la relation filiale seulement que naît la relation fraternelle. La fin morale n'a tant de prix aux yeux du théiste, que parce que l'état intérieur dans lequel elle consiste répond à ce que Dieu veut, ce Dieu qui lit dans les cœurs et qu'on ne trompe pas. Ce qui fait la paix et la joie du théiste, dans ses actions morales les plus parfaites, ce n'est pas tant la conscience de ce qu'il fait ou de ce qu'il est, que la raison pour laquelle il agit et vit de la sorte, raison qui surpasse de beaucoup la terre et ses destinées, et qui le rattache à quelque saint mystère d'une autre vie.

Ainsi, vrai ou non, le théisme nous rend compte logiquement et complètement de la nature et de l'importance supposées de la fin morale. Revenons au positivisme et voyons quelle est sa situation. Le positivisme, ne l'oublions pas, a les mêmes idées au sujet de la fin morale et leur accorde la même valeur. Voyons donc si ses prémisses l'y autorisent. Ces prémisses diffèrent tellement de celles du théisme, qu'elles consistent dans les deux négations contraires : Il n'y a pas de Dieu personnel, il n'y a pas d'immortalité personnelle. Nous allons voir quels en sont les résultats.

En premier lieu, elles renferment toute la vie avec laquelle nous avons quelque connexion morale, sur la surface de la terre et dans les limites du temps où peuvent exister la vie et la conscience. Elles isolent la vie morale, et je le montrerai plus clairement, de toute loi, de toute force, plus vaste et plus permanente que ce monde. Quand meurt l'individu, ce n'est plus que par une métaphore qu'on peut le dire encore vivant, dans le résultat de ses actions extérieures. Quand meurt la race humaine, on n'imagine plus aucun moyen de dire qu'elle vit encore. Tout est alors comme si rien jamais n'avait été. Quoi qu'ait pu faire l'humanité, avant d'arriver à son terme, si haut qu'elle ait pu s'élever, si bas qu'elle soit tombée,

> « L'événement
> « Détruit la conséquence
> « Et met fin à ses progrès. »

Tous les vices et toutes les vertus du monde, toutes ses peines et tous ses plaisirs se réduisent à rien. Tout a passé comme une vaine parade, et pas une épave ne survit au naufrage.

Ici donc, l'importance de la moralité change de nature et de dimension. Elle est confinée dans les limites étroites de l'espace et du temps. Ce n'est même plus une chose dont on peut parler vaguement, et à laquelle on pourrait au moins appliquer des expressions indéfinies. On ne saurait plus dire à l'individu comme à la race :

« Choisis bien ; ton choix est court,
« Mais il est éternel. »

Qu'on dise seulement qu'il est court, mais, quel qu'il
ait été d'ailleurs, cela n'importe à personne.

Assurément, même en ces limites, ce serait une
grande chose pour nous d'avoir été heureux, et s'il est
vrai que la fin morale nous procure le plus grand bonheur, la plus haute perfection pour l'homme est d'arriver à cette fin morale. Mais quand on nous dit que
le plus grand bonheur réside dans la fin morale, il
faut savoir ce qu'on entend par là. Cela peut signifier
qu'en fait, les hommes ont cette conviction et agissent
en conséquence ; et c'est la plus grande fausseté qu'on
puisse dire. Cela peut signifier, et ce doit être le sens
s'il y en a un, que les hommes en seraient convaincus
et agiraient en conséquence, s'il s'opérait un changement complet dans leur esprit, et si leurs yeux, aujourd'hui fermés, venaient à s'ouvrir. Mais dans la
théorie des positivistes, c'est dans la plupart des cas
une hypothèse impossible. La fin morale, comme nous
l'avons vu, consiste dans un état intérieur du cœur ;
et le cœur, au point de vue des positivistes, est pour
chacun une solitude absolue. Nul ne peut y avoir accès
qu'autant qu'on le lui permet, et, pour l'ordinaire, personne n'y peut pénétrer.

« Enfermés dans les îles de la vie,
« Séparés par d'infranchissables détroits,
« Émergeant sur l'inabordable étendue des eaux,
« Myriades de mortels, nous y vivons solitaires. »

Ainsi s'exprime Mr. Matthew Arnold ; et Keble traduit avec grâce la même pensée, quand il observe combien il est rare, que ceux-là mêmes qui nous ont le plus longtemps et le mieux connus,

> « Aient jamais pu savoir la moitié des raisons
> « Qui nous font rire ou pleurer. »

Ainsi, pour le positiviste, chaque homme est, dans la retraite de son âme, aussi seul que s'il était le seul être pensant de l'univers. Quand il mourra, pour employer une expression déjà citée de Georges Elliot, toute sa vie intérieure

> « Sera pliée, comme un rouleau dans la tombe,
> « Où nul ne la lira jamais. »

Personne ne viendra s'enquérir de ses pensées intérieures, encore moins le jugera-t-on d'après elles. De toute façon, il n'aura jamais à répondre que de lui-même.

Telle est la situation que fait à l'individu la théorie positiviste. Il suit de là, qu'un des premiers résultats du positivisme est de détruire radicalement tout système qui permettrait de gouverner avec autorité le domaine intérieur. La morale impérative n'est donc plus qu'un vain mot. Quoi de plus vain, en effet, que de faire proclamer par un groupe d'hommes, reconnu en minorité, des lois obligatoires pour les autres, quand on ne peut obliger ceux-ci à y obéir, et quand ces lois n'ont de signification quelconque que pour ceux auprès desquels elles sont superflues ! Supposons

que, pour des raisons positives, je trouve mon plaisir
à pratiquer l'humilité, tandis que mon ami trouve le
sien dans l'orgueil, et qu'autant que nous en pouvons
juger, il y ait de part et d'autre parité de bonheur ;
quel motif puis-je avoir de déclarer mon état préférable au sien ? Si j'étais théiste, je ne manquerais pas
d'excellentes raisons ; j'aurais la conviction que la satisfaction présente de mon ami ne tardera pas à s'é-
vanouir, pour faire place à des regrets. Mais, étant
positiviste, si son contentement doit durer tout le
temps de sa vie, que puis-je lui dire, sinon qu'il a
choisi pour toujours la meilleure part, que ni homme
ni Dieu ne lui enlèveront jamais ? Prétendre alors que
cet état immoral ne vaut pas mon état moral, n'est
plus qu'une phrase vide de sens pratique. Tout ce
qu'elle peut signifier, c'est que si mon ami pensait
comme moi, il serait plus heureux ; mais c'est une
hypothèse impossible, dont la conclusion ne peut être
vérifiée. Je puis sans doute présenter à mon ami le
tableau de mon état intérieur et du bonheur qu'il me
donne, mais s'il fait la comparaison de son bonheur
au mien, ce à quoi il ne manquera pas, et s'il préfère
le sien, toutes mes exhortations se trouveront frappées
d'impuissance et mes reproches n'auront aucun sens.

Voici donc les trois résultats simples, immédiats
et nécessaires du positivisme, relativement à la fin
morale. Sur les trois caractères présentement reconnus comme essentiels, le positivisme en supprime
deux et modifie matériellement le troisième.

En premier lieu, l'importance de la fin morale

change de nature. Elle n'a plus rien d'infini, et une appréciation scientifique en peut déjà marquer le terme.

En second lieu, la fin morale n'a plus rien d'absolu, et ne l'étant pas, elle ne peut être obligatoire.

En troisième lieu, sa valeur, quelle qu'elle soit, se mesure uniquement sur la conscience du bonheur que nous donne sa possession ou de la peine que sa perte nous cause.

On pourrait prétendre encore que la fin morale, une fois aperçue, suffit pour nous attirer par des charmes inaliénables, qu'elle peut se soutenir par elle-même, indépendamment des théories sur sa nature et sur son universalité. Il nous reste alors à en venir à la vie pratique et à voir si la réalité autorise cette prétention, et si les plaisirs de la vie qu'on estime le plus ne perdront pas leur attrait, quand on les aura dépouillés des trois caractères que leur enlève la théorie positiviste.

CHAPITRE V.

SI L'AMOUR EST LA MARQUE DU BIEN.

Ἔρωτα δέ, τὸν τύραννον ἀνδρῶν
  Τὸν τᾶς Ἀφροδίτας
  Φιλτάτων θαλάμων
  Κλῃδοῦχον οὐ σεβίζομεν,
    Πέρθοντα.

« L'amour, tyran et destructeur des hommes, pourvoyeur de plaisir aux lits voluptueux, ne reçoit point nos hommages. »

EURIPIDE.

Je tiens à établir encore, en d'autres termes que les miens, la théorie que nous allons soumettre à l'épreuve des faits actuels de la vie. « L'assertion que la moralité dépend en quoi que ce soit de certains problèmes philosophiques, produit sur mon esprit, » dit le professeur Huxley, « le même effet, que si on venait me dire : La vision chez l'homme dépend de sa théorie de la vue ; ou bien encore qu'il ne peut savoir si le gingembre échauffe son palais, avant d'avoir un jugement arrêté sur la nature du gingembre. » Ou, pour traduire ceci dans un langage légèrement différent : Les genres de bonheur que nous assure, nous

dit-on, la conduite morale, sont des faits, en tant
qu'ils se rapportent au sentiment que nous en avons,
aussi simples, aussi constants, aussi universels que la
perception du monde extérieur au moyen de la vision,
ou que la sensation produite sur le palais par l'application du gingembre.

L'amour, par exemple, est à ce point de vue, dans
sa forme la plus haute, un plaisir aussi simple pour
l'homme, qu'il l'est pour les animaux dans sa forme
la plus basse. Ce que Georges Elliot appelle le *trésor
de l'affection*, dépend aussi peu, quant à sa valeur,
des croyances placées en dehors de l'amour, que le
trésor de l'appétit animal ; et de même que l'absence
de croyance religieuse ne prive pas les animaux de
celui-ci, de même ce manque de foi religieuse ne ravit
pas celui-là au genre humain. Il demeure pour nous
une possession stable dans le naufrage des croyances,
et donne à la vie une solennelle et profonde valeur.
C'est une règle de conduite sûre, qui ne nous trom-
pera jamais. Tout ce qui nous guide vers ce trésor,
nous le déclarerons moral ; tout ce qui tend à nous
le ravir, nous le tiendrons pour immoral.

Telle est la théorie positiviste, en ce qui regarde
les plaisirs les plus élevés de la vie ; et l'affection en
est incontestablement un des premiers, et évidemment
aussi, un des plus propres à l'homme. Passons maintenant des généralités à des faits particuliers et concrets, et voyons à quel point ils confirment cette
théorie. Nous n'en saurions trouver de meilleurs que
ceux qui, dans ce genre, se rapportent à l'affection,

spécialement à celle qui existe entre les sexes.

L'affection de l'homme pour la femme, ou comme il convient de l'appeler, l'amour, a été, de tous temps, un des principaux éléments de la vie humaine. Mais c'est seulement depuis que le christianisme a pleinement développé ce sentiment, qu'il a pris l'extrême importance qu'on lui attribue maintenant. Dans l'ancien monde, c'était une passion qui ne pouvait manquer de naître chez la plupart des hommes et qui, suivant les circonstances, leur apportait la joie ou la douleur. La sagesse profane en avait convaincu quelques-uns qu'elle donnait plus de plaisir que de peine, aussi l'accueillaient-ils et en usaient-ils, tant qu'ils s'en trouvaient bien. La même sagesse en avait convaincu d'autres qu'elle donnait plus de peine que de plaisir ; et, comme Lucrèce, ils faisaient leur possible pour apprendre à la mépriser. Mais le monde moderne l'a mise sur un pied tout différent, et sa valeur ne dépend plus d'une éventualité où l'on met en balance la joie et la douleur. Celle-ci n'est pas de la même nature que l'autre et ne saurait lui faire contrepoids. Au jugement du monde moderne,

> « Mieux vaut avoir aimé et s'être perdu.
> « Que de n'avoir jamais aimé. »

Et de fait, bien qu'on ne dise pas précisément que l'amour s'impose à tous les hommes, on lui prête quelque chose qui a presque la nature d'un devoir. Un homme qui ne peut aimer semble sous le coup d'une infortune morale, sinon d'une faute morale.

Quand il aime et que son amour est heureux, on estime alors que sa nature fleurit et s'épanouit. La littérature d'imagination a fait de l'amour, dans le monde moderne, le point central de la crise humaine. Il semble que c'est le soleil du monde sentimental, le principe de ses ombres et de ses plus brillantes couleurs. C'est, dans l'existence d'un homme, la couronne qui donne à sa vie la plus haute perfection, et, si nous en croyons ceux qui en ont fait l'expérience, on dirait que la terre se fond sous son influence et se perd dans les cieux.

Tout ce qu'on dit ainsi de l'amour, vrai dans un certain sens, ne l'est toutefois réellement qu'en un sens, et ne saurait aucunement être accepté sans réserves. Ce n'est pas vrai en réalité de l'amour en général, mais seulement de l'amour qui s'est modifié d'une certaine manière. La forme de l'affection est, pour ainsi dire, plus importante que sa propre substance, comme nous pourrons le voir avec un peu de réflexion. L'amour est une chose qui peut revêtir des formes sans nombre. Et si, pour le monde moderne, la forme n'était pas ce qui importe le plus, on accorderait à toutes les formes des honneurs égaux ; on ne pourrait en graduer l'expression du moins qu'en raison de son intensité. C'est, en réalité, le contraire qui a lieu. Dans l'estimation que nous faisons d'une affection, l'intensité a sans doute sa grande importance, importance toutefois évidemment secondaire. Autrement, il faudrait mettre ce que le monde moderne tient pour abominable au même niveau que ce qu'il estime pur et saint. Les amants d'Athènes avec leur passion pourraient faire rougir la tranquille et sacramentelle fidélité de bien des unions chrétiennes, et tout l'échafaudage de la morale contemporaine s'écroulerait. Car, d'après nos conceptions modernes de la morale, l'amour ne donne pas seulement à la vie sa plus haute perfection, il peut aussi la faire descendre au degré le plus bas. Il fait monter l'homme au niveau des anges et le ravale à celui de la bête ; quant à son intensité, c'est une force qui le peut entraîner dans un sens comme dans l'autre. C'est donc le genre, et non pas le degré de l'amour, qu'il faut considérer. C'est le genre, et non pas le degré, qui sépare David et Jonathas d'Harmodius et d'Aristogiton, sainte Élisabeth de Cléopâtre, le disciple bien-aimé d'Antinoüs. Comment faut-il aimer ? Voilà donc pour nous la grande question, qui l'emporte de beaucoup sur celle-ci : A quel point faut-il aimer ?

Représentons-nous un fiancé et une fiancée, tous deux appartenant à ce type auquel on accorde hautement le respect dont il est digne, et tâchons de comprendre un peu ce qu'est leur affection. Nous ne saurions sans doute traiter ici comme il le mérite un pareil sujet. « A peine en peut-on parler autrement que dans la musique ou dans la poésie, » comme le remarque Mr. Carlyle. Mais nous en dirons assez peut-être pour l'objet que nous nous proposons. D'abord, il nous semble que l'affection en question repose sur deux points. Le premier, c'est le sentiment *mutuel* qu'ont les deux amants de leurs caractères respectifs ;

le second, c'est l'idée que se forme l'un du caractère
de l'autre. Chacun d'eux, par exemple, aura confiance
dans sa propre pureté, et chacun croira pareillement
à la pureté de l'autre. Ainsi, pour commencer avec
ces conditions requises, un homme n'aimera une
femme, dans le plus haut sens du mot, qu'autant
qu'il le pourra faire avec une conscience parfaitement
claire. Il ne doit y avoir entre eux aucun obstacle qui
puisse choquer chez l'homme le sentiment du bien,
aucun non plus que la femme puisse connaître, qui
soit capable de la choquer elle-même. S'il faut passer
par-dessus un pareil obstacle pour s'abandonner à l'affection, on la blesse, quelle que soit son intensité,
dans sa qualité la plus exquise, et au lieu d'un trésor,
on n'a plus qu'une ruine morale. On a exprimé très
délicatement dans ces lignes bien connues la nécessité
de ce sentiment personnel de ce qui est bon :

« Je ne saurais t'aimer si bien, chérie,
« Que je n'aime encore l'honneur davantage. »

Et nous ne devons pas envisager ici l'honneur au
seul point de vue des conditions et des actes extérieurs : il se rapporte autant, sinon plus, à l'état intérieur du cœur. L'homme doit avoir conscience, non
seulement qu'il aime celle qu'il doit aimer, mais qu'il
l'aime d'une façon pure. « Si je n'aimais pas la pureté plus que toi, je ne serais pas digne de toi. »
En outre, comme il a besoin d'avoir lui-même
cette conscience immaculée, ainsi lui faut-il encore
l'assurance que celle qu'il aime la possède également.

Il doit savoir qu'elle aime la pureté plus que lui, sinon le désir qu'il a de se montrer digne d'elle ne signifie plus rien. Le don si hautement prisé qu'elle lui fait de son amour a pour lui cette valeur précieuse, non pas parce que c'est simplement une affection, mais bien une affection d'un ordre élevé, et pour lui, cette élévation l'emporte sur l'intensité, sur la durée même de l'amour. Il préfère que cette affection demeure pure aux dépens de l'intensité, plutôt que de la voir devenir intense aux dépens de la pureté. Othello n'est assurément pas, comme mari, un type bien parfait, et pourtant il se rencontre chez lui quelque chose de semblable. Ce qui domine sans doute dans la torture que lui inflige l'infidélité supposée de son épouse, c'est un élément de profond égoïsme, c'est la passion de la jalousie, mais la plus sensible blessure vient d'ailleurs. Il souffre plus du tort que sa femme s'est fait à elle-même, que de celui qu'elle lui a fait. Cette pensée le met hors de lui.

> « Le vent dont l'haleine libertine caresse tout ce qu'elle rencontre,
> « Rentre épouvanté dans les entrailles de la terre,
> « Pour n'en pas entendre le récit. »

Il eût tout supporté plutôt que la perte d'une telle âme :

> « Hélas ! si le ciel avait voulu seulement faire de moi
> « Un type accompli du malheur, s'il avait fait pleuvoir
> « Sur ma tête toutes les humiliations pour m'en accabler,
> « Je m'y serais plutôt résigné, oh ! oui, bien plutôt !
> « Mais le trésor où mon cœur a mis ses affections,
> « L'asile où je dois vivre sous peine de ne vivre plus,...

« La source où s'alimente le cours de mon être,
« Et sans laquelle il se tarit, m'en voir dépossédé,
« On ne pouvoir la garder que comme une citerne
« Où d'impurs reptiles s'accouplent et se multiplient... ! »

Il aurait pu encore garder avec lui Desdemona toujours dévouée, si elle n'eût donné à Cassio que l'amour qu'elle ne pouvait avoir pour son mari. Mais rien ne saurait plus consoler Othello. La fontaine est souillée, d'où s'épanche le cours de sa vie, et si les eaux doivent en couler encore, il n'aura plus le courage d'y toucher. Si pareil sentiment se manifeste dans un amour comme celui d'Othello, il se montre bien davantage dans un amour d'un type plus élevé. Voici, par exemple, comme s'exprime l'héroïne de Mme Craven dans le *Récit d'une Sœur* : « Je puis assurer que nous ne nous aimions jamais tant, que lorsque nous voyions combien chacun de nous aimait Dieu. » Et encore : « Mon mari ne m'eût pas aimée comme il le faisait, s'il n'avait pas aimé Dieu davantage encore. » Ce langage est sans doute expressément religieux, mais il ne fait qu'exprimer une pensée que s'approprie également l'école positiviste. En langage positiviste, on dirait : « Mon mari ne m'eût pas aimée comme il le faisait, s'il n'eût été prêt à cesser de m'aimer, plutôt que de m'aimer autrement. » C'est donc un sentiment propre, essentiel même à l'affection positiviste, comme à l'affection chrétienne. Tout amour pur et exalté perdrait tout de suite ce caractère, si seulement il croyait pouvoir y renoncer. Il puise sa force la plus grande dans le sentiment qu'il a ce caractère, et surtout que ce caractère est vraiment bon. Dans le type idéal de nos fiancés, tous les deux n'estimeraient pas comme ils le font la valeur de la pure affection, s'ils ne la trouvaient non seulement différente de celle qui n'a pas ce caractère, mais encore essentiellement et souverainement meilleure. Pour les positivistes, aussi bien que pour les chrétiens, ce sentiment du bien dans l'amour se mêle à celui de l'affection et lui donne des ailes pour ainsi dire. Il fait même accepter à ceux qui aiment une diminution d'intensité, quand elle est le fruit d'une répression de la passion, et l'on peut dire, au moins d'une manière figurée, qu'il leur fait voir « un bras toujours tendu pour les empêcher de tomber ».

L'amour, tel que nous le présente l'école positiviste, doit donc avoir ces trois caractères, auxquels cependant cette école est, comme nous l'avons vu, obligée de renoncer. Ce qui doit le caractériser, c'est la conformité qu'il est tenu d'avoir avec un type spécial et absolu, dont on ne saurait expressément rendre compte. Cette conformité est intérieure, et par là même ne peut être contrainte. Mais son importance, au seul point de vue de l'enseignement positiviste, devient simplement un rêve.

Nous le comprendrons mieux, en considérant un amour auquel, autant que possible, on aura enlevé ces trois caractères, un amour qui ne repose, de son propre aveu, que sur des attraits personnels et qui rejette toutes les épithètes de bon ou de mauvais. Nous y verrons, non seulement que la passion de l'amour est susceptible des plus nombreux développements , mais encore combien on se tromperait, en s'imaginant que le genre qui se présente comme le plus entraînant est toujours le plus élevé.

J'ai cité Othello et Mme Craven pour trouver des types d'un amour religionisé. Nous nous adresserons à la moderne école parisienne pour y prendre le type de l'amour déreligionisé. Cette école, partant des mêmes principes que les moralistes positivistes, arrive à des enseignements pratiques tout différents. N'oublions pas que, si une partie des hommes recherchent avec ardeur l'idéal que nous avons envisagé, celui qui nous reste à examiner maintenant est poursuivi avec non moins d'ardeur par toute une autre partie. L'écrivain que je vais citer a été l'un des plus populaires des romanciers modernes. Des hommes de la plus haute culture intellectuelle ont salué en lui le prédicateur d'un évangile plus hardi et plus digne de la génération présente. C'est, dit un de nos poètes vivants les plus connus, parlant de l'ouvrage dont je vais donner des extraits,

> « C'est le livre d'or de l'esprit et des sens,
> « L'Écriture sainte de la beauté..... »

De cette écriture sainte le sujet principal est l'amour. Voyons comment on nous présente cet amour.

« Tu sais, » dit le héros bien connu de Théophile Gautier, dans une lettre à son ami, « tu sais avec quelle ardeur j'ai recherché la beauté physique, quelle importance j'attache à la forme extérieure et de quel amour

je me suis pris pour le monde visible..... cela doit
être. Je suis trop corrompu et trop blasé pour croire
à la beauté morale et la poursuivre avec quelque suite.
J'ai perdu complètement la science du bien et du mal,
et à force de dépravation, je suis presque revenu à
l'ignorance du sauvage et de l'enfant. En vérité, rien
ne me paraît louable ou blâmable et les plus étranges
actions ne m'étonnent que peu. Ma conscience est une
sourde et muette. L'adultère me paraît la chose la
plus innocente du monde : je trouve tout simple
qu'une jeune fille se prostitue..... Je trouve la terre
aussi belle que le ciel et je pense que la correction
de la forme est la vertu.

« Bien longtemps et bien souvent, » continue-t-il
plus loin, « je me suis arrêté sous le feuillage de pierre
des cathédrales, aux tremblantes clartés des vitraux, à
l'heure où l'orgue gémissait de lui-même, quand un
doigt invisible se posait sur les touches et que le vent
soufflait dans les tuyaux, et j'ai plongé profondément
mes yeux dans l'azur pâle des longs yeux de la Madone.
J'ai suivi avec piété l'ovale amaigri de sa figure, l'arc
à peine indiqué de ses sourcils ; j'ai admiré son front
uni et lumineux, ses tempes chastement transparen-
tes, les pommettes de ses joues nuancées d'une couleur sobre et virginale, plus tendre que la fleur du
pêcher. J'ai compté un à un les beaux cils dorés qui y
jettent leur ombre palpitante ; j'ai démêlé, dans la
demi-teinte qui la baigne, les lignes fuyantes de son
cou frêle et modestement penché ; j'ai même, d'une main
téméraire, soulevé les plis de sa tunique et contemplé

sans voile ce sein vierge et gonflé de lait qui n'a jamais été pressé que par des lèvres divines (1)!

. . . .

. . . .

. . . .

« Eh bien! je l'avoue, toute cette beauté immatérielle, si ailée et si vaporeuse qu'on sent bien qu'elle va prendre son vol, ne m'a touché que médiocrement. J'aime mieux la Vénus Anadyomène, mille fois mieux. Ces yeux antiques retroussés par les coins, cette lèvre si pure et si fermement coupée, si amoureuse et qui convie si bien au baiser, ces cheveux ondulés comme la mer et noués négligemment derrière la tête, ces épaules fermes et lustrées, ce dos aux mille sinuosités charmantes, cette gorge petite et peu détachée, toutes ces formes rondes et tendues, ce caractère de vigueur surhumaine, dans un corps aussi adorablement féminin, me ravissent et m'enchantent à un point dont tu ne peux te faire une idée, toi le chrétien et le sage.

« Marie, malgré l'air humble qu'elle affecte, est beaucoup trop fière pour moi; c'est à peine si le bout de son pied, entouré de blanches bandelettes, effleure le globe déjà bleuissant où se tord l'antique dragon..... Ses yeux sont les plus beaux du monde; jamais ils ne regardent en face :... jamais ils n'ont servi de miroir à une forme humaine..... La Vénus sort de la mer pour

---

(1) Les lignes que nous remplaçons ici par des points nous semblent d'une telle inconvenance, que nous n'osons les mettre sous les yeux du lecteur, même dans une citation qui les condamne.

(Note du traducteur.)

aborder au monde, comme il convient à une divinité qui aime les hommes, toute nue et toute seule. Elle préfère la terre à l'Olympe et a pour amants plus d'hommes que de dieux. Elle ne s'enveloppe pas des voiles langoureux de la mysticité ; elle se tient debout, son dauphin derrière elle, le pied sur sa conque de nacre : le soleil frappe sur son ventre poli et de sa blanche main elle soutient en l'air les flots de ses beaux cheveux, où le vieux père Océan a semé ses perles les plus parfaites. — On la peut voir : elle ne cache rien, car la pudeur n'est faite que pour les laides et c'est une invention moderne, fille du mépris chrétien de la forme et de la matière.

« O vieux monde ! tout ce que tu as révéré est donc méprisé ; tes idoles sont donc renversées dans la poussière : de maigres anachorètes vêtus de lambeaux troués, des martyrs tout sanglants et les épaules lacérées par les tigres de tes cirques, se sont juchés sur les piédestaux de tes dieux si beaux et si charmants. Le Christ a enveloppé le monde dans son linceul..... Virginité, plante amère, née sur un sol trempé de sang et dont la fleur étiolée et maladive s'ouvre péniblement à l'ombre humide des cloîtres, sous une froide pluie lustrale ; rose sans parfum et toute hérissée d'épines, tu as remplacé pour nous les belles et joyeuses roses baignées de nard et de falerne des danseuses de Sybaris !

« Le monde antique ne te connaissait pas, fleur féconde ; jamais tu n'es entrée dans ses couronnes aux odeurs enivrantes ; dans cette société vigoureuse et bien

portante, on t'eût dédaigneusement foulée aux pieds.
Virginité, mysticisme, mélancolie : trois mots inconnus,
trois maladies nouvelles apportées par le Christ !..... Je
considère la femme à la manière antique comme une
belle esclave destinée à nos plaisirs. Le christianisme
ne l'a pas réhabilitée à mes yeux..... Je ne sais pas en
vérité pourquoi les femmes tiennent tant à être regardées par les hommes..... J'ai fait en ma vie quelques
vers amoureux ou du moins qui avaient la prétention
de passer pour tels, le sentiment de l'amour moderne
y manque totalement..... Ce n'est point, comme dans
les poésies érotiques faites depuis l'ère chrétienne,
une âme qui demande à une autre âme de l'aimer parce
qu'elle aime ; ce n'est point un lac azuré et souriant
qui invite un ruisseau à se fondre dans son sein pour
refléter ensemble les étoiles du ciel ; ce n'est point un
couple de colombes ouvrant les ailes en même temps
pour voler au même nid..... »

Tel est le compte rendu que nous donne le héros de
la nature de son amour pour la femme. Et il ne le fait
point à contre-cœur ; il ne croit point se montrer ainsi
dans la situation d'un malade. Il témoigne, au contraire, que c'est chez lui un retour à la santé que les
autres ont perdue. Quand il promène ses regards sur
le monde moderne et qu'il y voit la virginité, pour
laquelle Georges Elliot se déclare dans ses vers prête
à mourir, il s'écrie avec tristesse : « La femme est
devenue le symbole de la beauté morale et physique.
L'homme est réellement déchu du jour où le petit
enfant est né à Bethléem. » Il faut remarquer qu'il

pousse ces conceptions à leurs conséquences logiques extrêmes, et cela, en quelque sorte, malgré lui. « Quelquefois, » dit-il, « je cherche à me persuader que cet amour est abominable, et je me le dis à moi-même le plus sérieusement possible ; mais cela ne vient que des lèvres. C'est un raisonnement que je me fais et que je ne sens pas ; il me semble réellement que c'est la chose la plus simple du monde et que tout autre à ma place en ferait autant. »

Et cette conception de l'amour n'est pas particulière au héros tout seul. Celle de l'héroïne en est exactement le pendant et y répond tout à fait. Comme lui, elle s'est affranchie de toute distinction du bien et du mal. Elle n'a pas plus de répugnance pour les énormités de l'impureté que pour les actions les plus communes, et la facilité avec laquelle ils s'y abandonnent tous les deux fait le caractère même du livre.

Nous avons donc ici un spécimen de l'amour dans toute son intensité, mais séparé autant que possible de tout élément religieux. Je dis autant que possible, car ici même, comme je le montrerai plus tard, le procédé n'est pas complet, et il y reste encore un ferment de religion. Mais l'abstraction qu'on en fait est suffisante pour le but que nous nous proposons. On y voit de la façon la plus vive et la plus claire que l'amour n'est point une puissance naturellement constante dans ses développements, et qui, abandonnée à elle-même, puisse nous offrir une direction morale. On y voit encore que la plupart de ses développements sont de ceux que le moraliste déclare abominables ; que le pire de tous est peut-être celui qui a le plus d'attraits ; du moins, des hommes d'un esprit cultivé nous le présentent-ils résolûment comme tel. Nous devons donc reconnaître que l'amour, dont on fait une règle de conduite, le but de la vie et l'objet d'une héroïque dévotion, n'est pas l'amour en général, mais bien un amour d'un genre spécial ; et qu'il doit être, pour remplir sa tâche, non seulement séparé, mais aussi éloigné de l'autre que possible, placé en un mot infiniment plus haut. Et le genre qu'on devra choisir à ce propos, je le répète, car cette assertion a plus d'importance encore que d'évidence, ne s'élève pas à cette dignité par suite de son intensité ; il acquiert cette intensité parce qu'il est seul digne d'un pareil choix.

Et voilà précisément le point faible de la situation des moralistes positivistes, qui nous présentent l'amour comme le bien suprême de la vie. Ils observent, et cela très justement, qu'il faut l'envisager comme un trésor, mais leur système détruit totalement la source d'où il tire son prix. Ce choix entre les amours, si solennel, si impérieux et si tendre à la fois, ce choix, qui descend comme une langue de feu sur l'amour élu, qui se fixe sur une affection pauvre et dédaignée, comme celui qui enleva Élysée à ses sillons, David à ses troupeaux, qui la met bien au-dessus de toute rivalité, pour la sacrer reine et prophétesse ; ce choix, le positivisme n'a pas le droit de le faire, ou s'il le fait, il n'agit en cela que par un caprice ou par une futile préférence. Sans doute, il ne confond pas l'amour pur avec l'autre, mais il les met tous deux sur le même pied ; et ceux qui soutiennent que dans ces conditions le premier a pour nous plus d'attraits que l'autre, trahissent une ignorance bien naïve de la nature humaine. En supposant, pour l'intérêt du sujet, qu'ils le croient tel en effet, ils n'en peuvent tirer aucun avantage. Il en résulte simplement que c'est chez eux un goût spécial et personnel ; mais quiconque n'est pas de leur avis n'y verra qu'un signe de faiblesse, qu'un état maladif. Quant à justifier ce goût ou à le faire partager, ils en sont incapables. Ils qualifieront sévèrement, s'il leur plait, leurs contradicteurs, mais ceux-ci leur renverront les mêmes qualifications, et ainsi, à défaut d'un type admis de part et d'autre, les récriminations n'auront de prise ni d'un côté ni de l'autre. En pareille matière, si la discussion s'engage, les partisans de l'amour charnel auront la plus forte position, car on admet des deux côtés les joies que peut procurer l'amour, tandis que les mérites de l'abstention ne sont acceptés que d'un seul.

Et maintenant, revenons en arrière et, sur ce sujet, reportons-nous au langage du professeur Huxley, par lequel a commencé ce chapitre. D'accord avec les principes de la morale positiviste, il nous dit que ces catégories spéciales de bonheur, choisies en vue d'un système moral, sont indépendantes de toute théorie dans les motifs de leur sélection ; de même que le phénomène de la vue ne dépend pas chez un homme de sa théorie sur la vision, que le goût piquant du gingembre ne résulte pas chez lui de la science de l'analyse. Il établit ainsi d'une manière claire et succincte la situation au point de vue positiviste; nous voilà en état de profiter de sa clarté, et de voir comment cette appréciation n'aboutit qu'à la confusion. En premier lieu, les comparaisons du professeur Huxley font ressortir la vérité du fait même que les positivistes se proposent d'invalider. Dans la pratique, la vue chez l'homme dépend précisément de sa théorie de la vision. Toute vue, autant du moins qu'elle a pour nous une signification, suppose le fait d'une conclusion ; en général, l'acte s'accomplit avec tant de promptitude, qu'on ne s'en rend pas compte, mais dans les cas où un doute s'élève à propos d'objets éloignés ou de formes étranges, on en a parfaitement conscience. Quant au gingembre et au goût qu'on lui trouve, il ne s'agit pas, au point de vue moral, de savoir s'il est piquant ou non, mais bien s'il est salutaire ou non d'en manger ; et ici, deux questions se présentent : sa saveur nous plaît-elle d'abord, ensuite convient-elle à notre santé? Sur le premier fait, le professeur Huxley ne dit rien qui soit de nature à nous éclairer ; sur le second, tout dépend du point même qu'il a noté comme indifférent. Il nous faut avoir quelque connaissance, fût-elle vague et négative, de la nature d'un aliment, pour savoir s'il sera bon pour nous d'en faire longtemps et habituellement usage, ou de nous en abstenir.

Appliquons à l'amour ces explications. Le gingembre du professeur Huxley représentera l'amour auquel il donne la préférence, et l'amour dans sa totalité figurera comme un dessert assorti, où le gingembre

aura sa place. Maintenant, le professeur Huxley aura
à nous recommander ce gingembre, et à nous montrer
qu'il y a un abîme entre cet aliment et..... les prunes
ou les biscuits Huntley et Palmer. Mais comment
s'en acquittera-t-il? Dire que le gingembre est piquant,
c'est ne rien dire du tout. Pour beaucoup ce serait une
condamnation, au lieu d'une recommandation; ils
pourraient défendre d'une façon tout à fait plausible leurs goûts personnels, en disant qu'ils aiment la
douceur des prunes et des biscuits Huntley et Palmer. Qu'il leur prouve donc que ce qu'ils préfèrent est
malsain et que, s'ils en mangent, ils en seront malades
à ne pouvoir faire leurs prières; alors s'ils tiennent à
les dire, il aura gagné sa cause. Mais s'il ne prouve rien,
ou si ses amis ne se soucient pas de faire leurs prières,
toutes ses recommandations se réduiront à une déclaration de son goût personnel. Et pour cela, il lui faudra prendre un autre ton; il se gardera d'y mettre
l'autorité d'une prescription morale. Car on ne ferait
que rire et l'on ne prendrait pas la peine de l'écouter,
s'il proclamait son goût en fait de friandises avec tous
les tonnerres du Sinaï. Or, dans les principes positivistes, le choix entre les différents genres d'amour n'est
qu'un choix entre des friandises diverses. Rien de plus,
incontestablement; et pourtant les positivistes veulent
conserver toute l'énergie du langage des chrétiens,
alors que, pour ceux-ci, il ne s'agit pas de choisir entre des friandises, mais plutôt entre un pain à cacheter
et la sainte hostie, entre Dieu et un entraînement profane.

On insistera peut-être en disant qu'avec cette manière de voir, on rabaisse la pureté au rang des drogues amères, qu'on accepte avec répugnance et seulement par crainte des conséquences auxquelles on s'exposerait autrement. Rien de plus vrai, que la crainte des conséquences d'un amour mauvais s'unit inséparablement au sentiment que nous avons de la valeur de l'amour légitime. C'est une nécessité du cas en question, laquelle toutefois ne rabaisse aucunement cet amour légitime ; et ceci nous amène à considérer un autre point important.

Il est impossible de tenir une chose pour incomparablement meilleure que les autres, sans tenir aussi les autres pour incomparablement pires. Assurément, le plus sûr garant à donner des éloges que nous accordons à l'objet de nos préférences, c'est la mesure de condamnation dans laquelle nous enve loppons ce qui est l'objet de nos répulsions. Si nous maintenons que l'amour vertueux se fait son paradis, nous devons maintenir également que l'amour vicieux se crée son propre enfer. L'un est la conséquence rigoureuse de l'autre. L'école positiviste ne peut se prononcer ni dans un sens ni dans l'autre. Elle ne peut ni exalter un genre d'amour ni en rabaisser un autre, et en voici la raison. Dans les deux cas, les résultats de l'amour dépendent du sentiment de notre conscience, et la conscience, mise en dehors des attentes de l'avenir, ne trouve point en elle de place capable de contenir l'immense intervalle qui, dans tout système moral, doit séparer l'amour mauvais de l'amour légitime. Certainement,

si l'on fait du bonheur la marque de la légitimité, on
ne pourra généralement dire en toute vérité que les
deux genres se distinguent entièrement dans la pratique. Il est notoire que, pour ce qui regarde le cours
de la vie présente, un homme, fût-il plongé dans les
plus viles amours, pourra toujours éviter les effets des
châtiments qu'ils méritent. Sa santé pourra sans doute
en souffrir, mais ce résultat ne s'impose pas nécessairement ; même dans le cas contraire, on ne saurait voir
toujours une condamnation morale dans la peine qui le
frappe ainsi ; d'héroïques labeurs pourraient produire
un effet semblable. La ruine de la santé ne serait en
tous cas qu'un simple accident ; ainsi en est-il de la
réputation, et l'on peut aisément concevoir des conditions auxquelles on éviterait ces deux inconvénients.
Les maux que doit entraîner l'impureté ne se rattachent guère à ces dangers. Ils ne dépendent pas de ce
que voit la conscience dans l'état présent, mais de ce
qu'elle prévoit dans l'avenir ; cette conscience nous
révélera pleinement alors ce qu'ici-bas nous soupçon-
nons seulement.

« Je ne les connais pas maintenant, mais après ma mort,
« Dieu sait, et je sais les figures que je verrai.
« Et tous ces êtres égorgés, de leur faible et dernier souffle, me diront :
« Je suis toi-même ; qu'as-tu fait de moi ?
« Et moi ! Et moi ! Hélas ! crient-ils tous ensemble,
« Te voilà donc aussi, et pour toute l'éternité (1) ! »

Et voilà l'attente à laquelle se rapportent les maux

______

(1) Dante, *la Divine Comédie*.

réservés à l'impureté. Or, d'après les principes positivistes, elle ne se réalisera jamais, et ces maux n'existent que dans une imagination malade.

Il en faut dire autant des charmes de la pureté. Au point de vue adopté par les positivistes, où l'on tient si peu de compte de ce qu'elle coûte, une affection pure comprend deux choses ensemble. Ce n'est pas seulement une possession, mais une promesse ; pas seulement un sentiment, mais un pressentiment ; un goût, mais un avant-goût, et la douceur que renferme, dit-on, la première partie dépend de la seconde.

« Bienheureux ceux qui ont le cœur pur, car ils verront Dieu. » Vraie ou fausse, cette croyance est de fait impliquée dans tout le culte qu'on rend aujourd'hui à l'amour et dans le religieux respect avec lequel on est arrivé à le considérer. On n'en saurait expliquer autrement l'éclectisme ou la suprême importance. Et cette croyance n'y est pas seulement implicitement contenue. On en trouve l'expression formelle chez les écrivains eux-mêmes qui la repoussent en théorie. Goethe, par exemple, ne saurait, sans la préciser, nous présenter le point de vue moral de l'histoire amoureuse de Marguerite. Georges Elliot a été obligée de la présumer dans ses personnages, et de placer les vertus qu'elle considère comme les plus nobles sur le piédestal d'une croyance qu'elle tient pour déraisonnable. Mais il faut naturellement en chercher ailleurs l'expression la plus complète. Voici, par exemple, des vers de Mr. Robert Browning, qui n'a peut-être aucun rival dans la subtile analyse du sentiment :

« Chère, quand notre âme comprendra
« La grande âme qui doit faire toutes choses nouvelles,
« Quand se brisera la terre et se développeront les cieux,
« Combien ce changement nous frappera,
« Dans cette demeure que n'ont point faite des mains humaines ! »

En voici d'autres encore, où le même sentiment se présente sous une forme un peu différente :

« N'avons-nous donc rien de mieux à faire qu'à jouir ici-bas ?
« Est-ce que l'action incréée ne brisera pas le cours du temps,
« Pour nous laisser, créatures captives en ce monde, entrer
« Dans l'éternité qui doit être notre partage...
« Au jour où la terre sera forcée d'apprendre à quoi servent les cieux ?
« En serons-nous encore, comme à présent, aux premiers éléments
« D'une sagesse qui, comme les choses terrestres, ne peut devenir parfaite,
« Mais que le ciel alors devra compléter ?
« La terre aura-t-elle encore un aliment pour les hommes,
« Quand sa douceur se changera en tristesse, et sa tristesse en joie ? »

On trouverait à ces derniers vers un singulier parallèle, dans les œuvres d'un écrivain beaucoup plus ancien et d'un ordre tout différent. Seulement, il s'agit ici d'une affection filiale, et non plus de celle qui existe entre deux époux. En dépit de ces différences, cette page ici vient à propos.

« A l'approche du jour où ma mère devait sortir de cette vie, » dit Augustin, « jour que nous ignorions et connu de vous, Seigneur, il arriva, je crois, par votre disposition secrète, que nous nous trouvâmes seuls, elle et moi, appuyés contre une fenêtre, d'où la vue s'étendait sur le jardin de la maison où nous étions descendus au port d'Ostie... Nous étions seuls, conversant avec une ineffable douceur, et, dans l'oubli du passé, dévorant l'horizon de l'avenir, nous cherchions entre nous, en présence de la Vérité que vous êtes, quelle sera pour les saints cette vie éternelle, que l'œil n'a pas vue, que l'oreille n'a pas entendue, et, où n'atteint pas le cœur de l'homme. » Et nous aspirions des lèvres de l'âme aux sublimes courants de votre fontaine, fontaine de vie qui réside en vous.... Et nos discours arrivant à cette conclusion, que la plus vive joie des sens dans le plus vif éclat des splendeurs corporelles, loin de soutenir le parallèle avec la félicité d'une telle vie, ne méritait pas même un nom ; portés par un nouvel élan d'amour vers Celui qui est, nous nous promenâmes par les échelons des corps jusqu'aux espaces célestes, d'où les étoiles, la lune et le soleil nous envoient leur lumière, et montant encore plus haut dans nos pensées, dans nos paroles, dans l'admiration de vos œuvres, nous traversâmes nos âmes pour atteindre bien au delà cette région d'inépuisable abondance, où vous rassasiez éternellement Israël de la nourriture de la vérité, et où la vie est la sagesse créatrice de ce qui est, de ce qui a été, de ce qui sera... Et en parlant ainsi, dans nos amoureux élans vers cette vie, nous y touchâmes un instant d'un bond du cœur, et nous soupirâmes en y laissant captives les prémices de l'esprit, et nous redescendîmes dans le bruit de la voix, dans la parole qui commence et finit... Nous disions donc : Qu'une âme soit, en qui les révoltes de la chair, le spectacle de la terre, des eaux, de l'air et des cieux fassent silence, qui se fasse silence à elle-même ; qu'oublieuse de soi, elle franchisse le seuil intérieur, songes,

visions fantastiques, toute langue, tout signe, tout ce
qui passe, venant à se taire, car tout cela dit : Je ne
suis pas mon ouvrage... que cette dernière voix s'éva-
nouisse dans le silence, après avoir élevé notre âme
vers l'auteur de toutes choses, et qu'il parle lui seul,
non par ses créatures, mais par lui-même, que son
Verbe nous parle, non plus par la langue charnelle ni
par la voix de l'ange, ni par le bruit de la nuée, ni par
l'énigme de la parabole, mais qu'il nous parle lui seul...
que notre pensée... se soutienne dans cet essor, et
que toute vue d'un ordre inférieur cessant, elle seule
ravisse le contemplateur dans ses secrètes joies,
qu'enfin la vie éternelle soit semblable à cette fugi-
tive extase qui nous fait soupirer encore; n'est-ce pas
la promesse de cette parole : Entre dans la joie de ton
Seigneur? Et quand cela? Sera-ce alors que nous res-
susciterons, sans néanmoins être changés (1)? »

Dans ce passage si profondément frappant, toute
la thèse se déroule à nos yeux. La croyance sur laquelle repose l'amour moderne, et qui lui donne un
caractère à part et sacré, est exposée en grand ; et
cette croyance, comme nous le voyons, le positivisme
n'y a pas droit. Elle n'est aucunement moderne toutefois. Les rudiments en sont au contraire aussi vieux
que le monde ; elle représente quelque chose d'inhérent
à la nature de l'homme. Mais les positivistes ne trouveront pas moyen pour cela d'en tirer parti ; car ce
quelque chose n'aurait pour eux de puissance ou de

____

(1) *Confessions de saint Augustin*, traduction de L. Moreau.

valeur, qu'autant que la pensée positive voudrait endosser comme vraie la prophétie qui s'y développe inévitablement. Cette prophétie reposait dans la conscience de l'ancien monde, sans avoir été déchiffrée, comme la sentence d'un oracle obscur ; quelques-uns pouvaient la révérer, nul n'aurait su la nier. Mais la signification en est pour nous traduite à présent, et un nouveau facteur y est entré. Nous pouvons la nier aujourd'hui, mais en le faisant, nous paralysons sa puissance.

Ceci, une fois admis, doit sembler évident, mais une curieuse confusion de pensée a empêché l'école positiviste de le voir. Ses partisans ont imaginé que la religion n'ajoute rien de plus à l'amour que l'espérance d'une prolongation, et non celle d'un développement. Aussi trouvons-nous que le professeur Huxley nous donne poliment cette fin de non-recevoir, à savoir que la qualité d'un pareil plaisir « n'est évidemment affectée d'aucune manière par l'abréviation ou par la prolongation de notre vie consciente ». Montrons tout de suite par un exemple fort simple que cette appréciation est tout à fait en dehors de la question. Un peintre, s'inspirant de quelque grande conception, se met à l'œuvre, et trouve pendant une semaine le bonheur le plus complet à préparer sa toile et à y poser ses premières couleurs. Ce bonheur eût-il duré quinze jours, n'eût pas été plus grand, et ne l'a pas été moins, pour avoir pris fin au bout de la semaine. Mais s'il ne dépend évidemment pas de la prolongation, comme le remarque le professeur Huxley, il dépend pourtant de la confiance qu'a le peintre de le

voir se prolonger et changer de caractère. Il tient à ce
que le peintre croit pouvoir continuer sa peinture et
la mener à bonne fin en la continuant. Les posivistes
ont donc fait une confusion. Il est vrai de dire que le
plaisir de faire un tableau ne dépend pas du fait qu'on
en peindra plusieurs ; mais il est faux de dire que le
plaisir qu'on prend à le commencer est indépendant
de la croyance qu'on a de pouvoir l'achever. Il est clair
que le plaisir se rapporte à cette persuasion, sinon
entièrement, du moins en grande partie, et c'est justement cette croyance que le positivisme supprime.

Pour en revenir maintenant encore au sujet de l'a-
mour humain, nous sommes en position de voir que
tel qu'il nous est présenté par les moralistes de l'école
positiviste, on ne peut à proprement parler l'appeler
un plaisir du genre positiviste, mais qu'il demeure
toujours un plaisir religieux, et qu'en le privant de
ce dernier élément, on lui fait perdre tout son caractère. On soutiendra peut-être que cet élément ne saurait lui être enlevé ; c'est dire alors, ou que le positivisme est impossible, ou que la religion est une
incurable maladie. Nous arrivons bien ici à une porte
latérale à laquelle je reviendrai à l'occasion, mais qu'il
n'est pas temps d'ouvrir encore. Je n'ai point pour but
présentement de discuter la question de savoir si l'humanité peut ou non accepter le positivisme, mais de
montrer ce qu'il a à nous offrir, si nous l'acceptons.
C'est ainsi que j'ai à signaler l'erreur d'écrivains
comme Georges Elliot, qui nie l'existence de tout Dieu
soleil dans les cieux, et qui ne cesse de se mettre en

adoration devant la lumière du soleil sur la terre ; qui déclare qu'elle va éteindre le feu à son principe, et qui nous offre de l'eau bouillante pour le remplacer ; qui, comme une vraie Cassandre, répudie l'amour et continue de citer, comme la sainte Écriture, des prophéties qu'elle vient de discréditer.

Voici donc ce que nous avons vu jusqu'ici. L'amour, comme plaisir du genre positif, si c'est à cela qu'on le réduit, sera tout autre que ne le voient nos moralistes positivistes. Il ne remplira aucune des fonctions dont on veut le charger. Il cessera de leur fournir un piédestal pour y élever la vie humaine. Le seul type qui se tienne encore sur une éminence tombera comme les autres et au même niveau. On nous offrira indistinctement tous les genres et notre choix n'aura plus aucune valeur morale. Aucune de ces épithètes morales qui servent encore à les distinguer si habilement entre eux ne gardera plus sa vertu. A ce point, la moralité ne sera plus qu'un vain mot.

Je ne me suis encore occupé que d'une seule des ressources qu'on suppose en état de donner à la vie une valeur positive. C'est toutefois la plus importante et celle qui se comprend le mieux. On peut avec elle juger des autres, peut-être même les renferme-t-elle à peu d'exceptions près. J'en pourrai prendre à l'occasion une ou deux autres pour les étudier séparément ; mais il nous faut auparavant nous enquérir des résultats qu'aura sur la vie le changement que nous avons envisagé comme étant le fruit du positivisme.

CHAPITRE VI.

LA VIE AU POINT DE VUE DE CE QUI EN FAIT LE PRIX.

> Si nous n'avions d'espérance que dans cette vie.....

Nous avons à examiner maintenant quelque chose comme le résultat d'une soustraction. Nous enlevons à la vie un de ses éléments actuels les plus forts ; il nous reste à voir, autant que nous le pourrons, ce qui nous restera. Nous n'arriverons naturellement pas à une réponse exacte, mais nous pouvons sans beaucoup de difficulté en obtenir une approximative.

Le chapitre précédent nous a montré ce que nous avons à retrancher ; nous allons brièvement le préciser davantage de la manière suivante. La vie, dans son état présent, est, comme nous l'avons vu, un composé de deux sortes de sentiments et de deux genres de bonheur ; elle est en partie la somme des deux nombres et en partie un compromis entre eux. On peut, pour en classer les ressources, les partager en deux groupes, suivant qu'elles sont elles-mêmes propres

à nous plaire ou à nous déplaire ; il semblerait ainsi
que pour avoir la mesure claire du bonheur, il suffirait
de nous assurer ce qui nous plaît et de nous préserver
de ce que nous n'aimons pas. Mais quand on examine
la vie telle qu'elle se présente à nous, on voit que
dans cette classification une autre est intervenue.
Bien des choses qui naturellement nous répugnent
ont reçu une bénédiction surnaturelle ; beaucoup d'autres qui nous plaisent naturellement sont frappées
d'une réprobation du même genre. Notre plus grand
bonheur se trouve ainsi souvent formé de ce qui nous
afflige, et notre plus profonde misère est presque toujours basée sur le plaisir. En conséquence, alors que
le bonheur semblerait être naturellement la marque
distinctive du bien, il arrive surnaturellement que le
bien est la marque du bonheur. Et cette notion entre si
complètement dans la conscience de l'humanité, que
dans les jugements les plus profonds que nous portons sur la vie, peu importe que nous soyons des saints
ou des pécheurs, ce qui se place en première ligne, ce
n'est pas le bonheur ou le malheur, mais le bien ou
le mal. En fait, nous avons acquis, comme une faculté
principale, certain jugement moral surnaturel qui se
mêle à toutes nos appréciations sur le monde présent.

C'est cette faculté que le positivisme, si on l'accep-
tait pleinement, aurait pour effet de détruire ou de
paralyser ; c'est donc elle que nous avons maintenant
à éliminer par la pensée. Pour cela, pour voir ce qui
nous reste dans la vie, en dehors de cette faculté,

nous avons d'abord à nous rendre compte en général de l'importance qu'elle peut avoir.

La tâche semble difficile peut-être, si nombreux et si variés sont les intérêts dont nous avons à nous occuper. Mais on peut éluder la difficulté. J'ai dû emprunter déjà à la littérature des exemples qui nous ont fait connaître les sentiments particuliers de certains individus en certaines circonstances. Nous allons y recourir encore pour y puiser une assistance, sinon pareille, du moins quelque peu analogue, et nous allons à ce propos l'aborder d'une manière légèrement différente. Voici ce que nous avons fait précédemment. Nous avons pris certains ouvrages de littérature, et, choisissant pour ainsi dire une ou deux plaques de couleur, nous en avons analysé la composition. Ce qui nous reste maintenant à faire, c'est de prendre les tableaux dans leur ensemble pour en analyser les effets au point de vue de la peinture, y constater l'harmonie ou le contraste des couleurs, le groupement des ombres et des lumières. Si nous traduisons ainsi ce qu'est l'art, l'art littéraire et poétique en particulier, nous verrons tout de suite à quoi nous servira un examen compris de la sorte.

Disons donc en premier lieu ce qu'est l'art et pour quelle raison il nous plaît. L'art est la réflexion et la reproduction des plaisirs de la vie ; il s'y rapporte et il en dépend. Nous ne prendrions pas d'intérêt aux portraits, par exemple, si le visage humain ne nous intéressait pas. Les statues n'en auraient pas davantage, si nous étions désintéressés de la forme du corps humain. Il faut que nous ne soyons pas étrangers au sentiment de l'amour pour avoir quelque souci des chansons amoureuses. L'art nous reporte aux réalités qu'il nous fait mieux apprécier ; mais nous apportons à l'art, des réalités de la vie, une appréciation que nous lui demandons de fortifier. L'art est un facteur dans le bonheur commun de l'humanité, parce que par lui le commun des hommes participe à la vision des privilégiés. Le grand art est un miroir qui reflète la vie telle que l'ont vue les regards les plus pénétrants. Ses représentations et ses formes n'ont de valeur que par là. Prises en elles-mêmes, « les meilleures en ce genre ne sont que des ombres. Nous brisons par la pensée leurs imperfections et notre imagination les corrige, notre imagination et non pas celle des artistes (1). » Examiner une œuvre d'art, c'est donc examiner la vie elle-même, ou plutôt quand nous considérons l'intérêt que nous inspire une œuvre d'art et les raisons pour lesquelles nous la trouvons belle, grande et intéressante, nous considérons nos propres sentiments comme des réalités qui y sont représentées.

N'oublions pas ces principes et portons nos regards sur certaines œuvres d'art, des plus grandes qu'il y ait au monde... j'entends parler des drames. De même que la poésie est le plus complet de tous les arts, le

(1) HIPPOLYTE. Voilà bien la plus sotte chose que j'aie entendue. — THÉSÉE : Les meilleures productions ne sont que des ombres, et les plus mauvaises cessent de l'être, si nous les corrigeons par l'imagination. — HIPPOLYTE : C'est alors notre imagination et non pas la leur. (*Midsummer's night's Dream*, act V.)

drame est, de toutes les formes de la poésie, la plus compréhensive. Nous avons dans un drame tout ce que nous cherchons en ce moment. Nous y avons la vie envisagée comme un tout, avec cet ensemble multiple de détails qui forme, pour ainsi dire, le paysage mental de l'existence, présenté sous une forme saisissable, rendu plus profond et plus concentré.

On peut dire sans exagération que les raisons pour lesquelles on croit que la vie mérite qu'on la vive, se trouvent dans les raisons qui nous font trouver grand un grand drame.

Reportons-nous donc à quelques-unes des œuvres les meilleures de Sophocle, de Shakespeare et de Goethe, et voyons rapidement comment elles nous présentent la vie. Prenons *Macbeth, Hamlet, Antigone, Mesure pour mesure* et *Faust*. Nous avons là cinq représentations de la vie, qui s'offrent incontestablement sous les aspects les plus frappants, avec tous les intérêts qu'on y a reconnus, élevés à leur plus haute puissance. Telle est du moins la façon dont on envisage ces œuvres, et c'est en vertu de cette appréciation qu'on les appelle grandes. Or, pour produire cet effet, quelle est la faculté principale à laquelle elles font appel en nous ? Il suffit de réfléchir un peu pour comprendre qu'elles font principalement appel à un jugement moral surnaturel, et que ce jugement se trouve sans cesse explicitement énoncé dans ces œuvres elles-mêmes ; comme aussi, ce qui a plus d'importance encore, elles le supposent toujours en nous. En un mot, ces représentations les plus élevées de la vie nous montrent des hommes qui combattent, ou qui ont failli dans le combat, en les jugeant non pas au point de vue du bonheur naturel, mais du droit surnaturel, et toujours en supposant que nous admettons de notre côté l'importance de ce combat. Et comme nous le verrons plus tard, cette importance ne se fonde pas sur les conséquences extérieures et sociales de la conduite, mais principalement et essentiellement sur ses conséquences intérieures et personnelles.

Dans *Macbeth,* par exemple, le principal incident, la matière qui donne au drame la couleur tragique, c'est le meurtre de Duncan. Mais à quel point de vue y trouve-t-on la tragédie réelle? Elle ne consiste pas dans le fait que Duncan est assassiné, mais dans le fait que Macbeth est le meurtrier. Ce qui nous épouvante, ce qui dans ce spectacle soulève en nous les passions de la terreur et de la pitié, ce n'est pas l'effet extérieur et social de l'acte, mais son effet intérieur et personnel. Duncan couché dans le tombeau, après une vie fiévreuse et agitée, peut y dormir en paix. Ce qui saisit nos âmes, ce n'est pas que Duncan ait à y dormir pour toujours, c'est que Macbeth ne doive plus dormir; l'extinction d'une dynastie disparaît en présence de la ruine morale d'un caractère.

Même situation dans *Hamlet*. Tout notre intérêt s'y concentre sur une action, sur la lutte que soutient le héros pour se conformer à un type du bien intérieur et personnel, qui n'a rien de commun avec l'utilité des autres, pas plus qu'avec son propre bonheur naturel. Au cours même de ce combat, il ne fait que

détruire le bonheur de ceux qui l'entourent, et cette
ruine contribue puissamment à l'émotion du drame.
On ne s'indigne pas contre Hamlet qui en est l'auteur. On se fût plutôt indigné contre lui, si, renver-
sant la situation, au lieu de sacrifier le bonheur social
aux intérêts des droits de la conscience, il les avait
méconnus dans l'intérêt de ce bonheur.

C'est encore la même thèse dans *Antigone;* la donnée en est même plus nettement présentée. Tout l'intérêt repose encore sur le combat personnellement
engagé en faveur du droit, et non point en vue de l'u-
tilité ou du bonheur. Dans l'un des plus beaux passages de ce drame merveilleux, l'héroïne prend nettement cette position. La loi pour laquelle elle veut
vivre, dit-elle, et mourir s'il le faut, n'est pas une loi
humaine; le modèle qu'elle suit ne vient pas des
hommes, il ne peut se modifier suivant les goûts de
nos besoins variables, c'est

« Une loi qui n'est pas écrite et qui ne meurt pas, la loi de Dieu,
« Non pas celle d'aujourd'hui ou du jour suivant,
« Mais celle qui vit éternellement, et dont nul être
« En ce monde ne peut méconnaître l'origine. »

Le drame intitulé *Mesure pour mesure,* celui de
Faust, serrent de plus près encore la question pour la
conduire à la même issue. Dans ces deux pièces nous
voyons tout de suite qu'on suppose avant tout chez
l'auditeur ce jugement moral, pour ne rien dire de
plus, jugement fixe et sévère qui porte sur la chasteté
de la femme et sur la valeur surnaturelle de cette

vertu. C'est l'assentiment donné à ce jugement qui
seul nous fait paraître Isabelle héroïque, et l'infortune de Marguerite n'a point d'autre raison. Que
pour un moment nous tenions ce jugement en suspens, qu'advient-il de ces deux drames? La terreur et la pitié s'évanouissent comme un songe, et
le seul nom qui leur convienne alors c'est : « *Beaucoup de bruit pour rien.* »

Nous voyons donc, que plus nous examinons ce
sujet, plus il apparaît clairement que, dans tout cet
art qui fait l'objet de nos considérations, les prémisses
sur lesquelles reposent la puissance et la grandeur se
résument ainsi : La grande relation de l'homme ne
porte pas premièrement sur ses devoirs envers ses
frères, mais sur un autre point supérieur à l'humanité,
placé tout à la fois en dehors et au-dessus d'elle ; c'est
vers ce but qu'il nous faut tendre d'abord, pour arriver de là aux hommes qui sont nos frères. Nous
ne nous appartenons pas, nous avons été achetés à
un prix. Nos corps sont les temples de Dieu, et dans
notre vie, la joie et la terreur tiennent à la pureté dans
laquelle nous gardons ces temples, comme au vice
qui les dégrade. Que nous en ayons conscience ou non,
ces solennelles et profondes croyances servent de base
à l'art le plus élevé que le monde connaisse. Ces
croyances lui prêtent cette profondeur et cette solennité, qui sont pour nous en proportion exacte avec
l'énergie de notre foi.

Cette vérité ne s'applique pas seulement à l'art
sérieux et sublime, mais encore au cynisme, à la dé-

bauche, à la passion dans l'art. Congrève, tout aussi
bien que Sophocle, *Mademoiselle de Maupin*, tout
aussi bien que *Mesure pour mesure*, la confirment. Cet
art diffère du premier, en ce que la fin qu'on a en
vue dans le combat, au lieu d'être moralement la
bonne, est moralement la mauvaise. Pour l'art cynique
et débauché, rien de plus évident ; car ce qui le caractérise, ce n'est pas seulement qu'il va chercher ailleurs
ses sujets, c'est qu'il injurie ce qui fait l'objet de l'art
véritable. Il n'intervertit pas les rôles entre le bien et
le mal, il les maintient soigneusement chacun à sa
place, mais il insulte le premier en donnant au second
ses attributs. Ce n'est pas l'ignorance du bien, c'en
est la négation. Le cynisme et la débauche ont essentiellement l'esprit de négation, mais ils conservent les
affirmations établies pour les jeter en proie à leurs négations. Ils n'entreprennent pas de détruire le bien,
mais de le soumettre à une lente torture. C'est dans le
domaine spirituel un combat d'animaux sauvages. Ils
détestent le bien dont l'existence les irrite, ils n'en reconnaissent pas moins qu'il existe. « Je ne voudrais pas
plus, dit un personnage de Congrève, jouer avec un
homme insouciant à sa mauvaise fortune, que faire
l'amour à une femme qui compterait pour rien la perte
de sa réputation... » Cette maxime contient tout le secret de la débauche, qui ne diffère du cynisme qu'en
cela seul qu'elle en est la sensualité. Cette maxime
nous donne la contrepartie exacte des paroles d'Antigone déjà citées. De même qu'elle conforme sa vie
« à la loi non écrite et éternelle de Dieu, » de même,

dans la débauche, la vie se plaît à violer cette loi. Pour toutes les deux l'existence des lois est pareillement essentielle. La débauche ne consiste pas seulement dans la satisfaction de ses appétits, elle cherche encore cette satisfaction aux dépens de quelque chose. Les bêtes ne sont pas débauchées. On ne donne point à un bouc cette qualification.

Quant à ce que j'ai appelé la passion dans l'art, on pourrait croire que le cas est différent, et il l'est jusqu'à certain point. L'objet de la lutte, tel qu'on nous l'y présente, c'est le plaisir; on n'y porte pas un défi soit au bien soit au mal, on ne veut tenir compte ni de l'un ni de l'autre. L'objet principal de ce plaisir, comme le dit Théophile Gautier, ce sont les charmes physiques de l'homme et de la femme, en dehors de toutes autres qualifications que celles qu'ils tiennent tous les deux de la jeunesse et de la beauté. Mais cet art a beau protester de son indépendance de tout jugement moral, et ne compter nullement pour ses effets sur le discernement entre le bien et le mal, il s'en faut en réalité que sa situation soit telle.

Revenons au roman dont nous avons déjà cité des extraits. Le héros nous dit, ainsi que nous l'avons vu, qu'il a totalement perdu la faculté de faire cette distinction. Mais cette affirmation même, comme on le montrerait aisément, n'est pas entièrement vraie. Le point important dont il faut prendre note ici, c'est qu'en réalité il a conscience de cette perte. Il a eu la volonté de se débarrasser d'un fardeau, le fardeau ne lui pèse plus peut-être, mais il en sent vivement l'absence. C'est une sorte de braconnier moral qui, ne pouvant pas vivre de la loi, donne du relief à sa vie par la pensée qu'il a su l'éluder. Ses plaisirs, agréables en soi, deviennent plus aigus par le sentiment du contraste. « En tous cas je ne suis pas vertueuse, » lui dit sa maîtresse, « et c'est toujours quelque chose de gagné ». Georges Elliot dit de Maggie Tulliver, qu'elle aimait sa tante Pullet principalement parce qu'elle n'était pas sa tante Gleg. Le héros de Théophile Gautier aime la Vénus Anadyomène, en partie du moins, parce qu'elle n'est pas la Madone.

Descendons même à de pires tableaux, à ceux que nous offrent des hommes qui combattent pour se procurer des jouissances plus grossièrement matérielles, plus étrangères à toute trace d'esprit ou de morale, et nous verrons clairement, en consultant le miroir de l'art, que l'élément moral s'y fait sentir encore. Nous en suivons la piste jusque dans la littérature de licence monstrueuse, qui a inspiré les œuvres érotiques communément attribuées à Meursius. Nous la retrouvons dans les orgies de Tibère à Caprée, dans celles de Quartilla à Naples, telles que nous les décrit Pétrone. C'est comme un rayon de lumière qui tombe au sommet d'une sombre caverne ; ceux qui s'y tiennent ne le voient pas, mais il leur permet de voir, et leur donne tout juste de quoi sentir les ténèbres. Cet élément surnaturel fait fermenter leurs passions naturelles et les pousse jusqu'à la rage et à la folie. Il leur fait un crépuscule, où les vertus sont les vices. Les plaisirs ainsi recherchés doivent asservir les hommes, non pas en proportion de leur intensité, qui serait probablement à peu près la même dans toutes les variétés, mais en proportion de leur bassesse et de leur puissance avilissante. La dégradation devient la mesure de la jouissance, ou plutôt il y a là comme un nombre augmentatif, qui multiplie constamment la figure de la jouissance.

> « Ah! où donc irons-nous chercher un passe-temps,
> « Si tout ce qu'on imagine de pire est déjà fait? »

Les partisans de ces misérables joies n'ont pas d'autre grande question à se faire que celle-là.

Ainsi donc, en regardant la vie dans le miroir de l'art, on y constate la présence continuelle du surnaturel. Si nous montons dans les cieux, il y est, et si nous descendons aux enfers, nous l'y trouvons également. Il nous apparaît de même au fond de ces deux catégories du plaisir, auxquelles se rapportent d'une façon ou d'une autre tous les plaisirs humains : l'une s'entretient dans le combat passionnément soutenu en faveur du droit surnaturel ou dans le sentiment profond du repos qu'on doit y trouver, l'autre a sa source dans un sentiment de révolte contre ce droit, sentiment qui nous flatte et nous excite de différentes manières. Dans les deux cas, c'est au sentiment du jugement moral surnaturel qu'on fait appel, premièrement dans l'un, et secondairement, sinon premièrement, dans l'autre. Toute la vie présente en reçoit les couleurs ; et naturellement, si l'on en provoque la ruine ou le naufrage, tout l'aspect de la vie doit changer pour nous.

En quoi consistera donc ce changement? Le miroir de l'art nous en montrera tout de suite le caractère général. J'ai fait voir en passant ce qu'auraient à souffrir les drames de *Faust* et de *Mesure pour mesure,* dans leur signification et dans leur intérêt, par suite de l'absence en nous d'un jugement moral. Qu'on se figure un acteur obligé de chanter devant un auditoire frappé de surdité; il en serait de même et l'on n'aurait plus qu'une série de muettes grimaces, n'ayant aucun sens. On en peut dire autant des autres. L'héroïsme d'Antigone s'évanouira (1) pour faire place à l'obstination seule. Les vies de Macbeth et d'Hamlet deviendront des contes insignifiants, quelque fortes qu'en soient les expressions. Pleines de bruit et de mouvement, elles ne nous diront plus rien. Elles n'exciteront plus chez nous d'intérêt et n'y produiront qu'un ennui plein d'étonnement, causé par la fastidieuse destinée d'hommes qui n'ont qu'*une si faible tête* pour apprécier les choses. De la même manière, dans la littérature sensuelle, la recherche et l'énergie de la diction tourneront à l'ennui vide de sens. L'esprit caustique de Congrève aboutira à des banalités spasmodiques, et l'exagération d'ardeur érotique ne sera plus chez Théophile Gautier, qu'une affectation prolixe et fantasque. Dans l'art, toute la sublimité, tout l'éclat et la majeure partie de l'intérêt, dépendent de l'existence du sens moral, et sans lui ne peuvent aucunement se produire. La raison en est évidente. Les plai-

(1) Il ne faut pas oublier que dans cette abstraction du sens moral nous avons à l'enlever aux personnages comme à nous-mêmes.

sirs et les maux naturels de la vie, traités uniquement par l'imagination et par la mémoire, n'ont par eux-mêmes ni assez de variété ni assez de grandeur ; il leur faut une plus haute assistance. L'art, quand le sens moral ne le met pas en jeu, ressemble à un pianiste dont le clavier se réduirait à une seule octave.

On en peut dire autant de la vie et d'une façon plus excellente. La vie perdra précisément les mêmes qualités que l'art, ni plus ni moins. On n'y introduira aucun nouvel intérêt, on éliminera seulement plusieurs de ceux qu'elle possède. La soustraction du sens moral ne saura point révolutionner les plans humains, elle ne fera que leur enlever leur portée. Le vaste champ des plaisirs et des peines ne sera plus qu'une plaine partagée en deux couleurs. L'élément moral donne à ce champ une immense étendue, où travaille sa puissance souterraine, pour en diviser et en modifier la surface. Ici, de vastes plateaux se creusent en vallées, en abîmes profonds ; là, des pics montagneux se dressent vers les cieux. Des ombres mystérieuses remplissent les profondeurs ; de fraîches couleurs et des demi-teintes vaporeuses rasent en tremblant les objets ; des brouillards flottent suspendus au-dessus des précipices et des ravins ; la végétation étale toutes les richesses de la variété, plus légère ici, là, plus fournie et plus luxuriante ; et dominant tout le reste, au faîte des plus hauts sommets, se détache, comme une blancheur étrange, la neige de la pureté, qui projette les lueurs matinales du jour le plus radieux qu'ait jamais vu se lever le monde inférieur.

Qu'on enlève ou qu'on annule le sens moral, tout cela disparaît. Les montagnes s'abaissent, les vallées sont comblées, le niveau de la mort a tout égalisé : deux couleurs partagent encore ce plateau, mais les ombres y manquent comme la lumière ; les tons sont appauvris, et toute leur vivacité s'en est allée. Le clair-obscur a disparu de la vie ; le paysage moral dont on exalte aujourd'hui la grandeur et la beauté, se dissout comme un insaisissable mirage. Le vice et la vertu se perdent à nos yeux dans un jour terne et gris ; les profondeurs du sentiment, la joie et la douleur, le désir ou le dégoût, n'ont plus de vigueurs et le silence fait place à l'harmonie.

On ne manquera pas de dire sans doute, et avec vérité, qu'en certaines circonstances, quelque joie doit nous rester encore, par le seul fait qu'on est vivant, qu'on exerce les fonctions du corps, qu'on en peut exciter ou apaiser les appétits. Qui donc, nous demandera-t-on, par exemple, enlèvera sa gaité au rayon du soleil, et privera de sa douce influence une matinée de printemps, quand l'azur se développe dans un ciel sans nuages, quand la mer a les couleurs de l'hyacinthe, quand s'épanchent les flots étincelants de lumière et de vie et que, dans l'air joyeux du matin où baigne la forêt, on aspire le parfum des violettes cachées sous le gazon ? Oui, assurément, tous ces trésors et beaucoup d'autres nous resteront toujours. Mais ce n'est là qu'un des côtés du tableau. Si la vie conserve encore cette joie de la nature que traduit le printemps, n'a-t-elle pas aussi ses tristesses natu-

relles dont l'hiver est l'expression? Et si nous renfer-
mons dans ce cercle restreint tout ce que nous ap-
précions, la valeur de la vie n'aura-t-elle pas la mobi-
lité des saisons?

Mais une autre réflexion doit nous frapper. Cette
valeur, telle qu'elle se présente à nous, dépend de
la religion dans une large mesure, sinon directement,
du moins d'une manière indirecte. La vie apparente,
celle des muscles et des nerfs, toute cette vive expression d'une santé joyeuse et florissante, qui semble
se rapporter si peu aux croyances et aux théories, se
mêle pourtant intimement à une vie qui en est
imprégnée, et dont les subtiles influences l'enva-
hissent de tous côtés. Il ne nous vient pas une impression du dehors pour nous remuer ou nous réveil-
ler, qui ne nous apporte ou ne nous envoie quelque chose de supérieur à elle-même. Dans tous ces
plaisirs qui nous semblent si simples, flotte un essaim
d'espérances et de souvenirs, pareils à des mouche-
rons qui dansent dans le crépuscule d'une soirée d'été.
Pas une vision, pas un bruit, pas une odeur, pas un
souffle de la mer ou du jardin, qui n'en soient tout rem-
plis, et d'où ils ne nous arrivent empressés et nombreux; pas une de ces volatiles influences qui ne nous
apporte avec elle la notion du bien et du mal; et ce
sont elles qui font résonner la vie des sens de cette
animation si étrange et si compliquée. Donc, indirectement, sinon directement, la joie même que nous
trouvons dans le fait de la vie souffrira, pas au même
point peut-être, mais de la même manière que tous

les autres plaisirs, de la perte de la religion. Son existence n'en sera pas détruite, mais elle n'aura plus de saveur. La demeure de nos joies subsistera toujours, mais des êtres qui l'ont peuplée, les plus brillants auront disparu. Ce sera la tristesse de la fête de mai au mois de septembre, celle d'un collège abandonné au temps des vacances.

Nous pouvons bien nous arrêter ici pour remarquer en passant la nature superficielle de cette culture philosophique qui croît en certaines régions, qui admet tout ce qu'on a pu dire de la destruction de toute obligation morale et nous invite en même temps à profiter des distinctions morales, pour varier nos plaisirs. « A chaque moment, » dit par exemple Mr. Pater, « certaines formes à notre portée ou sous nos yeux atteignent la perfection, certaine nuance plus choisie se révèle sur la mer ou dans les montagnes, certain mode de la passion, de la vue intérieure ou de l'activité intellectuelle, acquiert une réalité qui nous attire irrésistiblement, et ainsi, » ajoute-t-il, « puisque tout se dissout à nos pieds, nous pouvons bien nous attacher à toute passion exquise, à toute science qui nous apporte son tribut et soulève le voile de l'horizon pour affranchir un moment notre esprit, comme à tout ce qui réveille nos sens, aux teintes étranges, aux fleurs les plus rares, aux parfums inconnus, aux œuvres que produit la main d'un artiste, aux figures enfin des êtres qui nous sont chers... » Il est clair que cet enseignement positiviste de culture intellectuelle est en butte aux mêmes objections, est fondé sur les mêmes

erreurs, que l'enseignement positiviste de la morale. Il
ne nous apprend certainement pas à régler le choix de
nos plaisirs d'après le bien et le mal, de telle sorte
que nous choisissions les uns et rejetions les autres ;
mais s'il nous dit de choisir indifféremment les uns et
les autres, il veut pourtant que nous les regardions
comme distincts et opposés. En fait, il nous invite à
mélanger les deux fruits sans en confondre les sa-
veurs. Mais en ce qui regarde le bien et le mal, c'est,
comme nous l'avons vu, tout à fait impossible. Car
le bien n'est tel, qu'en tant qu'il nous faut le choisir,
et le mal est tel, en tant qu'il nous faut le rejeter ; et
les seules raisons qui pourraient en justifier le mélange
suffiraient à nous en rendre la distinction impossible.
L'enseignement de la culture positiviste repose par le
fait sur la supposition naïve que la lumière et les ténèbres sont choses portatives, et que nous pouvons
conserver dans la lumière des objets soustraits à la
clarté du jour, et garder toujours sombres ceux qu'on
a fait sortir de l'ombre, pour les grouper ensemble
dans la terne et diffuse lumière d'un atelier, et en
faire une mosaïque magique composée de points noirs
et de morceaux éclatants : que nous pouvons, pour
nous exprimer plus simplement, cueillir une prime-
vère au soleil de midi, et la mettre à notre chevet
pour qu'elle nous éclaire pendant la nuit. Il suit donc
de là bien clairement, que nous n'avons rien à attendre
de ce côté pour réparer cette perte de la saveur et de
l'intérêt, infligée à la vie par la paralysie du sens
moral. L'imposante construction qu'avaient bâtie les

héros et les saints ne se relèvera pas à l'aide de ces mièvreries de la morale des dandys.

Mais l'école moderne a une dernière ressource qui mérite davantage notre attention, et que je me suis réservé de traiter ici, car elle est entièrement *sui generis*. C'est le dévouement à la vérité en tant qu'elle est vérité, indépendamment des conséquences qu'elle peut avoir, au mépris même de leurs exigences. Ici du moins, nous disent les positivistes, nous avons une fin morale qu'on ne saurait nous enlever. Elle nous restera toujours pour donner à la vie un sens, une dignité, une valeur, lors même que la recherche que nous en faisons aurait pour résultat de détruire tout le reste. L'école moderne tient à ce sujet un langage très instructif et très curieux. J'en prendrai deux exemples caractéristiques. L'argument qu'on invoque communément, dit le Dr. Tyndall, en faveur de la croyance, c'est la consolation et la joie qu'elle nous donne, puisqu'en fait, elle sauve la vie de cette sombre et mortelle condition où nous l'avons envisagée. « A cela, je réponds, nous dit-il, que je choisis la meilleure part, comme Emerson, quand, à la suite de nombreux désenchantements, il s'écriait : « Je ne veux « que la vérité. » La joie du véritable héroïsme visite le cœur de celui qui peut parler ainsi. » Voici maintenant ce que dit le professeur Huxley : « Si l'on me démontrait qu'à défaut de tel ou tel dogme théologique, le genre humain va descendre au niveau d'un troupeau de bipèdes, plus brutal que les bêtes, en raison de ses aptitudes supérieures, ma première question serait encore de demander la preuve de ce dogme. Si cette preuve se présente, j'ai la conviction que jamais matelot, sur le point de se noyer, n'aura saisi plus fortement la bouée de sauvetage, que ne le fera l'humanité pour s'attacher à un tel dogme, quel qu'il soit. Mais si pareille preuve est impossible, je crois simplement que le genre humain n'aura qu'à suivre sa voie, si mauvaise qu'elle soit, et, pour toute consolation, je m'attache à cette réflexion : la postérité, si abaissée qu'on la suppose, tant qu'elle aura pour principe avoué de ne point vouloir croire à tout ce qu'elle n'a pas de raison d'accepter, quelque avantage qui pût lui en revenir d'ailleurs, ne descendra jamais aux plus profonds abîmes de l'immoralité. » Je m'en tiens à ces deux citations ; on pourrait les multiplier.

Or un pareil langage, au moyen d'une simple substitution de termes, nous révèle tout de suite un fait important. D'après les principes reconnus de la morale positiviste, la moralité n'a d'autre règle que le bonheur. En conséquence, l'immoralité ne peut avoir de signification concevable que celle de la privation de ce bonheur, ou du moins des moyens qui y conduisent, lesquels ici se peuvent à peine distinguer de la fin. Or, d'après nos rigides raisonneurs, le genre humain ne tombera pas dans l'abîme le plus profond de la misère, tant qu'il ne repoussera pas ce qui *ex hypothesi* pourrait le rendre moins misérable. Il faut donc réellement alors que tout ce qu'on nous dit de la vérité ne soit qu'une absurdité palpable, ou bien si ce n'en est pas une, il faut que la règle de la conduite soit quelque chose de distinct du bonheur. La question se pose ainsi clairement et l'on peut y répondre de l'une ou de l'autre façon, mais le positivisme ne saurait employer les deux manières à la fois. Doit-on chercher la vérité uniquement parce qu'elle conduit au bonheur, ou doit-on chercher le bonheur alors seulement qu'il repose sur la vérité? En ce dernier cas, le bonheur, comme règle de conduite, fait place à la vérité. Nos positivistes sont-ils disposés à l'accorder? Qu'ils gardent donc cette règle et qu'ils abandonnent l'autre, car ils ne sauraient les fondre toutes deux ensemble,

Ὄξος τ'ἄλειφα τ'ἐγχέας ταὐτῷ κύτει
Διχοστατοῦντ' ἂν οὐ φίλοιν προσεννέποις (1).

Cette inconséquence n'est pourtant ici qu'une affaire secondaire, un témoignage en passant de la négligence de la logique positiviste. En ce qui touche à mon argumentation, nous pouvons n'en pas tenir compte, et permettre de réunir ces deux fins qui s'excluent mutuellement. Ce que j'ai à faire, c'est de montrer que, dans les données du positivisme, la dernière est encore plus radicalement insuffisante que la première; que la vérité, en tant que fin morale, laisse entrer dans sa composition plus de religion encore que le bonheur et que, du moment où la religion en disparaît, toute valeur s'en retire de la façon la plus désespérée.

(1) « Si vous versez de l'huile et du vinaigre dans un même vase, vous les verrez se séparer et jamais ne s'unir. »

Au premier abord, cela peut sembler impossible. L'attachement à la vérité paraît sans doute aussi simple que sacré. Mais considérons plus attentivement la question et nous ne tarderons pas à penser autrement. Donc, pour commencer, nous ne pouvons rendre hommage à la vérité comme l'entendent les positivistes que de deux manières, par la découverte d'abord et ensuite par la publication de la vérité. Ainsi, le professeur Huxley, quelque peine qu'il en éprouve, ne se dissimulera pas ce fait, qu'il n'y a pas de Dieu ; et, quelque mauvaise que puisse être cette connaissance pour l'humanité, il n'aura pas toutefois de devoir plus haut et plus sacré que de la lui communiquer. Maintenant, pourquoi cela ? Je le demande. Est-ce simplement parce que le fait en question est la vérité ? Assurément il n'en saurait être ainsi, et quelques exemples vont nous en convaincre. Un homme découvre que sa femme a été séduite par son meilleur ami. Y a-t-il quelque chose de très haut et de très sacré dans cette découverte ? L'ayant faite, aura-t-il beaucoup de consolation à connaître que c'est la vérité ? Et la *joie du véritable héroïsme* le visitera-t-elle, s'il va la déclarer à tous les membres de son club ? Une nourrice bavarde informe un malade du danger où il est, le malade s'en effraie et meurt. Le patient a-t-il dû être bien glorieux de la découverte de la vérité ? Était-ce pour la nourrice une déclaration sacrée à faire ?

Évidemment on ne saurait dire de toutes les vérités qu'il est sacré de les découvrir et de les publier,

on le dira seulement des vérités d'un certain genre.
Il s'agit ici, non pas des vérités particulières comme
celles-ci, mais bien des vérités universelles et éternelles qui les enveloppent. Ce sont, par le fait, celles
que nous appelons les vérités de nature; les atteindre,
arriver au vrai, cela signifie qu'on se met *en rapport*
avec la vie de cette existence infinie qui nous environne
et nous soutient tous. Or, si c'est là le seul genre de
vérité qu'on puisse dire sacré, ce caractère qu'on lui
attribue ne dépend pas de la vérité, mais de son
objet. La vérité est sacrée parce que la nature est
sacrée; et la nature ne reçoit pas sa consécration
de la vérité. Si nous avons de suprêmes devoirs envers
la vérité, c'est qu'alors nous avons une foi suprême
dans la nature; c'est qu'alors, dans l'infini qui n'est
pas nous, quelque chose correspond à ce quelque
chose qui est en nous, qui est la plus forte et la plus
haute partie de nous-même, et qui ne peut trouver
de repos que dans la communion avec l'Infini qui lui
correspond. Cherchée dans cette voie, la vérité se distingue évidemment de la vérité de l'utilitarisme. Ce
n'est pas la réflexion fausse et perdue dans les nuages
du bonheur humain. Car, ainsi que nous le disent
résolument nos positivistes, il ne faudrait pas moins
la chercher, quand même elle devrait produire la
ruine de tout notre bonheur. Dans les principes positivistes, sur quoi repose cet enseignement? Toutes
les épithètes morales d'héroïque, de sacrée et d'autres, tous les mots qu'on applique en conséquence à
la nature, n'ont absolument aucune signification que si

on les applique à des êtres conscients ; mais au point de vue de la critique positiviste, il n'y a pas de conscience dans l'univers en dehors de la terre. Par quels moyens concevables les positivistes peuvent-ils donc transférer à la nature en général les qualités qui, en tant qu'ils les connaissent, sont particulières à la nature humaine seulement? Ils ne peuvent le faire que de deux manières, toutes deux inadmissibles pour eux : par un acte de fantaisie ou par un acte de foi. Si l'on s'en tient rigoureusement à la règle de leurs principes fondamentaux, il n'y a pas plus de sens à dire que l'univers est sacré qu'à dire que la lune parle français.

Mais passons, et ne demandons pas de soumettre leur enseignement à l'extrême rigueur de leurs propres lois ; admettons qu'à l'aide d'un certain mélange de fantaisie ou de mysticisme, ils aient fait de la nature comme une sorte de grand hiéroglyphe. Quelle moralité y trouvent-ils? Telle que l'observation positiviste nous la révèle, la nature n'a le droit de prétendre ni à notre respect ni à notre approbation. Qu'on lui applique seulement une règle quelconque de conduite morale, et, comme l'a si puissamment montré J. S. Mill, elle devient un monstre. Il n'est pas de crime que les hommes commettent et abhorrent, qui ne soit tous les jours sur une vaste échelle commis par la nature. Elle ignore tout sentiment de justice ou de pitié. Elle a sans doute à chaque instant l'air d'être tendre, aimante et bienfaisante, mais en toute occasion, ceux qui la connaissent peuvent lui dire :

« Miseri quibus
Intentata nites (1). »

Un jour, elle comble un pays des bénédictions de l'a-
bondance et de la paix comme des clartés du soleil ; le
lendemain, un tremblement de terre a tout ruiné.
Tantôt elle joue le rôle de l'avarice, tantôt, celui de la
prodigalité ; elle est ici d'une pureté sublime, ailleurs,
d'une corruption révoltante, et s'il faut, comme je l'ai
dit, la juger d'après un type moral, ses capacités ad-
mirables ne font qu'ajouter à l'horreur de ses crimes ;
bien plus, ses propres vertus sont elles-mêmes souil-
lées de la fange du péché. Comment donc y aurait-il
quelque chose de noble et de sacré dans l'intimité de
cette grande criminelle ?

Sans doute le théiste regarde la vérité comme sacrée. Mais sa croyance repose sur une base à laquelle
les positivistes ont radicalement renoncé. Il estime
la vérité parce que, par toutes ses voies, elle le mène
à Dieu ou le conduit vers lui, vers ce Dieu avec lequel il a une sorte de parenté et à la ressemblance
duquel il a été fait. Il trouve la nature cruelle, mauvaise, inexplicable, quand il la voit en elle-même.
Mais il découvre derrière elle une puissance plus vaste,
la puissance de celui qui est son Père et dans lequel
toutes les contradictions se réconcilient mystérieuse-
ment. Pour lui, la nature vient de Dieu, mais elle n'est
pas Dieu ; « et quand Dieu me tuerait, » s'écrie-t-il,

____

(1) « Malheur à ceux qui sans te connaître admirent ta splendeur ! »

« j'aurais encore confiance en lui. » Il n'y a qu'un acte de foi pareil qui puisse nous inspirer cette confiance. Ni l'observation, ni l'expérience, ni les méthodes positivistes d'aucun genre, ne peuvent nous la donner; sans la foi, l'expérience et l'observation ne peuvent que nous la faire paraître impossible. Une croyance dans le caractère sacré de la nature ou dans la valeur essentielle de la vérité suppose donc aussi rigoureusement un acte de religion, un acte de négation de toute formule positiviste, que le pourrait faire un article quelconque de la croyance de l'Église. C'est tout bonnement la forme concrète du commencement du symbole chrétien : « Je crois en Dieu, le Père tout-puissant. » Elle repose sur la même base, ni plus ni moins. Et ce n'est pas trop dire d'affirmer que, sans religion, sans croyance en Dieu, il n'y a pas de fétichisme plus ridicule que ce culte de la vérité naturelle.

Ce sujet a une telle importance qu'il est bon d'y insister. J'emprunte au Dr. Tyndall un de ces passages qui nous le présente d'une façon un peu différente et qui nous parle explicitement, non plus de la vérité elle-même, mais de cet objet sacré qui est au-dessus d'elle et dont la vérité n'est que le canal qui le fait arriver jusqu'à nous. « Deux choses, dit Imanuel Kant (orthographe du Dr. Tyndall) me remplissent de terreur : les cieux étoilés et le sentiment de la responsabilité morale de l'homme. — Aux heures d'énergie, de vigueur et de santé, où s'arrête le cours de l'action, où la réflexion prend place en nous, l'investigateur

scientifique se sent enveloppé lui-même dans l'ombre
de cette terreur. Elle le soustrait au contact absorbant
des détails de la terre et l'associe à la puissance qui
donne à son existence tout son nerf et toute sa plénitude, sans qu'il puisse ni la comprendre ni l'analyser. »
Il y a là, nous dit le Dr. Tyndall, une reconnaissance
rationnelle du fait de cette *divine communion* (1) dont
la nature est tout simplement « spoliée, en même
temps qu'elle est profanée par les gratuites assertions du théisme. »

Essayons de savoir ce que signifie exactement cette
reconnaissance du Dr. Tyndall. Il nous dit que la
science de la nature l'associe à la nature ; elle le soustrait aux détails absorbants de la terre et donne à son
être humain la faculté d'entrer en communion avec
quelque chose de supérieur à l'humanité. Mais qu'est-
ce que cette communion? C'est un mot absolument
vide de sens, à moins qu'il ne se rapporte à des êtres
conscients. Il ne peut y avoir de communion entre
deux objets matériels, ni même entre un homme vivant et un corps inanimé. Le Dr. Tyndall, par exemple,
ne peut être en communion avec un canari qui est

---

(1) « Quand j'essaie de donner au pouvoir dont je vois les manifestations dans l'univers une forme objective personnelle ou autre, il m'é-
chappe et refuse de se laisser toucher par mon intelligence. Je n'oserais
autrement qu'en poésie me servir à son égard du pronom *Lui*. Je n'ose
l'appeler un *Esprit*. Je refuse même de l'appeler une *Cause*. Son mystère
me couvre de son ombre, mais demeure un mystère, et les formes objec-
tives que d'autres essayent de lui approprier ne font que le travestir et
le profaner... »

(Dr. Tyndall. Materialism and its opponents.)

mort. La communion implique de deux côtés l'existence d'une chose commune. Or qu'y a-t-il de commun entre le Dr. Tyndall et les cieux étoilés? Entre lui et ce pouvoir dont les cieux étoilés sont la personnification? Il nous dit expressément que non seulement il ignore ce qu'il y a là de commun entre eux, mais qu'il n'ose pas même dire qu'il y ait quoi que ce soit de commun. Tout ce qu'il sait du pouvoir en question, c'est qu'il est vaste et uniforme ; mais qu'il contemple ces qualités en elles-mêmes, et il verra bien qu'au lieu de tendre à un rapprochement avec lui elles provoquent bien plutôt une séparation. A ce pouvoir il est vraiment uni dans un sens, en tant qu'il est une fraction de la somme des choses et que tout se trouve en quelque façon uni à ce qui existe. Mais cette union n'a rien de spécial. Son existence est un fait commun à tous les hommes, qu'ils y songent ou non ; nous pouvons bien par la science de la nature en obtenir un sentiment plus vif, mais faire ainsi que l'union soit plus intime, jamais ; en faire ce qu'on peut appeler une communion, moins encore. En vérité, parler de communion ou d'association avec la nature, quand on est positiviste, c'est tout aussi rationnel que de parler de communion ou d'association avec une machine à vapeur. La nuit, les cieux étoilés nous offrent un spectacle imposant, mais dans les principes positivistes, un homme qui les regarde ne saurait pas plus être élevé par cette vue, qu'un commis voyageur par la vue d'un duc... probablement beaucoup moins, car si le duc a de bonnes manières, le commis voyageur en apprendra peut-être quelque chose ; tandis que, dans le panorama de l'univers, un positiviste ne trouvera jamais rien qui puisse lui servir de modèle. Il n'y a que deux points de vue où il puisse se comparer au reste de la nature ; c'est d'abord qu'elle se révèle comme une force, et ensuite que cette force obéit à des lois. Mais la force qui se révèle dans les étoiles, par exemple, est immense, la sienne est petite, et lui qui les considère, est un agent qui se détermine par lui-même, tandis qu'il n'y a rien de tel dans les étoiles. Je ne trouve entre eux que deux points de comparaison, et ce sont deux points de contraste et non de ressemblance. On sent effectivement, comme je l'ai dit, un sentiment inné de terreur et de silencieuse solennité se dégager du spectacle des cieux étoilés, de ces mondes lumineux entassés sur des mondes étincelants de muettes et tremblantes clartés ; il est bien vrai encore qu'une émotion spontanée met en quelque sorte ce sentiment en rapport avec les profondeurs de notre être moral. Mais, dans les principes positivistes, il n'y a là qu'une impression et rien de plus. Elle ne signifie rien : aucun fait objectif n'y correspond. C'est une illusion, une tromperie pathétique. Dire que les cieux avec leurs étoiles nous annoncent quelque chose de grand et de saint, c'est dire que le port de Brighton vu, la nuit, de la mer, est une longue traînée d'étoiles descendues d'en haut à l'horizon. L'étude de la nature, l'amour de la vérité, ne sauraient donc mettre les positivistes en communion avec un plus vaste pouvoir ; ces sentiments doivent au contraire leur montrer l'impossibilité de cette communion. Leur attachement à la vérité, s'il a une signification quelconque, comme le ferait souvent supposer leur langage, pour mettre les choses au mieux, est un désir ni plus ni moins noble, que le désir de s'asseoir sur un plancher malpropre, plutôt que de rester sur une chaise boiteuse.

Donc, ici encore, dans ce dernier refuge du positivisme, nous trouvons la religion incorporée, comme un élément plus puissant que partout ailleurs ; qu'on en chasse cet élément, et tout leur échafaudage s'écroule plus désespérément que sur tout autre point. Le système positiviste ne fait que nous enchaîner à la vie humaine ; il ne connaît pas d'engin mystique capable de nous élever au-dessus d'elle ; et c'est par sa valeur propre et isolée, qu'elle doit se soutenir ou tomber.

Et, nous le demandons encore une fois, quelle peut être cette valeur? La question, je l'ai dit, est naturellement trop vague pour obtenir rien de plus qu'une réponse générale ; mais, je l'ai dit aussi, on peut donner avec assurance cette réponse générale. L'homme, quand une fois il aura pleinement accepté la vue de lui-même que lui offre le positivisme, deviendra inévitablement un animal ayant beaucoup moins de capacités, qu'il n'en possède aujourd'hui. Il ne pourra plus souffrir autant, mais il aura aussi beaucoup moins de jouissances. Placez-le dans votre imagination au milieu des circonstances les plus favorables, supposez que, le progrès social étant arrivé à son extrême perfection, il ait accès à tous les bon-

heurs dont il nous semble capable : vous ne con-
cevrez pas même alors que la vie puisse avoir pour
lui une véritable valeur. Elle en aura dans tous les cas
beaucoup moins qu'elle n'en a aujourd'hui, même pour
ceux qui se trouvent dans les circonstances extérieures les moins favorables. Le terme auquel peut
nous conduire un progrès purement humain, ce n'est
pas une condition indéterminée de gloire et de félicité, où les hommes développeront de nouvelles et de
plus vastes puissances; c'est une condition où la
vie, si exquise qu'on la suppose, sera loin de valoir
ce qu'elle vaut actuellement. Elle ne produira jamais
rien de grand, rien qui ait à nos yeux une véritable
valeur.

CHAPITRE VII.

LA SUPERSTITION DU POSITIVISME.

Les considérations qui précèdent, bien que faites à un point de vue très large et très général, ont pourtant un caractère assez déterminé pour qu'on en sente toute la portée pratique. Elles sont assez précises pour nous montrer tout ce qu'il y a de creux dans cette foi vague au progrès, dans ces aspects glorieux qu'on ouvre à l'humanité, lesquels inspirent présentement tant de confiance à l'école positiviste, et dont elle nous a tant parlé. Jusqu'à certain point, sans doute, on peut raisonnablement avoir foi dans le progrès et l'établir sur des bases solides. La vie a de nombreuses imperfections que le cours des événements tend naturellement à diminuer sinon à faire disparaître, et l'on peut marcher en avant dans la voie des améliorations. Mais ce progrès a pour objet, comme je l'ai dit précédemment, non pas le bonheur, mais les conditions négatives du bonheur. Le positivisme n'est pas seul à croire à ce genre de progrès. Tous les hommes éclairés partagent cette croyance, quel que soit d'ailleurs leur symbole. Le positivisme a de particulier l'étrange corollaire qu'il donne à cette persuasion, quand il suppose que les facultés subjectives de ce bonheur iront chez l'homme en progressant dans la même mesure. Il se figure que, non seulement les plaisirs iront en se multipliant, mais qu'ils deviendront, comme l'affirme Georges Elliot, « plus intenses dans leur diffusion ». Cette croyance, sur laquelle se fondent les positivistes pour créer cet enthousiasme et cette bienveillance passionnée qu'ils annoncent, est la puissance motrice de toute leur machine morale. Ils ont supprimé le ciel chrétien, et jeté à l'eau de la sorte quantité d'espérances et d'aspirations, autrefois puissantes, et qu'ils reconnaissent eux-mêmes comme de première nécessité. C'est le fait, nous disent-ils, de la nature humaine, sans lequel on ne saurait avancer dans la voie du progrès. La pensée scientifique n'a pas à le supprimer mais à s'en servir. Il doit nous donner un nouvel objet plus satisfaisant que celui qu'on poursuivait autrefois, non plus celui de notre gloire privée dans un autre monde, mais bien de la gloire commune à tout le genre humain dans la vie présente.

Considérons maintenant un moment quelques-unes des critiques des positivistes au sujet du ciel chrétien, et appliquons-les à ce qu'ils mettent à sa place. La

croyance au ciel, disent les positivistes, doit être abandonnée pour deux grandes raisons. En premier lieu, il
n'y a point de preuve objective de son existence ; en second lieu, nous avons subjectivement la preuve de son
impossibilité. Non seulement rien ne permet d'en conclure l'existence, mais encore de s'en faire une idée.
Donnez à l'imagination carte blanche pour le construire, et l'imagination n'y réussira pas, ou n'aboutira
qu'à des résultats ridicules. « Voici ce que je tiens pour
certain en cette matière, » a dit un écrivain populaire
encore vivant (1) : « La perspective d'une vitalité glo-
rifiée dans un monde supérieur est une idée absolument incompatible avec la pensée exacte, une idée
qui s'évapore en phrases et en contradictions, et qui
ne signifie rien, pour peu qu'on la serre de près. »
Or, si cet argument a la moindre force contre le
ciel chrétien, il en a certainement bien davantage
contre les gloires promises à l'humanité future. Les
positivistes demandent aux chrétiens de quelle façon
ils espèrent goûter les joies du ciel. Les chrétiens,
avec bien plus de raison, peuvent demander aux positivistes comment ils comptent jouir un jour de celles
de la terre. Le ciel des chrétiens étant *ex hypothesi*
un monde inconnu, on ne réduit pas leur attente à
l'absurde en leur prouvant qu'ils n'en peuvent décrire
l'objet. C'est même une partie de leur croyance qu'il
ne se décrit pas. Mais le ciel des positivistes a sa place
en ce monde, et dans leur système, il n'entre pas

______

(1) Frédéric Harrison.

de foi mystique. En ce dernier cas donc, quoi que nous puissions penser du premier, il est évident qu'on a droit de demander des renseignements précis et complets. Les chrétiens ont le droit au contraire de se glorifier de ce qu'on leur reproche, et de dire que leur ciel ne serait rien s'il se pouvait décrire. Les positivistes se sont mis dans l'obligation de reconnaître que le leur n'est rien, s'ils ne le décrivent pas.

Donc, nous demandons à ceux qui se prennent d'enthousiasme pour l'humanité de l'avenir : A quoi ressemblera-t-elle cette humanité, dans son état idéal et parfait? Qu'ils nous donnent un échantillon de cette future perfection générale. Qu'ils nous fassent la description du plus noble, du plus grand des êtres humains glorifiés dans l'avenir. A quoi ressemblera-t-il? Que désirera-t-il? Où trouvera-t-il son plaisir? Comment passera-t-il sa journée? Comment fera-t-il l'amour? De quoi rira-t-il? Qu'ils nous fassent cette description en des phrases qui, « serrées de près, ne puissent s'évaporer en contradictions, qui aient une signification distincte et ne soient pas incompatibles avec la pensée exacte ». Nos penseurs exacts connaissent-ils tant soit peu ce qu'ils nous annoncent? Si non, quel est le sens de leur prophétie? Les prophéties de l'école positiviste sont des conséquences rigoureuses et scientifiques ; elles sont ou ne sont pas ; et l'on ne peut donner en conclusion un événement dont on ignore entièrement la nature.

Qu'on pose à nos moralistes positivistes ces questions qu'ils nous ont eux-mêmes suggérées, et l'ab-

sence grotesque de toute réalité se manifestera tout
de suite dans leur optimisme insaisissable. Jamais au
moyen âge, la foi n'eut de rêverie aussi peu sérieuse.
Le paradis terrestre, que voulait faire revivre la
croyance de certains âges du passé, n'avait rien de
plus mythique que le paradis terrestre auquel ajoutent
foi maintenant nos penseurs exacts. Georges Elliot
peut tout aussi bien, pour trouver le premier, s'em-
barquer sur un steamer de la compagnie Cunard,
qu'elle peut avoir confiance en l'avenir pour arriver
au second.

Si l'on nous montrait le bien fondé de ces antici-
pations magnifiques, elles allumeraient peut-être
quelque nouvel et puissant enthousiasme : toutefois,
même en ce cas, on peut douter que le désir eût assez
d'ardeur pour en réaliser l'accomplissement. Mais on
aurait bien tort de s'y arrêter, alors que les antici-
pations en question ne sont autre chose qu'un rêve
creux. Nous avons assurément bien le droit, comme
je l'ai dit, d'attendre un certain genre de progrès
avec confiance et avec satisfaction : mais, bien loin
de nous présenter des perspectives plus brillantes, le
positivisme ne fait qu'assombrir les nôtres. Les résultats pratiques de la foi au progrès, nous les
voyons déjà réalisés dans le monde qui nous environne ; il ne reste aux positivistes qu'à faire cette
réflexion peu flatteuse, que leur système les modi-
fiera, non point en les fortifiant, mais en les affai-
blissant au contraire. Prenez le monde tel qu'il est
à présent ; au point de vue individuel, le sentiment

qu'on peut contribuer soi-même à ses progrès, ne saisira et ne stimulera jamais que des hommes exceptionnels, qui se consacrent à des œuvres publiques. On s'apercevra aussi que, même en ce cas, ce qui donne une force singulière à ce sentiment, c'est (comme on l'a remarqué ailleurs à propos du vin) un autre sentiment entièrement différent, celui de la réputation qu'on se donne et de l'influence qu'on acquiert. Sur la généralité des hommes, il ne produira aucun effet; dût-il en certains cas donner plus d'ardeur à leurs inclinations, il ne leur servira jamais à les réprimer. Le fait même, que tout en général tend à s'améliorer à certains égards, obtiendra de la plupart des hommes une acquiescence passive, jamais de généreux efforts. Si l'imagination en pénètre leur âme, cette pensée pourra jeter à l'occasion une agréable lumière à la surface de leur vie privée, mais il serait aussi déraisonnable d'en attendre un *stimulus* d'action, que de demander au soleil de l'été de mettre en mouvement une machine à vapeur.

Si donc nous considérons que l'état de choses actuel est bien mieux disposé pour donner de l'enthousiasme à l'humanité, que la condition future rêvée par les positivistes, nous comprendrons à quel point est chimérique leur système pratique tout entier. C'est comme le dessin d'une cathédrale, qui se présente au premier abord sous un aspect magnifique, mais qu'une seconde vue nous fait voir tout rempli de structures impossibles.... d'énormes blocs de cons-

tructions sans fondements, des colonnes qui se sus-
pendent aux voûtes au lieu de les supporter, des
portes et des fenêtres dont les cintres sont renversés.
Pour que le positivisme pût faire une œuvre pratique, il faudrait que la nature humaine subît une
complète métamorphose ; ce changement, elle n'est
point portée à le faire, aucune puissance connue ne
saura l'y forcer ; en un mot, il n'y a aucunement lieu
de l'attendre.

Deux qualités qui existent chez nous, à la vérité,
seraient ici requises, pour que le système positiviste
pût arriver à ses développements indéfinis : l'imagination et le désintéressement. L'œuvre de l'imagination consisterait à présenter vivement à la conscience
individuelle les fins éloignées auxquelles doit tendre le
progrès. Dans la supposition des positivistes, le désir
de travailler dans ce but devrait alors s'emparer de
toutes les aspirations personnelles. Cependant, on a
déjà proposé aux hommes une autre fin, celle des joies
du ciel, laquelle est pour eux beaucoup plus brillante
et beaucoup plus réelle que les leurs ; et toutefois,
l'imagination s'est trouvée assez impuissante à la
maintenir à nos yeux, pour que les positivistes eux-
mêmes regardent le peu d'influence qu'elle exerce
sur la vie comme une vérité de sens commun. Comment donc espèrent-ils que leur pâle et distant idéal
produira sur le monde un effet plus vif que celui
qu'ils veulent remplacer et qu'on voyait briller plus
près de nous ? Pourra-t-il encourager les hommes à
pratiquer des vertus dont le ciel ne leur inspirait pas

le courage, les arracher à des vices dont l'enfer ne les
a pas préservés? Il faudra évidemment qu'auparavant
la nature humaine ait changé totalement, et que les
éléments qui la composent aient formé un mélange
tout nouveau.

Dans l'état de choses où se produirait un pareil
résultat, un homme aimerait mieux travailler tout
le jour pour un penny qui serait remis à son petit-
fils, encore à naître présentement, que de recevoir
lui-même une livre à la fin de sa journée. Dans
l'intérêt de l'argumentation, supposons néanmoins ce
changement possible; supposons un développement
de l'imagination, où la fin du progrès, — cet état
plus heureux des hommes dans quelques centaines
d'années, — se présentera sans cesse à nos yeux,
comme une possibilité à l'accomplissement de laquelle nous pouvons concourir. Une autre question se
présente encore. Pour réserver à d'autres ce bonheur
dont on nous parle, nous aurons en grande partie à
sacrifier le nôtre. Est-il dans la nature humaine
de faire un pareil sacrifice? Les moralistes positivistes nous en donnent l'assurance, et voici la raison sur laquelle ils s'appuient. L'homme, disent-ils,
est un animal qui jouit par procuration presque avec
autant de plaisir que dans sa propre personne; il se
trouve en conséquence plus heureux de procurer aux
autres un plus grand plaisir que d'en posséder lui-
même un moindre. Il y a bien dans cette affirmation,
comme je l'ai observé précédemment, une certaine
vérité générale, mais jusqu'à quel point peut-elle se

maintenir en des cas spéciaux? Cela dépend de circonstances particulières, du tempérament de la personne qui doit faire le sacrifice, de la nature de ses
sentiments envers celle pour qui elle le fait, et de la
proportion qui existe entre le plaisir qu'elle abandonne et celui qu'elle assure aux autres. Or, si nous
considérons la nature humaine telle qu'elle est, dans
son plus haut développement tel qu'on le suppose
aux termes du positivisme, on verra bien que les
conditions requises pour un pareil sacrifice font absolument défaut.

L'avenir auquel nous avons à travailler, envisagé
même sous ses plus brillants aspects, n'aura sur le
présent d'autre avantage que de compter un peu
moins de misères. Vous voulez faire du bonheur une
distribution beaucoup plus générale : et vous ne voyez
pas que vous en diminuerez l'intensité et que vous
n'aurez plus à la fin qu'un aliment insipide. En
vain vous efforcerez-vous de le représenter vivement
à notre imagination, vous ne trouverez probablement personne qui veuille « combattre, gémir, ago-
niser » pour en hâter la réalisation. Vous n'arriverez
jamais à lui donner la puissance d'accroître la tendance au sacrifice qui agit aujourd'hui dans le monde,
qui secoue bien de temps en temps notre torpeur
par des excitations nerveuses, mais qui n'a point
assez de force pour produire, même dans le présent, un
grand effet général, et qui en aura beaucoup moins lorsqu'il s'agira de l'avenir. En règle générale, le bonheur
par procuration n'est possible qu'autant que l'objet

12

gagné pour un autre est immensément plus grand
que celui qu'on perd soi-même ; encore ne l'est-il pas
toujours même dans ces conditions. Si l'on suppose les
avantages égaux de part et d'autre, il disparaît et cela
nécessairement ; car, au cas contraire, il ne nous resterait qu'un *capital sans intérêt :* la vie se passerait à se
tenir toujours en arrière, au lieu de marcher en
avant ; chacun attendrait à la porte et dirait à tout
le monde : *Après vous.* Mais les positivistes ne tiennent aucun compte de ces considérations pratiques.
Ils vivent dans un monde créé par leur imagination,
dont toutes les règles sont à l'envers. Chez eux, un
candidat battu dans une élection devrait être radieux de la victoire de son rival ; chez eux, si l'on
donnait lecture d'un testament, chacun ou chacune
dans la parenté n'aurait d'autre ambition que de se
voir évincé au profit des autres : deux rivaux, épris de
la même femme, devraient avoir chacun le désir d'être
repoussés avec perte dans la campagne qu'ils poursuivent. Un homme se couvrirait joyeusement de
ridicule, quand il saurait que la vue de son infortune
va faire le bonheur de tout un cercle d'amis. La marche du progrès dans l'humanité deviendrait par le fait
une gigantesque course d'ânes, où les véritables vainqueurs seraient ceux-là mêmes qui se trouveraient le
plus loin du but.

Ramenons le tout aux termes de la vie commune, et
nous verrons combien est impossible le seul état de
choses qui rendrait pratique le système positiviste.
La surprise qu'on éprouve tout d'abord fait qu'on se

demande comment a pu naître une si grotesque conception. Les positivistes ne se flattent pas de donner
de nouveaux éléments à la nature; ils se bornent à
réduire les uns, à éliminer les autres et à exalter ce
qui reste. Ils citent actuellement des cas où ce procédé a réussi. Mais ils oublient les circonstances qui
ont rendu possible un pareil résultat. Ils oublient que
de leur nature même ces cas ont toujours été exceptionnels et transitoires, et qu'il n'y a pas moyen de
bâtir une utopie où se rencontreraient les conditions
qu'ils exigent. Ainsi, nous pouvons sans doute signaler Léonidas et ses trois cents Spartiates, comme des
spécimens de l'héroïsme humain à son plus haut
degré; les stoïques, comme des modèles de l'empire qu'on exerce sur soi-même. Mais pour faire de
nouvelles Thermopyles, il nous faudrait de nouveaux
barbares, et pour résister à la tentation comme le
faisaient les stoïques, il nous faudrait rendre le plaisir aussi périlleux et aussi terrible qu'il l'était sous
les empereurs romains. L'humanité ne peut nécessairement atteindre que par extraordinaire de pareils
développements; supposer qu'ils deviendront le type
commun du caractère, serait aussi absurde que de
vouloir faire des rois de tous les membres du genre
humain.

Je vais prendre un autre exemple plus précis
Les positivistes font volontiers du malheureux le
sujet de leurs comparaisons. Le malheureux commence par avoir le désir de l'or, parce que l'or sert à
acheter le plaisir. Puis, il en vient à désirer l'or plus

que le plaisir. De même, nous dit-on, on peut apprendre aux hommes à désirer la vertu, en lui donnant les attraits de la fin, dont elle n'est toutefois que le moyen. Mais cette comparaison détruit la possibilité même qu'on en veut faire ressortir, et qui consisterait à choisir ce qui procurerait le bonheur des autres de préférence à ce qui nous rendrait nous-mêmes heureux. Car c'est pour un motif tout opposé que le pauvre recherche l'or. Il a en vue la satisfaction de son égoïsme, et non pas les intérêts de la philanthropie. Et puis, si nous avons à choisir ce qui peut faire notre bonheur, le malheureux a beau faire ce choix, il n'y trouve, comme son nom l'indique, que la misère. Au point de vue matériel, c'est d'ailleurs un caractère exceptionnel, qu'il n'y a pas lieu de rendre plus commun ; on en peut dire autant de celui qui est malheureux au point de vue moral. Dans l'état actuel du monde, on peut trouver encore ce dernier caractère, mais il deviendra bien plus rare, quand le positivisme aura amoindri toutes les facultés humaines. Les plaisirs que l'or de la vertu représente n'auront plus la même intensité qu'aujourd'hui, et ne donneront plus qu'une monnaie infiniment dépréciée.

On en pourrait dire bien davantage sur ce sujet. Mais en voilà bien assez pour établir clairement les deux points que nous avons en vue. Premièrement, si le positivisme doit faire dans le monde une œuvre pratique, il faut qu'il se produise dans le caractère de l'homme une modification profonde ; secondement, cette modification, on peut la rêver sans doute, mais la réaliser, jamais. Supposé qu'on en vînt à bout, les résultats n'en seraient pas brillants ; mais là n'est pas la question. Rien de plus vain que de spéculer sur des contingents impossibles. Les positivistes pourraient parler absolument comme ils le font, s'ils avaient à nous dire avec quelle rapidité on voyagerait si l'on avait des ailes ; dans quelles eaux profondes on pourrait s'engager, si l'on avait vingt-quatre pieds de haut. Toutes leurs suppositions équivalent à celles-ci. Entre la nature humaine que nous avons et celle qu'ils ambitionnent pour nous, se creuse une rivière profonde et sans aucun gué ; ils ne peuvent y jeter un pont, et dans tous leurs raisonnements, ils supposent, ou bien que nous la passerons à pied, ou bien que nous volerons par-dessus, à moins qu'elle ne vienne à se tarir d'elle-même, mais

« Rusticus expectat dum defluat amnis ; at ille
« Labitur et labetur in omne volubilis ævum (1). »

Toute cette théorie positiviste du progrès est si ridicule et si chimérique, qu'à moins d'un miracle, notre siècle n'y viendra jamais aboutir. On se vante de personnifier tout ce qui fait le vrai caractère de notre époque, quand on n'en représente que la négation la plus formelle. On se flatte de s'appuyer uniquement sur l'expérience, et jamais légende chré-

(1) « Le manant attend que le fleuve ait épuisé ses eaux,
« Tandis qu'elles coulent et ne cesseront jamais de couler. »

tienne ne l'a contredite à ce point. On ne veut rien
admettre que sur preuve, et jamais marchand d'or-
viétan ou diseur de bonne aventure n'a fait aussi
exclusivement appel à la crédulité.

Cette trompeuse apparence prendra fin cependant ;
on verra ce que vaut le système, quand on connaîtra
mieux les penseurs qui l'ont élaboré. Hommes et
femmes, ils ont pour la plupart le même caractère.
Ils ont reçu une première éducation religieuse (1). Il
y a de l'ardeur et de la gravité dans leur tempérament, rarement de fortes passions. Leur éducation
ne leur a guère appris à connaître ce qu'on appelle
communément le monde ; leur intelligence était active et vigoureuse ; finalement, arrivés à la maturité
de l'âge, ils ont rejeté la religion qui avait jusque-là
donné ses couleurs à leurs pensées. Et voici ce qui en
est résulté. La religion en mourant a laissé chez eux
quantité d'émotions morales sans objet ; dans le dé-
sordre de ces émotions morales, ils n'ont rien trouvé
qui pût guider les énergies de leur esprit. Il leur a
fallu sur-le-champ un nouvel objectif. Don Quichotte
moraux en quête d'une Dulcinée, ils n'ont rien su
trouver de mieux que le bonheur et le progrès de

(1) Au premier abord, J. S. Mill semblerait faire exception. Il n'en est
rien. S'il a été élevé en dehors des enseignements religieux, il a subi dans
son enfance d'austères et rigides influences, qui n'existent que dans les
pays religieux. Il a respiré en quelque sorte, pour nous servir, en la modifiant légèrement, d'une expression du professeur Huxley, une atmosphère de puritanisme non chrétien. N'oublions pas d'ailleurs que Mill a
dit de lui-même : « Je suis un des rares exemples des hommes qui n'ont
rejeté aucune croyance et qui n'en ont jamais eu. »

l'humanité, que leur imagination a revêtus des plus
brillantes couleurs. Grâce à la puissance de leur
intelligence, à leur activité, à leur culture littéraire,
ils sont venus à bout d'acquérir une certaine connaissance du monde, toute fictive d'ailleurs. Ils ont
cru trouver dans leur vie étroite, dans leurs faibles
tentations, dans les objets exceptionnels de leur ambition, la représentation des éléments universels de
la vie et du caractère humain ; si bien qu'ils ont espéré qu'un objet créé uniquement par leur impression
personnelle deviendrait chez les autres le créateur
d'une impression semblable, qu'il aurait chez les autres le pouvoir de faire une révolution complète dans
la nature du tempérament, alors qu'il n'a été dans
leur propre vie que le symbole de cette révolution.

La plupart de nos moralistes positivistes, en Angleterre du moins, ont été et sont encore des gens d'un
si excellent caractère, ils ont des vues si nobles et si
élevées, qu'il y a quelque chose de pénible à les accu-
ser d'une ignorance qui n'est point de leur faute et
qui rend leur situation ridicule. C'est pourtant une
accusation qu'on ne peut se dispenser de faire, car on
ne saurait bien apprécier leur système, si l'on n'en
tenait pas compte. On dira probablement que cette
simplicité que je leur attribue sur des matières mon-
daines, loin de témoigner contre eux, est au contraire
essentielle à leur caractère de prédicateurs moraux ;
mais pour ce qui les regarde, on aurait tort de le penser. Le moraliste religieux peut instruire le monde,
alors qu'il en connaît imparfaitement les voies et les

passions ; car le but de son enseignement est de retirer les hommes du monde. Mais les moralistes positivistes poursuivent un but directement opposé : celui de les y retenir. Ils n'enseignent point aux hommes à mépriser la vie, mais à l'adorer. Ces deux sortes de moralistes se trouvent donc en des situations diamétralement opposées. Celui qui parle au nom de Dieu regarde la terre comme une illusion, le ciel comme une réalité ; le positiviste voit la terre comme une réalité, le ciel comme une illusion. Le premier, dans sa retraite, étudie le monde qu'il croit réel, et le fait d'autant mieux que l'autre ne vient pas le distraire. Le positiviste, à l'exemple du moraliste religieux, néglige ce qu'il tient pour une illusion, mais il n'essaie pas de l'imiter en étudiant ce qui lui semble une réalité. Il en résulte, comme je l'ai observé, que le monde où il vit et auquel seulement s'applique son système, est un monde de sa propre création, le sang ne circule pas dans les veines de ceux qui l'habitent et qui ne sont tous que des *idola specus*.

Quand on envisage les choses avec calme, sans refuser une certaine sympathie à ces pauvres enthousiastes, on voit bientôt leur système apparaître sous son vrai jour, et l'on apprend de suite à en comprendre et à en excuser la folie. On s'aperçoit qu'il ne signifie absolument rien, ou bien que s'il a une signification, c'en est une que ses auteurs ont déjà répudiée, qu'ils ont rééditée pourtant, mais en la défigurant si bien qu'ils ne la reconnaissent plus. On constate qu'il n'y a dans leur système aucune force motrice, et que la seule

qu'on pourrait y trouver viendrait tout simplement de
la foi théiste qu'ils ont repoussée, qu'ils ont mise dans
un sac et jetée à l'eau, où elle a disparu, au lieu de
surnager. On voit que leur système n'est rien, à moins
qu'il ne soit la reproduction mutilée de ce qu'ils font
profession de remplacer. Ainsi posé sur les bases qu'on
lui reconnaît, leur système, avec sa structure quasi
religieuse, ses espérances de visionnaires, ses enthousiasmes impossibles, et cet appareil compliqué
qui tend à donner plus d'ampleur à la vie privée et à
la génération présente, tout cela s'écroule à l'instant
comme un château de cartes. Nous restons tout bonnement avec notre vie particulière et générale, am-
plifiée sans doute à certain degré par la sympathie,
mais à certain degré seulement, en des limites que
l'expérience nous a rendues familières, que le positivisme s'efforcerait vainement d'étendre, car ce serait
tenter l'impossible, et qu'il ne fait que rendre plus
étroites. Nous restons avec cette vie modifiée seulement d'une façon, en ce sens qu'on ne lui apporte
rien et qu'on lui fait perdre beaucoup. Elle y perd
tout ce qui en fait la finesse, dans la joie comme
dans la douleur.

A ce point de vue, le positivisme est bien une
machine de changement ; il peut inaugurer, sinon
compléter, un genre très considérable de progrès.
Ce progrès consistera à *déreligioniser* graduellement la vie, à en sublimer lentement tous les éléments du théisme, à y détruire peu à peu toute civilisation morale. Et dans la marche continue d'un

pareil progrès, non seulement on verra disparaître de la conscience humaine tout ce dont j'ai parlé, toute faculté de sentir plus finement la joie ou la douleur, mais on en verra disparaître encore ce sentiment étrange qui s'y relie, dont les rayons multiples donnent à la lumière sa blancheur, ce sentiment vague, mais profond de la dignité qui est en nous, ce sentiment qui fait, nous le sentons bien, notre noblesse, et que nous ne pouvons perdre autrement que par notre faute. C'est ce sentiment qui aujourd'hui nous enlève à l'ivresse de nos propres succès, qui nous soutient dans nos revers, qui est plus ou moins nettement visible dans nos manières, dans notre vie intime, dans l'expression même de notre physionomie humaine ; c'est, en d'autres termes, ce sentiment qui fait que la vie est essentiellement et non accidentellement digne d'être vécue. Il s'en ira et cèdera la place à un autre tout opposé ; on trouvera que la vie, si elle mérite qu'on la vive, n'en est digne que par accident et non plus essentiellement ; car tout dépend alors de la réalisation des plaisirs passagers que chacun y peut trouver, tout y devient une quantité positive, variable comme la fortune, ou bien une quantité purement négative, comme la pauvreté ; en dehors de ces vicissitudes, la vie n'aura plus aucune valeur intrinsèque.

Nous ne saurions nous représenter pleinement un pareil état de choses, mais nous pouvons nous faire au moins une idée de ce qu'il serait. J'admets qu'ils ont tort, ceux qui disent que ce serait un état de licence sauvage, quelque chose de ce que nous appellerions une perversité révoltante. Il est certain qu'on y commettrait continuellement et couramment de ces crimes qu'on regarde comme les plus abominables, qu'on ne connaîtrait à cet égard plus rien du sentiment de la honte ; mais la passion n'en conserverait pas moins ses formes normales, j'entends la principale. L'anathème qui s'attache au vice ne l'atteindrait plus sous aucune forme, et, toutefois, il est probable que la fureur des plaisirs sexuels deviendrait moins vive qu'elle ne l'est aujourd'hui en certains cas. Le genre de condition auquel le monde tendrait alors comporterait plus de tristesse que de ce qui s'appelle, dans notre langage, la dégradation. A cet état de choses que la façon positiviste d'envisager la vie semble nous promettre et que jusqu'à certain point elle commence à nous donner, se rapporte, ce semble, une prédiction qui a été faite il y a bien longtemps, avec une telle perfection qu'on la dirait en quelque sorte inspirée ; elle se trouve à la fin du poème de *la Dunciade* de Pope :

> « L'heure où tout va se fixer
>
> « A sonné malgré tout. La muse répond à son appel.
>
> « Elle vient ! Elle arrive ! contemple le trône funèbre
>
> « De la nuit primordiale et de l'ancien chaos.
>
> « A son aspect disparaissent les nuages dorés de la fantaisie
>
> « Et les rayons multiples de l'arc-en-ciel s'obscurcissent.
>
> « L'esprit allume en vain ses feux momentanés.
>
> « Le météore s'abaisse, jette une lueur dernière et s'éteint.
>
> « L'une après l'autre, au souffle d'une redoutable Médée,
>
> « Les étoiles pâlissent et disparaissent de la plaine éthérée ;
>
> « Comme les yeux d'Argus, touchés par la baguette d'Hermès,
>
> « Se ferment un à un, pour ne se rouvrir jamais,

« Ainsi, à son approche, sous sa puissance occulte,
« Un art s'en va, puis un autre; et c'est la nuit partout.
« La vérité s'envole et se cache dans son antique caverne.
« La science des casuistes entasse des montagnes sur son front.
« La philosophie, qui sur le ciel s'appuyait naguère,
« S'incline, amoindrie, sur les causes secondes, et n'est plus.
« La physique appelle à sa défense la métaphysique,
« Et la métaphysique réclame le secours des sens.
« Le mystère a recours aux sciences mathématiques.
« Vain espoir! Il regarde, la tête lui tourne, il délire, il expire.
« La religion voile en rougissant ses flammes sacrées;
« Et, sans en avoir conscience, la moralité rend le dernier soupir.
« Pas une lumière ou publique ou privée n'ose briller encore.
« Pas une étincelle n'a survécu dans l'homme, pas un éclat divin.
« Hélas ! ton empire est restauré, redoutable chaos !
« La lumière meurt en présence de ton monde sans création.
« Ta main, prince de l'anarchie, laisse tomber le rideau ;
« Et les ténèbres universelles ont tout englouti. »

Le Dr. Johnson a dit que la poésie anglaise n'avait pas de plus nobles vers. S'il les avait lus de nos jours, s'il avait constaté avec quelle lamentable exactitude leurs prophéties commencent à s'accomplir, la tristesse que lui eût inspirée un pareil sujet l'eût sans doute assez préoccupé, pour ne lui pas laisser le temps de faire sur le style des appréciations littéraires.

CHAPITRE VIII.

LE POINT DE VUE PRATIQUE.

Je ne vais point chercher mon jugement
dans les astres, et je ne me hasarde pas à
fixer l'heure où il se réalisera.

SHAKSPEARE, sonnet XIV.

Les perspectives que je viens d'indiquer, comme étant
celles auxquelles doit aboutir le progrès positiviste,
vont sans doute, dans leur désolation, paraître impossibles aux yeux d'un grand nombre. Si la gloire
future de l'humanité n'est qu'un rêve indigne de nous
occuper, cet avilissement qu'on nous fait entrevoir
en est, diront-ils, moins digne encore. Ils ajouteront
que si l'optimisme a témoigné quelquefois d'une confiance exagérée, il nous révélait du moins une exu-
bérance de santé, tandis que, de sa nature, le pessimisme accuse l'abattement et la langueur de la
maladie.

Je reconnais en partie la justesse de ces observations. J'admets que les prévisions dont j'ai parlé
peuvent ne se réaliser jamais. Personnellement, je le
crois. J'admets également qu'il faut voir dans le pessimisme la révélation d'un état maladif. Mais je ne

prête pas à ces concessions la signification qu'on pourrait supposer. Elles ne rendent pas moins digne d'attention le pessimisme que je soutiens ; bien au contraire, elles nous engagent à l'étudier sérieusement. On pourrait aisément se méprendre sur ce point, j'ai donc à l'expliquer aussi clairement que possible.

Le pessimisme, dans sa conception populaire, représente une philosophie ou une manière d'envisager la vie que son nom même suffit à condamner. Dans cette conception toutefois, on ne tient pas compte d'un point important. Le pessimisme est un mot vague. Il ne représente pas une philosophie, mais plusieurs. Avant d'écarter les titres auxquels il sollicite notre attention, nous avons donc à nous efforcer d'en connaître exactement la signification.

Ses appréciations sur la vie se partagent en deux classes. Elles appartiennent au pessimisme que nous appellerons critique, ou bien au pessimisme prospectif. La vie, dans la thèse du premier, est essentiellement mauvaise ; le second soutient que la vie, quoi qu'elle puisse être aujourd'hui, au lieu d'avoir à compter sur un avenir meilleur, deviendra de plus en plus mauvaise. L'un contient la négation du bonheur pour l'homme, l'autre celle de l'espérance humaine. Mais dans cette classe en intervient une autre qui a beaucoup plus d'importance. Le pessimisme peut être absolu ou hypothétique. Le premier établit ses assertions sur des faits actuels. Le second, qui de sa nature est surtout prospectif, base uniquement les siennes sur des faits qui se produiront si certaines éventualités, qui ne sont peut être que des contingences éloignées, viennent à se réaliser.

Or, le pessimisme absolu, qu'il soit critique ou prospectif, ne peut résulter, dans l'état présent du monde, que d'un caractère malheureux ou de la folie. On imaginerait difficilement une plus grande dépense de sottise que celle qui se traduit dans les efforts au moyen desquels on a souvent essayé de conclure, de la nature de nos plaisirs et de nos douleurs, que la balance de la vie penche toujours du côté du mal et que la vie elle-même est nécessairement et universellement mauvaise. Les arguments les mieux élaborés sont balayés comme des toiles d'araignée au moindre souffle de l'expérience du grand air. Les tentatives à l'aide desquelles on veut prédire les maux de l'avenir n'ont pas plus de portée. De pareilles prévisions ne signifient rien du tout, et l'on n'y saurait voir que des conjectures perdues, suggérées par la mauvaise humeur ou par le désappointement. Elles n'ont aucune valeur scientifique ou philosophique ; elles peuvent bien en certains cas fournir une expression littéraire à des caractères qu'on a déjà vus, mais elles ne produiront jamais la conviction dans les esprits où elle n'existerait pas d'ailleurs. Le don de prophétie dans l'histoire générale du monde n'est pas de ceux dont puisse se prévaloir aucune philosophie. On ne pourrait l'acquérir qu'à l'aide d'une inspiration surhumaine refusée à l'homme, ou d'une sagacité surhumaine qu'il n'atteint jamais.

Le pessimisme hypothétique que comporte mon

sujet est chose toute différente et bien plus modeste. Il ne fait point de tentatives insensées pour rien dire de général à propos du présent, ni d'absolu au sujet de l'avenir. Quant au futur, il se borne à prendre ce que d'autres en ont dit d'absolu, sans professer aucune certitude à cet égard, il en explique simplement la signification. Il parle de certaines modifications dans la croyance humaine, qu'on annonce présentement avec assurance, mais il ne dit point que la prédiction se réalisera. Il soutient seulement que si elle se réalise, il se fera dans la vie humaine un changement sur lequel on ne compte pas aujourd'hui. Il annonce que la vie humaine ne peut manquer de dégénérer si la croyance du positivisme est jamais généralement acceptée ; il affirme en outre énergiquement que personne jusqu'à présent ne l'a encore acceptée pleinement. Les positivistes soutiennent que leur façon de comprendre la vie est la seule vraie. Ils prétendent qu'elle repose sur le roc du fait et non pas sur le banc de sable du sentiment ; c'est selon eux la philosophie finale qui doit durer autant que l'homme et qui ne tardera pas à voir périr les autres. Je n'ai point pour but de confirmer cette prophétie, mais d'en indiquer la portée, et mes arguments auront d'autant plus d'opportunité que nous avons plus de motifs de croire que la prophétie recevra un démenti.

On se demandera peut-être pourquoi, la croyant fausse, on se troublerait la tête à son sujet. L'époque même où nous vivons répond à cette question. Quelle que puisse être la destinée future de la pensée positiviste, quelque assurés que nous soyons qu'elle ne saurait avoir longtemps prise sur le monde, il est impossible de ne pas tenir compte de son influence actuelle et de ses résultats. Cette dégradation de la vie qui doit être, comme je l'ai montré, le résultat du positivisme, pourra bien sans doute n'être jamais complète, mais si nous jetons un regard attentif autour de nous, nous reconnaîtrons qu'elle a déjà commencé. On n'en voit pas encore sans doute le progrès très apparent, et si on le voit, on en méconnaît la nature. C'est là toutefois ce qui le rend plus menaçant : et la grande raison pour laquelle il nous faut traiter si rudement le système optimiste des positivistes, c'est qu'il jette comme un voile de brume sur la vraie surface des faits, et nous cache le changement qu'il accomplit et qu'il déclare impossible. Il y a là comme un chloroforme moral qui, au lieu de guérir le mal, nous met fatalement dans l'impossibilité d'en sentir les symptômes les plus alarmants.

Mais s'il faut un effort pour se rendre compte de la situation vraie, cet effort, avant tout, il faut le faire ; et nous le pouvons tous. Qu'on se souvienne, qu'on observe avec quelque soin, et, chez la plupart d'entre nous, les yeux s'ouvriront à la réalité des choses. Nous aurons la révélation d'un spectacle assurément effrayant, et qui nous frappera d'autant plus de stupéfaction, que nous l'examinerons davantage en toute sincérité. Pour commencer, considérons une fois de plus deux faits notoires. Le premier, c'est cette négation qui se répand aujourd'hui sur le monde entier,

la négation de tout dogme religieux ; le second, c'est
qu'en dépit de cette négation spéculative, au lieu
même où elle a fait son œuvre de la manière la plus
complète, une grande somme d'énergie morale semble
survivre à l'abri de toute atteinte. Mais la condition
dans laquelle elle survit n'est en général aucunement
comprise. Les hommes de la classe à laquelle s'appliquent ces remarques, sont comme des soldats qui
combattent encore, peut-être plus bravement que
jamais, mais qui, alors même que personne ne l'observe, se battent en portant une blessure mortelle
cachée sous leur uniforme. Entre tous les signes du
temps, on n'en trouve pas de plus rassurants que le
spectacle de ces esprits qui restent forts dans l'in-
crédulité ; en réalité c'est tout le contraire. Leur situation véritable a passé inaperçue à cause du silence
qui se fait naturellement autour d'elle, en raison de
la difficulté de lui trouver des interprètes sérieux.
Deux partis seulement ont eu quelque intérêt à s'en occuper, et ce sont ceux-là mêmes qui peuvent le moins
la comprendre et ne manquent pas 'de la défigurer.
Ce sont, d'un côté, les champions déclarés du théisme,
de l'autre, les optimistes visionnaires du positivisme ;
ceux-là n'avaient aucune sympathie pour les principes
positivistes, ceux-ci n'en savaient pas discerner les
résultats. Les hommes dont nous avons parlé se tiennent à égale distance de ces deux partis. Ils s'accordent avec l'un et l'autre à certains égards et ne peuvent
à d'autres s'entendre avec eux. Ils accorderont à l'un
que toute croyance religieuse est fausse, à l'autre,

que l'incroyance est une chose misérable. Il n'est donc pas étonnant qu'ils aient gardé leurs positions. On a laissé, à peu près exclusivement, le soin de traiter ces matières en public, à des hommes qui ne savent que faire l'apologie des doctrines qu'ils tiennent pour vraies, ou qui taxent de fausseté celles qu'ils regardent comme nuisibles. Quant aux autres qui ont des convictions intellectuelles et morales différentes, ils n'ont ni le cœur de proclamer que les uns sont dans le vrai, ni un point d'arrêt dans leur intelligence qui leur permette de déclarer que les autres sont dans le faux. Ils n'ont d'autre instinct que celui de la résistance ou de la patience silencieuse. Essayons cependant de pénétrer dans leur intérieur, quelque dur et pénible que soit cet effort, et voyons en quel état ils se trouvent réellement, car nous avons en eux le véritable produit de notre époque, ils en ont les traits spéciaux et définitifs, ce sont les premiers fruits de cette philosophie qu'on nous dit être celle de l'avenir éclairé.

Pour commencer, rappelons ce qu'ont été ces hommes lorsqu'ils étaient chrétiens, et nous pourrons mieux nous rendre compte de ce qu'ils sont à présent. C'étaient des hommes qui croyaient fermement à la suprême et solennelle importance de la vie, qui regardaient comme un privilège d'en jouir, en dépit de tous les soucis temporels. Ils avaient pour se diriger une règle de conduite, ils croyaient à la fin véritable de leur être, à une existence satisfaisante, supérieure à tout ce que l'imagination pouvait leur suggérer ; ils avaient, pour se fortifier dans la lutte contre le mal, la crainte d'une ruine correspondante, et, pour eux, un Dieu toujours présent était prêt à les secourir, à les exaucer et à les prendre en pitié. Et pourtant même alors, l'égoïsme s'attaquait aux plus généreux, l'ennui, aux plus déterminés. Combien rude était le combat, tous le savaient; c'était une vérité reconnue qui tenait la place la plus importante dans la pensée et dans le langage humain. La constance et la violence de la tentation, la nature insidieuse des arguments invoqués en sa faveur étaient passées en proverbe. Expliquer, en l'écartant, la différence entre le bien et le mal, en mettre adroitement la signification en dehors d'une longue souffrance ou d'un profond renoncement, conclure qu'en péchant « on ne mourra certainement pas », œuvre qu'on avait spécialement attribuée au démon : ce fut là une tâche dont on se tira sans doute avec un irrésistible succès. Où donc, suivant toute apparence, en sont-ils maintenant, ces hommes encore aux prises avec les mêmes tentations, alors qu'ils n'ont plus ni l'enfer pour les effrayer, ni le ciel pour les attirer, ni Dieu pour les aider; alors que tous les arguments qu'ils attribuaient autrefois au père du mensonge les enveloppent de toutes parts et se présentent à eux comme de solennelles et universelles vérités? Ils ont dû de la sorte arriver à un résultat singulier. L'énergie morale a survécu chez eux avec une vigueur étonnante, à la ruine de toutes les forces d'où elle sortait et qui la soutenaient; en bien des cas, on ne saisirait pas la trace de son

affaiblissement, partout où l'action se manifeste. Ceci
n'est vrai toutefois ordinairement que pour des hommes
avancés en âge, en qui les habitudes vertueuses ont
pris de la force, et que les années, la position, les
circonstances mettent à l'abri des tentations violentes.
Pour voir l'œuvre réelle de la pensée positiviste, il
faut en venir à des hommes plus jeunes, dont les caractères sont moins formés, qui ont encore une carrière à fournir, et sur lesquels les tentations de tous
genres ont une plus forte prise. Nous trouverons chez
eux non moins vivace le sentiment de la vertu et probablement plus ardent le désir de la pratiquer, mais
nous constaterons que la pensée positiviste y produit
des effets tout différents.

L'école positiviste nous dira qu'ils ont bien pourtant
tout ce qui leur est nécessaire. Évidemment il leur
reste la conscience, ce jugement moral supranaturel
qui, en ce qui les touche, a bien été décomposé, mais
non pas détruit, et dont la situation, nous dit-on, a été
changée en cela seulement qu'on l'a établie sur une
base de fait, non plus sur celle de la superstition.
Mill nous dit, qu'ayant appris de quoi se composent
les nuages, il n'a pas cessé de les admirer comme auparavant. « D'où j'ai conclu, continue-t-il, que je n'a-
vais rien à craindre de l'analyse. » C'est exactement
le langage de l'école positiviste à propos de la conscience. Il est difficile pourtant de concevoir une erreur
plus vaine. La conscience peut sans doute, pour un
temps du moins, survivre à cette décomposition. Elle
peut, avec la même netteté, continuer de donner ses

approbations ou de faire entendre ses menaces comme autrefois. Mais cela ne suffit pas. La conscience a une valeur pratique, non seulement parce qu'elle dit certaines choses, mais parce que nous croyons qu'elle les dit avec autorité. Que son autorité vienne à disparaître, ses avertissements auront beau continuer, ils ne feront que nous ennuyer et ne pourront plus nous diriger. Or si, comme le dit l'école positiviste, la voix de la conscience survit à sa décomposition, il n'en est pas de même de son autorité. Cette autorité a toujours pris la forme soit d'une menace soit d'une approbation ; et la menace, en tous cas, dans les principes positivistes, se réduit à de gros mots qui ne sauraient vous rompre les os. Le pouvoir de la conscience ne tient pas à ce que nous lui entendons dire, mais à ce que nous avons confiance en elle. Une femme de chambre n'aura sans doute pas envie d'aller dans le jardin au rendez-vous de son amant, si elle s'imagine qu'il y a dans les massifs un revenant, qui y pousse des gémissements ; mais elle s'empressera d'y courir, sitôt qu'elle aura découvert que les bruits qui l'ont épouvantée ne viennent pas d'une âme en peine, mais d'un chat qui cherche fortune. Il en est de même quand il s'agit de la conscience.

Revenons maintenant à notre question. Les hommes que j'ai fait connaître trouveront peut-être dans les approbations de leur conscience une force capable d'exciter leurs désirs vertueux, mais qui ne les fera pas résister à leurs mauvais penchants ; plus il y aura de vigueur dans l'intelligence, plus s'affaiblira l'empire

de la conscience. Qu'un homme, aux prises avec une
tentation violente, ait envie de faire ce qu'il croit mauvais, il ne manquera pas de mettre en question toutes
les raisons de sa croyance ; et s'il ne le fait pas avant
de céder, il le fera certainement après, s'il lui arrive
de succomber. Ainsi, à moins de supposer qu'un changement complet s'est opéré dans la nature de l'homme,
ou d'admettre que nos facultés d'observation sont
absolument en défaut, voici quelle est la situation intérieure des hommes en question. Quelque calme que
puisse intérieurement paraître la surface de leur vie,
il y a sous cette surface une discorde perpétuelle, et
en même temps, fussent-ils seuls à s'en apercevoir,
une décadence constante. A des degrés divers, tous
cèdent à la tentation : les hommes dans la vigueur
de l'âge n'y échappent pas ; et pourtant la conscience
ne cesse de leur faire entendre ses avertissements et
ses reproches d'autrefois. Mais elle n'a plus la force
de les contraindre à lui obéir. Ils sentent bien qu'elle
dit vrai, mais ils savent en même temps qu'elle
meut. Ils ont beau vouloir qu'elle leur commande
encore, ils comprennent qu'elle n'en a plus le pouvoir.

La raison, qui était autrefois le ministre de leur
conscience, n'est plus que le tribun de leurs passions, et la passion, lorsqu'elle s'agite, leur défend
d'obéir à la conscience. Ils ne peuvent oublier qu'elle
n'est point ce qu'on la fait,

> « Qu'elle ne peut ni venir d'en haut,
> « Ni monter d'en bas. »

Ils entendent comme un reproche qui s'impose malgré
tout à leur esprit :

> « Vais-je donc trembler toujours
> « Devant ce qui ne saurait être, je le sais,
> « Qu'un jeu, enfanté par mon cerveau ? »

Ainsi, leur conscience, sans être réduite au silence,
se trouve-t-elle détrônée. Ce n'est plus qu'un préten-
dant en fuite, et la partie d'eux-mêmes qui désire sa
restauration, renversée, comme un être intellectuel
impuissant et mauvais, n'a plus la force de restaurer
son empire :

> « Invalidasque tendens, heu ! non tua, palmas (1). »

En un mot, la conscience, toutes les fois qu'elle
devrait exercer son empire, en est dépossédée ; il ne
lui reste qu'à joindre les mains en présence d'une
rébellion qu'elle n'a pas le pouvoir de comprimer.
Puis, quand la tempête se calme, que les passions
s'apaisent et que la vie rentre dans ses digues accou-
tumées, elle revient humblement, la tête basse, donner, d'une voix timide et faible, une bénédiction dés-
honorée.

La vie dans ces conditions est dans un état de con-
somption morale. Le mal, à sa première période, est
très subtil encore ; il peut se passer des années, ou
même des générations, avant qu'il devienne fatal.

(1) « Elle vous tend en vain ses mains débiles, hélas ! vous ne la
connaissez plus. »

Mais c'est un mal qui se transmet des pères aux fils,
et pour être lent, le progrès n'en est pas moins sûr :
il ne cesse pas d'être douloureux et fatal, alors même
qu'il semble donner au teint plus de couleur et d'é-
clat. Il agit de différentes manières, suivant la nature
des constitutions. Celui qui en est atteint en reconnaît la présence à des marques diverses, et des symptômes variés le trahissent aux yeux de l'observateur.
Dans le cas que je viens de décrire, c'est à la racine
qu'il s'attaque, mais ses formes varient suivant les
individus. Fussent-elles les mêmes, elles n'affectent
pas toujours ce caractère, où l'on voit un homme se
soumettre et céder au vice en essayant vainement d'y
résister ; plus souvent on le verra en proie à la tristesse et à l'abattement, alors même qu'il fait le bien ;
cette tristesse, qui s'abat sur les heures de pâle enthousiasme et de pénibles efforts, pèse sur elles comme
une chape de plomb. On se trouve au terme du combat avec une satisfaction bien mesquine, et l'on estime
que la récompense ne vaut pas la lutte.

Il est un autre symptôme qui se traduit plus vite
et d'une façon plus générale peut-être, et qui n'a pas
ce côté personnel. Il ne s'agit plus du jour sous lequel
on se voit soi-même, mais de celui sous lequel on envisage les autres. On a le désir habituel du bien et l'aver-
sion naturelle du mal, on ne voudra pas ouvrir une
trop large brèche dans sa conscience, ni la condamner
à dévorer sa honte. Mais on regarde les autres et l'on
comprend tout ce que la situation a de précaire.
Ce mal qu'on évite pour son propre compte, on le voit

se propager dans la vie de ceux qui nous environnent, et l'on constate qu'il n'excite ni l'horreur ni la réprobation qu'il mérite. On se reconnaît impuissant à porter un jugement qui atteigne l'universalité des consciences, on ne trouve aucun moyen d'étendre au delà de sa propre personne la loi suivant laquelle on vit. Le paysage autour de nous a perdu ses couleurs, et l'on sent bien, dans l'attitude où l'on se tient vis-à-vis du monde qui nous entoure, celle qu'on sera forcé d'avoir un jour vis-à-vis du monde de notre intérieur. Cette situation d'esprit n'est point un rêve, mais une maladie réelle du monde moderne et de la génération présente. Aucun œil attentif ne la méconnaîtra. Elle se trahit à chaque instant et partout autour de nous, dans la conversation, dans la littérature et dans la législation.

Telle est donc la situation de cette classe nombreuse et grandissante, sur laquelle la pensée moderne commence à exercer son action. Cette œuvre qui s'accomplit, nous avons à l'envisager ici, non pas à un point de vue étroit, chez des professeurs et des disciples, mais dans la foule occupée qui nous environne ; nous la surprenons, non pas sur le terrain uni des institutions, ni dans les sermons laïques des spécialistes, mais chez les politiques, les artistes, les sportsmen, les hommes d'affaires ou de plaisir, « dans les courants de la vie, dans les orages de l'action, » chez des hommes qui ont à conquérir ou à choisir leur position dans le monde, à tenir leur balance journalière entre l'abnégation et la jouissance, lesquels, mis en demeure d'accepter comme vrais les principes du positivisme, n'ont ni le temps ni le talent de faire autre chose que de vivre. C'est chez eux qu'il faut voir à quoi aboutissent en réalité de pareils principes ; et nous ne parlons pas seulement de ceux qui s'abandonnent à la licence, mais de ceux même qui ont le désir passionné de vivre conformément au devoir. C'est précisément la condition de ces hommes que j'ai décrite. Elle se caractérise par de vains reproches qu'ils se font à eux-mêmes, par des avertissements attristés, par un combat plein d'ennui, par un succès insignifiant, par une indifférence générale et par la perspective, que si les choses vont déjà chez eux de la sorte, elles devront aller encore bien plus mal pour la postérité.

Pareil spectacle n'est sans doute pas de ceux qui puissent promettre beaucoup aux optimistes ; et plus nous l'envisagerons, plus il nous paraîtra triste et menaçant. Quand l'âge présent comprendra la situation dans sa vérité, l'abattement dont on commence à avoir conscience ouvrira peut-être la voie au désespoir. Cette condition toutefois est si grosse de menaces, qu'on a peine à se la figurer telle qu'elle paraît et qu'on la prendrait volontiers pour un rêve. Mais qu'on l'étudie soigneusement et l'on en verra la réalité jusque dans ses traits les plus effrayants. Nous sommes à la lettre à une époque qui n'a point de parallèle dans l'histoire, et qui est toute nouvelle dans les expériences de l'humanité ; cet abattement moral dont nous avons parlé a bien pu avoir son pendant à d'autres âges, mais le nôtre, pourrait-on dire, est en substance vraie ce que l'autre n'était qu'en apparence. J'ai déjà remarqué, dans le premier chapitre, qu'un pareil état de choses est jusqu'à présent sans exemple, mais nous avons à revenir encore sur des traits plus généraux.

En moins d'un siècle, toutes les distances ont été annihilées ; la terre, dans la pratique comme dans l'imagination, s'est trouvée réduite à une fraction de ses anciennes dimensions. Ses ressources possibles sont devenues étroites et mesquines, et la statistique nous les a exposées jour par jour ; tous les brouillards où se cachaient des surprises se sont dissipés ; les enthousiasmes locaux d'autrefois qui provenaient surtout de l'ignorance et de l'isolement sont également en dissolution. Les connaissances se sont accumulées d'une façon qu'on n'aurait jamais soupçonnée. Les fontaines du passé semblent s'être brisées pour verser tous leurs secrets dans la conscience du présent. Pour la première fois, la grande et multiple histoire de l'homme est devenue un tout qui s'attache à lui. Comme cause ou comme effet de tout cela, un sentiment nouveau s'est développé chez lui : la conscience intense de sa propre situation ; cette vue entière qu'il a de lui-même nous prépare un changement qui n'est pas encore bien défini ; la base positiviste sur laquelle on a placé le savoir donne à ce changement une force constante et coactive et le rend commun à tout le monde civilisé. Le sentiment et la pensée chez les nations modernes se conforment à un modèle unique, perdent leur an-

cien caractère chevaleresque, leurs chances de toute
conquête isolée, de toute aventure intellectuelle.

On les voit prendre position en masse uniforme,
comme une armée moderne qui se meut ou s'arrête, et
dont les lignes de marche et de contre-marche ont
toutes été tracées d'avance. Telle est la condition de
notre monde en Occident, et l'Occident, sur tous les
points, commence aujourd'hui à réagir sur l'Orient.
Ainsi, les opinions que se fait l'âge présent ont un
volume et un poids qu'elles n'avaient jamais eus
précédemment. Ce sont les commencements d'une
opinion, non plus naturelle et sociale, mais humaine;
c'est chez l'homme une conscience œcuménique de
ses propres vues et de sa situation. La grande question est de savoir quelle forme prendra définitivement
cette conscience encore à son aurore. Contiendra-
t-elle la négation du surnaturel que supposent aujour-
d'hui nécessaire les assertions de nos positivistes?
S'il en est ainsi, il est impossible alors de ne pas s'a-
percevoir que ce dernier développement de l'humanité,
cette rupture étonnante avec le passé, qui s'accomplit
sous l'influence de la connaissance que nous avons
de lui, sera pareille à celle qui se produit chez nous
quand on s'éveille d'un rêve, et qu'on voit s'éva-
nouir devant soi tout ce qui avait eu quelque prix
à nos yeux. Impossible de ne pas voir que, dans ces
conditions, ce réveil, cette découverte que l'homme
fera de lui-même, doit inaugurer sa propre décadence;
il y apprendra qu'il est un être inférieur et moins
grand qu'il ne l'avait pensé, et sa condition s'abais-

sera jusqu'à ce qu'elle s'adapte à l'opinion qu'il en a.

S'il en est ainsi, on n'en a pas fini avec le pessimisme quand on l'a appelé une maladie ; car la maladie va devenir réelle et universelle, et le pessimisme n'en sera que le diagnostic scientifique. Pour imposer silence au pessimiste en le déclarant malade, il faudrait lui prouver que le mal qu'on lui impute est imaginaire ou particulier à lui. Mais il s'agit ici d'un mal réel, qui a de profondes racines et qui ne tardera pas à se développer. La seule question est de savoir s'il peut ou non se guérir. Les faits seuls nous donneront la réponse ; mais comme l'avenir ne se produit que par l'entremise du présent, les faits jusqu'à certain point sont entre nos mains. En tous cas, la première chose à faire, c'est d'envisager hardiment notre condition présente et les causes d'où elle résulte. Avoir l'œil ouvert sur le danger, c'est la seule manière de l'éviter. Le danger à présent, on le sent plus qu'on ne le connaît. La classe d'hommes que nous avons en vue a conscience, comme le dit Mr. Mathew Arnold, « d'un vide qui creuse les poitrines, » mais on se persuade que c'est de l'imagination et l'on ose à peine en parler à son voisin. Çà et là, cependant, et accidentellement, le mal se traduit d'une façon imprévue, des signes apparaissent du découragement vague qui monte à la surface et des menaces qui s'agitent au-dessous d'elle. La forme qu'il revêt généralement parmi les masses qui en sont affectées a, comme on doit s'y attendre, quelque chose de pratique plutôt que d'analytique. On a la conscience du dommage

causé par la perte de la foi, d'une façon plus ou moins
cohérente on voudrait la recouvrer. Extérieurement
sans doute, on ne manque pas de s'en moquer bien
souvent, mais en pareille matière, les signes extérieurs
sont bien trompeurs. L'amertume, l'arrogante assurance qui se traduisent dans l'attitude de l'incroyance
à notre égard, ressemblent vraiment, en grande partie du moins, à la mauvaise humeur d'une femme contre son amant, à la suite d'une rupture, lorsque celle-
ci n'a pas pris d'elle-même le parti de le quitter, mais
qu'elle en a été abandonnée. Pour apprécier la réalité
des sentiments qu'on a pour nous, il ne faut pas se
contenter de jeter un regard à la surface. N'oublions
pas qu'un sentiment profond s'exprime souvent par
un langage tout opposé, qu'il existe parfois sans se
traduire dans le langage, qu'il se trahit plutôt qu'il
ne se révèle, et qu'enfin, au moment où les deux partis se trouvent en présence, il s'applique tout le
temps à se dissimuler. Le monde ne saurait être à
crier toujours dans les salons qu'il a perdu son Seigneur ; pour oublier cette perte il suffit qu'on ne
trouve plus sa valise. Les réflexions sérieuses ressemblent à celles que reproduisent les eaux : un caillou
peut les troubler, tandis qu'il fait étinceler les sombres ondes d'un étang. L'éclat du jaillissement meurt,
et les objets reflétés reparaissent. Mais il en est beaucoup, parmi nous, qui n'avouent pas leur tristesse,
qui peut-être ne la connaissent pas eux-mêmes, et
dont les cœurs souffrent, en fait de religion, de ne
pouvoir plus y croire. Dans les intervalles où cesse

la joie bruyante, où les heures solitaires se passent en de lourdes et sombres pensées, un cri monte aux lèvres, mais il ne s'en échappe pas.

Dans cette classe, on serait étonné de voir se placer quelquefois des gens auxquels on n'aurait jamais songé. Le professeur Clifford, par exemple, qui de tous nos positivistes est le plus bruyant dans son optimisme, a pourtant admis que la religion sur laquelle il nous engage à marcher est, sous certaines formes, une chose noble et fortifiante, et il a exprimé son profond respect pour un théisme comme celui de Charles Kingsley. Voici encore le Dr. Huxley : il refuse à l'homme, avec la sévérité la plus inflexible et la plus dogmatique, tout droit à une croyance surnaturelle : « il n'admettrait pas un moment que notre vie, dans ce qu'elle a de plus élevé, pût en souffrir ; et pourtant, » dit-il élégamment, « celui qui s'est épris de la beauté morale, qui combat dans un monde d'angoisse et de péché, est assurément plus fort, quand il croit que tôt ou tard une vision parfaite de paix et de bonheur s'emparera de son être ; de même celui qui travaille au sommet d'une montagne est plus courageux, quand il voit par delà les rocs et les neiges le *home* et le repos qui l'attendent. » Et il ajoute, comme nous l'avons vu, « que si une foi pareille pouvait reposer sur une base solide, le genre humain s'y attacherait aussi obstinément que le matelot qui se noie se cramponne à la bouée de sauvetage ». Mais ce sentiment a beau se répandre et s'accroître, il faut se persuader qu'il n'a aucune valeur. Nous n'avons là que le désir de croire; la croyance en est aussi loin que jamais. Il y a dans l'air qui nous environne une puissance qui semble paralyser la foi dans l'homme. L'intelligence, c'est une pensée qui nous frappe en ce moment, a acquis une vigueur nouvelle et une vision plus claire; seulement, pour un grand nombre, ce progrès a pris la forme d'un incube qui écrase leurs espérances et leurs vœux les plus ardents.

> « C'est un poids
> « Aussi lourd que la glace et qui descend au plus profond de la vie. »

Cette situation faite à la vie se développe rapidement, et tôt ou tard nous aurons à la regarder en face. Elle ne s'arrête pas à ceux qui en sont les victimes; ceux qui s'attachent encore et s'attachent fortement à croire en sont atteints d'une manière indirecte. La religion ne peut manquer de se modifier au contact de l'irréligion. Qu'on la persécute, elle s'embrase d'une ardeur plus grande; qu'on la laisse tranquille, elle se trouve en quelque sorte amoindrie. Croyants et incroyants, séparés comme ils le sont de nos jours par leurs principes, sont pourtant de nos jours mêlés ensemble dans tous les actes et dans toutes les relations de la vie. Ils sont unis par les habitudes, par le sang et par l'amitié. Ils se voient obligés à tout instant d'ignorer ou d'excuser ce qu'ils regardent comme les erreurs d'autrui. Dans un état de choses comme celui-ci, il est évident que les convictions des croyants ne peuvent avoir cette fière intensité qui appartient

à une minorité persécutée, ni cette calme confiance
qui distingue une majorité dominante. On ne peut ni
haïr les incroyants, car on vit personnellement en
rapport avec eux, ni mépriser d'ailleurs leur jugement,
car ce sont souvent les plus éminents penseurs de
notre temps. Dans ces conditions, la foi la plus forte
peut se trouver ébranlée. En ce qui concerne ceux qui
y restent fidèles, elle peut ne rien perdre de sa ferme-
té, mais plutôt quelque chose de sa ferveur ; mais en
ce qui touche à l'empire qu'elle doit exercer dans l'avenir sur le genre humain, ce n'est plus de l'assurance,
c'est un doute anxieux ou plutôt une confiance désespérée qu'elle inspire. Le Dr. Newman a observé que
le souverain pontife lui-même avait reconnu, dans la
croissance calme et menaçante du positivisme nou-
vellement né sur la terre, quelque phénomène plus
vaste et qui n'est pas la même chose que l'audacieuse
explosion d'une hérésie ; il semble le regarder comme
un belligérant plutôt que comme un rebelle (1). « Il y
a une chose, » dit le Dr. Newman, « qu'on ne saurait prévoir à moins d'une intervention presque miraculeuse, c'est un retour à l'universalité du sentiment
religieux, à l'opinion publique du moyen âge. Le Pape
lui-même appelle les siècles anciens des *âges de foi*.
Cette foi endémique, on peut assurément la prescrire
dans un temps à venir, mais autant que nous en

---

(1) On peut, sans doute, facilement donner à ces paroles, en les forçant,
un sens que les catholiques repousseraient. Mais en les entendant
comme il faut, elles expriment, je crois, ce qu'on peut admettre comme
un fait.

pouvons juger à présent, les siècles continueront de
marcher comme auparavant (1). »

Nous trouvons dans ces paroles la grande et universelle question que doit faire l'esprit de l'humanité,
qui se recueille pour la poser : La foi qu'on voit disparaître si rapidement revivra-t-elle jamais ? Mon seul
but dans ce livre a été de démontrer que toute l'expression de la vie, que tout le cours de la civilisation dans l'avenir, dépendent de la réponse qu'on y
fera.

Il y a pourtant un autre point à considérer. La réponse dont nous parlons sera-t-elle faite et universellement reçue? Ou bien attendrons-nous jusqu'au
bout sans qu'il y ait rien de décidé? J'ai déjà essayé
de montrer que, pour l'individu du moins, elle doit
être tranchée sur l'heure d'une façon ou d'une autre.
Le vrai penseur positiviste ne peut conserver dans leur
pleine autorité des principes qui n'auraient pas de base
positive. Il ne peut continuer d'adorer une faim qu'il
sait ne devoir jamais être satisfaite, ni ramper devant
des craintes qui ne seront jamais réalisées. Quand il
le pourrait pour un temps, la situation, loin de s'améliorer, irait en empirant. La conscience, si elle demeure
encore en lui, restera non plus comme une chose
vivante, comme un guide sévère, mais excellent, elle
ne sera plus que le spectre menaçant de la religion
qu'il a tuée ; elle viendra rendre plus amère la dégradation dont elle ne pourra nous relever. La vie morale

(1) *Lettre au duc de Norfolk*, de J.-H. Newmann, p. 35; Pickering;
1875.

sans doute existera encore pour nous, mais elle ne fera probablement plus que

> « Se traîner d'une aile
> « Dans les cellules de la folie, peuplées par la crainte et l'horreur. »

On ne saurait guère envisager, comme devant durer longtemps, un pareil état de choses. La religion reviendra, ou la conscience s'en ira. Je ne pense pas non plus que l'avenir prédit, ce semble, par le Dr. Newman puisse avoir des probabilités. Il paraît annoncer que le positivisme et la foi continueront de marcher côte à côte, ayant chacun leurs adhérents et se livrant sans cesse un combat, où ni l'un ni l'autre n'aura la victoire. J'ai lieu de penser que les nouvelles formes qu'on voit à l'œuvre dans le monde ne sont pas de celles qui feront leur œuvre à moitié. Quand une fois le siècle s'en sera emparé, elles seront de deux choses l'une, puissantes ou réduites à rien. Ceux qui les soutiennent devant le public prétendent qu'elles auront la puissance, et de plus en plus, autour de nous, le monde commence à le croire. Mais le monde se persuade difficilement qu'elles auront une tout autre portée que celle qu'on leur attribue. Un écrivain anglais, partisan du positivisme, a déjà vu clairement ce que signifie ce mouvement dont il déclare la consommation et la continuation nécessaires. « Jamais, » dit-il, « calamité aussi effrayante, dans l'histoire de l'homme, n'a atteint le genre humain, comme celle que peuvent prévoir maintenant tous ceux qui regardent l'avenir ; elle avance comme un déluge, noire de ses destructions, irrésistible dans sa puissance, déracinant nos espérances les plus chères, engloutissant nos plus précieuses croyances, ensevelissant nos vies les plus élevées dans une désolation inimaginable (1). »

La question que j'ai à poursuivre maintenant a pour but de rechercher quelles sont exactement les causes de ce mouvement, et ce qui reste de chances et de puissances au genre humain pour y résister.

(1) *A Candid Examination of Theism*, by Physicus ; Trübner et Co ; 1878.

CHAPITRE IX.

LA LOGIQUE DE LA NÉGATION SCIENTIFIQUE.

Je suis sir Oracle : quand j'ouvre la bouche qu'on ne laisse pas un chien aboyer.

Avant de commencer l'analyse des forces qui tra-
vaillent à décomposer la croyance religieuse, il y a
lieu d'observer brièvement par quels moyens s'en fait
généralement l'application. Jusqu'à certain point,
l'application en est directe, c'est-à-dire que l'esprit
humain assimile spontanément un grand nombre de
faits, qui deviennent clairs aujourd'hui, et en tire de
lui-même, sans y être engagé, ses doutes et ses négations. Mais la grande puissance du positivisme vient
d'ailleurs. Elle ne résulte pas directement des prémisses qu'il met en avant, mais du prestige intellectuel de ses défenseurs, lesquels, au détriment de notre
jugement privé, nous imposent leurs propres conclusions. De ce prestige assurément, il n'y a point à
s'étonner. Si jamais les hommes ont eu foi dans un
maître à cause de son œuvre, l'école positiviste peut
invoquer en sa faveur des prodiges et des merveilles.

Toutes ces puissances étonnantes que l'homme s'est appropriées dans ce siècle, elle les réclame avec quelque justice, comme ses œuvres et ses dons. Tout ce qui dans le domaine des sens environne notre vie lui appartient et lui rend journellement hommage; il n'est pas une conquête faite sur la distance, la maladie ou l'ignorance, qui ne semble rendre témoignage à sa suprématie intellectuelle. Aussi, l'opinion qui se répand partout dans le monde est, que l'école positiviste a le monopole de la raison impartiale, raison qui est d'ailleurs fatale à la religion et que nul ne peut repousser sans ignorance ou sans aveuglement volontaire. Tant que durera cette opinion on ne peut espérer que la foi revivra. Nous avons donc à examiner maintenant à quel point cette opinion est fondée.

Les arguments mis en œuvre contre la religion dans la pensée des *leaders* modernes, et qui agissent sur le monde par suite de leur influence intellectuelle, se divisent en trois classes et dérivent de trois branches distinctes de l'étude et de la pensée. Ils sont physiques, moraux et historiques. Pris séparément, il en est peu qu'on puisse regarder comme nouveaux. Leur puissance est nouvelle par l'emploi simultané qu'on en fait, si bien qu'ils se complètent les uns les autres, par la transformation qui a fait de ces visions filandreuses de grandes et massives réalités, et surtout par l'annihilation soudaine et éclatante des difficultés premières, qui jusqu'à présent avaient neutralisé ou tenu en échec leur pouvoir.

De ces trois ordres d'arguments, les deux premiers portent sur toute religion, le troisième est dirigé contre la religion qui a revêtu certaines formes. Ainsi, les arguments physiques, par exemple, soutiennent que la conscience étant une production du cerveau, il ne peut y avoir de Dieu conscient, à moins que l'univers ne soit lui-même un immense cerveau (1). Le philosophe moraliste prétend que la prédominance du péché et de la misère rend impossible un Dieu tout-puissant et miséricordieux. L'historien déclare que toutes les révélations prétendues ont eu leurs analogies dans l'histoire, et qu'en conséquence, si Dieu existe, il ne peut y avoir de religion dans laquelle il se soit spécialement révélé lui-même. Tels sont les principaux spécimens des différents genres d'arguments dont nous avons à nous occuper. Nous commencerons par les deux premiers, et il sera bon, pour le moment, d'écarter le troisième et aussi le sujet auquel il se rapporte. Nous oublierons donc qu'on a pu supposer l'existence d'une révélation quelconque, et nous n'aborderons la question tout d'abord qu'en tant qu'elle se rapporte à la religion naturelle.

Par religion, dans le sens du mot le plus simple et le plus général, j'entends l'assentiment qu'on donne à deux doctrines. Premièrement, comme le dit le Dr. Martineau, « que l'univers matériel nous révèle la vie d'un esprit éternel qui le remplit; secondement, que le monde où nous habitons est le théâtre d'un

(1) C'est exactement dans cette forme que le professeur Clifford s'est servi de cet argument.

gouvernement moral qui y commence mais n'y devient pas complet. » A ces deux doctrines j'en ajoute une troisième. L'esprit éternel peut troubler les lois de cet univers qu'il a disposé lui-même ; ainsi la marche de ce monde matériel en tout ce qui touche à l'homme est le résultat de deux forces et non pas d'une seule (1). Telles sont les trois doctrines dans lesquelles nous allons présentement nous renfermer, pour voir à quel point les découvertes ou les spéculations modernes peuvent réellement nous forcer à les mettre à l'écart.

Ayant à nous occuper des arguments antireligieux, nous commencerons par ceux qui sont actuellement les plus puissants, par ceux en particulier qu'on tire des diverses sciences physiques. Les découvertes auxquelles elles ont conduit sont si variées et si complexes, qu'on pourrait regarder comme une tâche désespérée celle qui tenterait d'en faire un rapport compréhensif. Mais, en tant qu'elles ont une signification générale, une signification humaine, qu'elles cessent d'être des amusements de spécialistes, des outils à l'usage du médecin ou du manufacturier, le résultat en est très simple. Elles ont enfin, autant que l'observation nous peut le montrer, uni complètement et indissolublement ensemble l'esprit et la matière. On a pu franchir enfin le gouffre qui les séparait. Le pont, dont on avait rêvé et désespéré si

(1) Je sais que la croyance aux miracles n'entre pas nécessairement dans les doctrines de la religion naturelle. Je l'y mets plutôt comme une convenance que comme un principe, et j'en donnerai bientôt la raison.

longtemps, a été enfin jeté triomphalement ; on en a fait une construction solide et compacte, où des ouvriers intellectuels par centaines sont encore à l'œuvre, entassant les pierres sur les blocs. La science, pour employer d'autres termes, a accompli ces trois choses : premièrement, suivant l'expression d'un écrivain bien connu, « elle a établi une relation fonctionnelle entre les phénomènes de la pensée, de la volonté, du sentiment, d'une part, et certains changements dans les molécules corporelles, d'autre part. Secondement, elle a relié, au moyen de degrés sans nombre, le corps humain à la matière inanimée, universelle. Troisièmement, elle prétend avoir mis cette matière universelle dans une situation nouvelle par rapport à nous, en nous montrant que toutes les formes vivantes n'en sont que les développements et résultent de son mouvement spontané. Ainsi, pour la première fois, on a tranché la question et l'on a placé tout l'univers sensible sous la main du physicien. Tout ce qui existe est matière en mouvement. La vie elle-même n'est qu'un mouvement d'un genre infiniment complexe. C'est la matière dans ses plus hauts ferments. Les premières traces de ses commencements se rencontrent dans le phénomène de la cristallisation ; nous avons là, au dire de la plus haute autorité scientifique, « les premiers tâtonnements de la force dite vitale » ; et de la même source, nous apprenons, qu'entre ces cristallisations et le cerveau du Christ, il n'y a qu'une différence de degré, non de genre. C'est, de part et d'autre, « un assemblage de molécules qui agissent et réagissent suivant des lois. » « Nous croyons, » dit le Dr. Tyndall, « que toute pensée, tout sentiment, a son mécanisme déterminé et corrélatif, est accompagné d'une séparation puis d'une recomposition des molécules du cerveau. » Il admet sans doute qu'il est infiniment au-dessus de nos forces d'en suivre le progrès dans ses détails, « mais les qualités du problème et celles de notre pouvoir, » dit-il, « sont, croyons-nous, si bien en rapport, qu'une simple extension de celui-ci nous permettrait de résoudre celui-là. Nulle part il n'y a de brèche dans la nature : et si l'on suppose, » toujours d'après le Dr. Tyndall, « qu'une planète s'échappe du soleil, se mette à tourner sur son axe et accomplisse son évolution autour de l'astre solaire à la même distance que la terre, » la science arrive à cette conclusion, que la masse, une fois refroidie, verra s'épanouir aux mêmes endroits une autre race semblable à la nôtre, des créatures ayant le même raisonnement que nous, également propres à regarder le passé et l'avenir. Le résultat en est clair. Tout ce que nous connaissons ou espérons connaître comme existant dans le monde intérieur ou extérieur, une étoile ou une pensée, une fleur ou une affection, est enchaîné à certaines figures matérielles, à certaines forces mécaniques. Tout a son volume et sa place dans l'espace, et se conçoit comme pouvant être le sujet d'une expérience physique. Nous concevons la foi, la sainteté, le doute, l'erreur, l'amour, comme susceptibles d'être mesurés et perçus à l'aide d'un instrument scientifique, d'une chambre obscure ou d'un spectroscope ; avec un diagramme on en pourrait représenter les conditions et l'intensité.

On a souvent rêvé, comme je l'ai dit, d'arriver à ces résultats merveilleux. Nous les voyons maintenant accomplis, et voici quel en est l'effet par rapport à la religion naturelle.

Premièrement, en ce qui regarde Dieu, ils ont supprimé toute preuve extérieure de son existence, et jusqu'au signe même de sa providence journalière. Ils les détruisent complètement d'un seul coup, et les envoient tomber autour de nous comme autant de feuilles mortes. On avait conçu Dieu, dans ses rapports avec le monde extérieur, de trois manières : comme un moteur, comme un architecte et comme un directeur. A ces deux premiers titres, la pensée le réclamait ; au dernier, on le supposait révélé par l'expérience. Or, si loin que puisse aller la pensée, il devient une superfluité, si loin que s'étende l'expérience, il n'est plus qu'une suggestion puérile.

Secondement, en ce qui regarde l'homme, on nous présente la vie et l'âme, non plus comme une entité distincte du corps, capable conséquemment de lui survivre, mais comme une fonction du corps, ou comme la somme de ses fonctions, laquelle grandit avec lui, qui dépend, comme on le démontre, de ses moindres changements et qui, sauf des marques ou des preuves du contraire, doit se dissoudre dans sa dissolution.

Un Dieu donc, maître de la matière, une âme humaine indépendante d'elle, un second monde étranger et supérieur aux forces matérielles, se trouvent par le fait réduits, dans le domaine physique, à une hypothèse sans aucun soutien. Si c'était tout cependant, au point de vue logique, la religion n'en serait point affectée. Nous n'aurions là rien de plus que cette simple proposition verbale : L'immatériel n'est pas le matériel, on ne trouve du moins aucune trace du premier, en étudiant seulement la matière. Toute la force de l'argumentation repose sur cette prémisse qu'on supprime : Rien n'existe en dehors de ce que l'étude de la matière nous fait concevoir comme existant, ou, en d'autres termes, l'immatériel équivaut au non existant. Voici le cas tel qu'il se présente. On supposait anciennement que les forces de l'esprit et de la pensée étaient tout à fait distinctes de la matière et pouvaient agir en dehors de toute connexion avec elle. On démontre maintenant que la moindre de leurs révélations se traduit par un mouvement atomique et local qui, sur un instrument scientifique assez parfait, laisserait une impression distincte, et l'on en conclut qu'aucune des forces qui se révèlent à travers la matière ne se peut séparer des formes qui nous la révèlent. Nous voyons maintenant la signification de ce grand axiome moderne, que la vérification est la marque de la vérité ou que nous ne pouvons rien tenir pour certain, que ce qui a été prouvé. La signification du mot *preuve* est peut-être en soi un peu obscure, mais la signification qu'y attache la science positiviste est parfaitement claire. Un fait n'est prouvé, qu'autant qu'il repose sur une évidence qui ne laisse pas de place au doute, qu'autant qu'il impose à tout esprit la même conviction invincible ; en d'autres termes, il faut que, directement ou indirectement, la matière équivalente au fait puisse laisser sa trace imprimée sur nos sens corporels.

Tel est le point d'appui du levier intellectuel moderne. Demandez à un homme, chagrin et affligé de n'avoir pas de religion, pourquoi il ne l'embrasse pas, il vous répondra qu'il n'a pas la preuve qu'elle soit vraie. « Si l'on admet, » dit le professeur Huxley, qu'une croyance religieuse soit bienfaisante, « mon premier soin sera de demander qu'on me donne la preuve de ses dogmes. » Un autre écrivain bien connu, Mr. Leslie Stephen, avec une partialité dédaigneuse, a divisé en deux classes toutes les croyances ; suivant qu'on peut ou non les prouver, il les range parmi les réalités ou parmi les rêves creux. « L'ignorant et l'enfant, » dit-il, « sont désespérément incapables de tracer une ligne de démarcation entre le pays du rêve et celui de la réalité ; mais les visions qui viennent de l'imagination se distinguent des perceptions, en ce qu'elles portent des traces indélébiles de leur origine, dans le manque de substance et dans l'indécision du dessin. » Et maintenant, s'écrie-t-il, s'adressant à la génération qui l'environne, « votre croyance tombe enfin en décadence. On a découvert que vous ne savez rien de ce que vous dites, que le ciel et l'enfer appartiennent au pays des rêves ; le jeune vicaire qui vient me dire insolemment que je brûlerai toute l'éternité, parce que je ne partage pas ses superstitions, est là-dessus tout aussi ignorant que moi, qui n'en sais d'ailleurs pas plus que mon chien. »

Tel est le syllogisme que dresse aujourd'hui, contre la religion, la science physique ; elle a foi en sa puissance invincible, qui l'a menée si loin déjà dans son œuvre de destruction contre la foi du monde. Or, quant à la mineure de ce syllogisme, à savoir qu'il n'y a pas de preuve de la religion, nous pouvons accorder, *au moins provisoirement*, qu'elle est complètement vraie. Ce qu'il importe réellement d'examiner c'est la majeure : On ne doit tenir pour certain que ce qui est prouvé. On ne saurait évidemment mettre cette prémisse sur le même pied que l'autre, car elle est par sa nature même hors d'état d'être prouvée. Elle repose sur une base assez mal définie : le caractère de haute philosophie généralement accordé aux penseurs dirigeants qui l'ont adoptée, et les conséquences qui en découlent et qu'admet généralement le sens commun du genre humain.

Or, si nous examinons la valeur de cette prémisse d'après ces principes, nous arriverons à un résultat étonnant. Nous trouverons que le genre humain en général, même en faible partie, ne se doute pas de ses conséquences, et de plus que les penseurs qui sont à la tête du mouvement n'ont pas même la plus faible idée de sa vraie signification et de son but. Il n'y a guère assurément de spectacle plus ridicule dans toute l'histoire de la pensée, que celui de l'école positiviste moderne, avec sa grande doctrine de la vérification. On l'applique rigoureusement à tout un ordre de

faits, et l'on néglige absolument de remarquer qu'elle
s'applique aussi bien à un autre. Quand on passe des
dogmes de la religion à ceux de la morale, non seulement on refuse de faire usage des mêmes principes,
mais on les rejette avec la dernière violence.

Ainsi, Mr. Leslie Stephen, dans l'essai dont j'ai
cité des passages, non seulement a recours, pour
donner du poids à ses arguments, aux épithètes
de *bas*, d'*élevé*, de *sacré*, il met en avant pour mo-
tiver son langage une croyance qui, d'après sa propre démonstration, est un rêve. Le motif qu'il al-
lègue, c'est le dévouement à la vérité pour elle-même...
aucun autre principe n'étant réellement digne de
l'homme. Voici simplement son argumentation. Le
devoir le plus saint et le plus important de l'homme,
c'est de découvrir à tout prix la vérité, et la vérification physique est la seule marque de la vérité. C'est là
seulement, nous dit-il, que nous trouvons une haute
moralité : ceux qui tiennent aux rêves d'un dogme
religieux qu'on ne peut physiquement vérifier ne
peuvent répondre à leurs adversaires que « par des
cris ou par des grimaces ». « Le sentiment, » poursuit-
il, « que le rêveur hait et méconnaît le plus profondément, c'est l'amour de la vérité pour elle-même. Il ne
conçoit pas qu'on attaque un mensonge simplement
parce que c'est un mensonge. » Mr. Stephen a tort.
C'est exactement ce que fait le rêveur et le rêveur
tout seul. Et Mr. Stephen est lui-même un rêveur
quand il écrit et pense de la sorte. Pourquoi, lui de-
manderai-je, doit-il aimer la vérité ? Sont-ce les *per-*

ceptions, ses seuls guides autorisés, qui le disent? Les perceptions lui enseignent, comme il le dit expressément, que les vérités de nature, en tant qu'elles concernent l'homme, sont de *dures* vérités. Pourquoi trouver aimables des choses *dures?* Et supposé que Mr. Stephen les aime, pourquoi cet amour est-il *élevé?* Et pourquoi commande-t-il si brusquement à tout le monde de le partager? *Bas, élevé...* que peut donc avoir à faire Mr. Stephen avec des mots comme ceux-ci? C'est le langage du pays des rêves, et non celui de la vie réelle. Mr. Stephen n'y a pas droit. S'il pense autrement, il faut qu'il puisse les séparer par une ligne nette et ferme. Car si la conception qu'il en a est « d'un dessin indécis, si elle manque de substance, » elle appartient, d'après sa définition même, au pays des rêves. Et voilà justement ce que M. Stephen, avec la solennelle niaiserie de son école, ne saurait voir.

Le professeur Huxley est exactement dans le même cas. Il dit, comme nous l'avons vu : advienne que pourra, la morale dans sa plus haute expression consiste à demeurer fidèle à la vérité : « la morale s'abaisse au degré le plus infime, quand on croit sans connaître la raison de sa croyance, » et les seules raisons que nous ayons, à proprement parler, d'admettre une croyance, sont celles qui résultent d'une évidence physique et *perceptible*. Et pourtant il déclare en même temps que « vouloir renverser la morale » à l'aide des sciences physiques, c'est à peu près aussi rationnel et aussi possible, que « de vouloir renverser Euclide à l'aide du *Rig Veda* ». Or, dans les principes du professeur Huxley, cette dernière déclaration, si profonde qu'elle paraisse, n'est autre chose, qu'on me passe cette expression peu courtoise, qu'une absurdité. On aurait atteint le degré le plus bas dans la moralité, nous dit-il, si l'on croyait en Dieu, sans avoir aucune évidence physique capable de justifier cette croyance. Et il admet, ou plutôt il proclame, qu'en suivant cette voie la science physique a renversé la religion. Pourquoi donc la science physique dans la même voie n'a-t-elle pas aussi renversé la morale? La base de la moralité, dit-il, consiste à croire que la vérité par elle-même est sacrée. Mais quelle preuve peut-il découvrir de son caractère sacré ? Y a-t-il dans l'expérience ou dans l'observation une méthode positiviste qui tende seulement à l'insinuer? Nous avons déjà vu le contraire. Ce que prouve réellement la philosophie du professeur Huxley, c'est que la vérité n'a rien de sacré et qu'il n'y a rien de sacré à la découvrir.

Nous avons vu tout cela déjà, et nous avons mis sa comparaison de la perception de la beauté morale en regard de la perception du piquant du gingembre. Nous revenons encore ici au même point ; seulement, nous l'abordons d'une façon légèrement différente. Nous avons vu tout à l'heure, qu'en dehors d'un assentiment aux dogmes religieux, les dogmes moraux n'ont aucune signification. Nous venons de voir maintenant, que fussent-ils logiquement indépendants les uns des autres, ils appartiendraient encore au même ordre de choses ; et que si, jugeant de la vérité d'après cer-

taines règles, nous constations que les premiers ne sont
que des illusions, les mêmes règles en prouveraient
autant des autres avec une force non moins grande.

Mais il nous reste à aborder un point encore plus
embarrassant, et qui va mettre cette dernière conclusion dans une plus vive et plus irréfutable lumière. Ce que nous avons établi jusqu'à présent revient
à ceci : la science, en dépouillant l'homme de sa foi
religieuse, en fait un être qui n'a plus aucune direction morale. Nous allons voir maintenant, qu'en vertu
des mêmes arguments, on prouvera qu'il n'est plus
même un être moral ; que non seulement il n'a plus
de règle pour diriger sa volonté, mais qu'il ne lui
reste pas même une volonté à diriger.

Pour le comprendre, nous en reviendrons aux sciences physiques, aux résultats exacts qu'elles nous ont
donnés. Nous avons dit qu'elles ont complètement
lié ensemble l'esprit et la matière, et qu'elles ont
d'une façon triomphante ramené à l'unité le dualisme
apparent des choses. Elles nous ont montré le cerveau comme une matière dans la combinaison de
laquelle entrent des éléments infiniment complexes ;
cette matière elles ont pu l'atteindre enfin dans son
travail automatique ; elles nous ont révélé que la
conscience est une fonction de ce cerveau et qu'on ne
peut l'en séparer. Eh bien, l'antique dualisme qu'on
suppose aujourd'hui détruit n'en subsiste pas moins.
Assurément, en dehors de cette doctrine, il n'y a
d'autre alternative que ce dualisme. Car à chaque
pensée qui se produit en nous, à chaque sentiment,

à chaque désir que nous formons, il se fait dans le cerveau un mouvement matériel déterminé, de la force et de la figure duquel dépendent les sentiments et les pensées. Or, en ne prenant pour guide que les observations physiques, un fait important devient tout de suite évident. La matière a existé et fermenté bien avant les évolutions de l'esprit ; l'esprit n'est pas un déploiement de forces nouvelles, mais le résultat d'une combinaison spéciale et ancienne. Le fait mental dépend donc essentiellement du fait moléculaire, et ce dernier ne dépend pas du premier. On pourrait le supposer, mais ce n'est qu'une apparence. Celui-ci se réduit à des groupements et à des mouvements de molécules, comme les figures d'un kaléidoscope sont des mouvements et des groupements de morceaux de verres coloriés : toutes choses entièrement accidentelles. Considérer ces faits comme les anneaux d'une même chaîne de causes, ce serait dire qu'une des figures du kaléidoscope est la cause de celle qui suit.

Cette conclusion toutefois répugne tellement à nos adversaires, qu'il en est peu qui veuillent en entendre parler, encore moins l'accepter. On ne trouverait pourtant pas un seul physicien de valeur, pas un seul du moins de ceux qui ont parlé publiquement des aspects moraux de la vie, ou qui l'ont envisagée d'une façon droite et sincère, qui ait dit ouvertement s'il l'accepte, s'il la rejette ou s'il la tient pour douteuse. Au contraire, loin d'aborder la question, ils font tous de leur mieux pour l'éviter et pour se la dissimuler à eux-mêmes, aussi bien qu'aux autres, en la plongeant dans les brouillards du mystère. Et il y a ici dans la nature du sujet une particularité qui leur a facilité cette tâche. Mais les ombres qu'ils ont soulevées ne sont pas impénétrables, et avec un peu de patience on peut les dissiper.

Le phénomène de la conscience est unique. C'est le seul phénomène, en contact avec la science, dont l'imagination scientifique ne puisse donner une représentation cohérente. Il a sans doute un côté que nous pouvons assez bien nous représenter, « *le frémissement* des nerfs, » comme dit le Dr. Tyndall, « la détente des muscles et toutes les modifications subséquentes de l'organisme. » Mais comment ces modifications en viennent-elles à prendre une autre nature, c'est ce que nous ne pouvons nous imaginer. Il y a là, en toute vérité, un mystère complet. Et c'est ce mystère dont s'emparent nos physiciens modernes, pour essayer de cacher et de perdre dans ses ombres une conclusion, qu'en tout autre cas, il leur faut bien le reconnaître, ils seraient forcés d'admettre.

Voici un exemple typique de la façon dont ils procèdent. Je le trouve chez le Dr. Tyndall. « Quiconque étudie la philosophie du mécanisme, nous dit-il, ne voudra jamais, en cette qualité, mettre un état de la conscience et un groupe de molécules, dans la situation d'objets mus et d'objets moteurs ; l'observation prouve qu'ils agissent réciproquement l'un sur l'autre ; mais dans leur passage de l'un à l'autre, nous trouvons un blanc que la logique de la déduction est impuissante à remplir.... J'expose toute nue, sans ménagement, la difficulté initiale du matérialiste, et je lui déclare que les faits d'observation qu'il considère comme si simples, sont presque aussi difficiles à mettre en forme que l'idée d'une âme. Je vais plus loin, et je dis en fait : Si vous abandonnez l'interprétation des esprits grossiers qui se représentent l'âme comme une Psyché qu'on pourrait jeter par la fenêtre, comme une entité habituellement occupée, on ne sait comment, parmi les molécules du cerveau, et qui, en certaine occasion, telle que l'arrivée d'un boulet ou l'effet d'un coup de bâton, s'envole en d'autres régions de l'espace ; si vous abandonnez cette notion païenne, pour aborder le sujet de la seule manière où l'on puisse le prendre ; si vous consentez à faire de votre âme la traduction poétique d'un phénomène qui refuse, — je me suis donné plus de peine que personne pour le montrer, — de subir le joug des lois physiques ; alors, pour une fois, je vous concède, sans y trouver à redire, cet exercice d'idéalité. Je le dis très carrément, mais sans mauvaise humeur, le théologien qui me flagelle et me déchire, lorsque je m'applique à mettre ce sujet en lumière, se rend coupable de la plus noire ingratitude. »

Si maintenant, nous examinons ce passage bien typique, nous verrons qu'on y confond deux questions qui, en tant qu'elles se rapportent à nous, se trouvent placées cependant sur un pied tout différent. A l'une on ne saurait donner aucune réponse ; on peut répondre à l'autre de deux façons distinctes et opposées. Sur la première donc, il faut rester en suspens ; sur la seconde, il faut choisir entre deux solutions. Nos physiciens modernes se sont donné pour tâche de cacher la nature importune de la seconde dans les replis obscurs de la première. Cette première la voici : Pourquoi la conscience aurait-elle une connexion avec le cerveau? Et voici la seconde : Cette connexion étant admise, qu'est-ce donc que la conscience? Est-elle simplement le produit du mouvement du cerveau, ou produit-elle elle-même à certain degré ce mouvement? Nous ne saisissons, pour ainsi dire, que le bruit du mécanisme du cerveau en activité... le murmure, le froissement et le gémissement des molécules qui s'agitent incessamment. Ce mécanisme se meut-il de lui-même, ou bien reçoit-il, sinon sa motion propre, du moins une certaine modulation, d'une puissance qui n'est pas lui? Le cerveau sert d'organe à la conscience, comme l'instrument que nous appelons un orgue, sert d'organe à la musique; la conscience elle-même est comme un ton qui s'échappe des tuyaux de l'orgue. Ramenées aux termes de cette métaphore, nos deux questions se traduisent ainsi. La première : Pourquoi, lorsque l'air les traverse, les tuyaux de l'orgue résonnent-ils? La seconde : Qui dirige le mécanisme du son, — un musicien, ou bien un cylindre tournant? — Or, ce que nos modernes physiciens négligent de voir, c'est que non seulement ces deux questions se distinguent dans leurs détails, mais bien encore dans leur genre; dire qu'on ne saurait y répondre dans les deux cas, c'est faire non seulement une confusion de choses distinctes, mais une contra-

diction ; car l'impuissance absolue de former aucune
conjecture sur la première ne nous délivre pas de l'o-
bligation de choisir entre les conjectures de la seconde.
Nous n'avons, sur la première, que la connaissance du
fait qu'elle implique ; et notre entière impuissance
d'en rendre compte n'influe réellement en rien sur le
grand dilemme, — le dilemme de l'unité ou du dualisme de l'existence, de l'indépendance ou de l'auto-
matisme de la vie et de la volonté dans l'homme. Tout
ce que la science nous dit sur le premier point peut
être admis par tout le monde, sans la moindre difficulté, et si un théologien *flagelle* et *déchire* le Dr. Tyndall à propos de ses vues sur cette matière, ce ne
peut être assurément qu'un théologien bien déraisonnable. C'est là le point que la science moderne semble confondre, en même temps qu'elle en exagère la
portée, quand elle s'imagine à ce propos être en
butte à des attaques qui n'existent réellement pas.
Prenez l'homme le plus épris de la théologie, le
plus engagé dans la foi aux mythes et aux mystères,
il n'aura aucun intérêt à nier que le cerveau, sans
que nous sachions comment, soit pour nous le siège
unique de la pensée, de l'intelligence et de l'esprit.
Prenez l'homme qui croit le plus fermement à la vie
immortelle, il saura toujours que cette immortalité est
liée à la mortalité par une inexplicable connexion avec
la matière ; et vous pourrez lui apprendre, sans ébranler
aucunement sa foi, que le point de contact se rencontre
dans le cerveau. Il admettra avec tout l'empressement
désirable, que le cerveau est le seul instrument à l'aide

duquel la vie surnaturelle devient en même temps la vie naturelle. Il admettrait même qu'on pourrait, à l'aide d'un spectroscope, obtenir des révélations sur l'état moral d'un saint. Il en paraîtrait peut-être un peu surpris tout d'abord, mais il n'y aurait réellement rien là de si étrange et de si redoutable. Le Dr. Tyndall dit qu'il croit pouvoir maintenir ses vues contre toute attaque. Comment peut-il seulement craindre une attaque, comment l'idée lui vient-elle qu'il pourrait se trouver impuissant à la repousser? c'est ce qu'on n'imagine pas aisément. Dire qu'un spectroscope appliqué au cerveau y pourrait découvrir un état comme celui de la sainteté, c'est à peu près comme si l'on disait que nos yeux appliqués au visage y peuvent actuellement découvrir quelque chose comme la colère. Rien dans cette doctrine ne saurait alarmer le plus mystique des croyants. Présentée comme elle l'est aujourd'hui dans son intégrité, elle a sans doute quelque chose de neuf et d'extraordinaire, elle ne tardera probablement pas à éclairer d'un nouveau jour la pensée humaine ; mais ne craignons pas de l'accepter comme une vérité, car il est à croire qu'avant longtemps, tout le monde n'y verra plus qu'une assertion évidente. On ne nie pas l'existence de l'âme, en disant qu'elle ne peut se mouvoir dans la matière sans y laisser une empreinte, pas plus qu'on n'a réussi à nier l'existence d'un organiste, quand on a dit qu'il ne peut jouer sans frapper sur les touches de l'orgue. Donc, le Dr. Tyndall pouvait se dispenser de tant de répétitions et de tant d'emphase pour affirmer, que « toute pensée,

tout sentiment a son mécanisme corrélatif déterminé,
qu'il est accompagné d'une séparation et d'une recomposition des atomes du cerveau. » Il ne sera pour cette
affirmation ni *flagellé* ni *déchiré,* pas plus qu'il ne le
serait pour avoir dit que chaque note d'un morceau
de musique a dans le mécanisme de l'orgue quelque
chose de déterminé et de corrélatif, et qu'elle est ac-
compagnée de l'abaissement puis du relèvement d'une
touche. Sur ce point, tout le monde est d'accord avec
lui ; et quand il ajoute avec tant de gravité, que dans
cette manière de voir, il reste encore quelque chose
de mystérieux, nous ne dirons pas seulement que tout
le monde est d'accord avec lui, mais que lui-même, en
homme bon et sensible qu'il est, se met d'accord avec
tout le monde. Le passage de l'esprit à la matière,
dit le Dr. Tyndall, ne se conçoit pas. Le bon sens du
genre humain l'a toujours dit. Nous ne sommes pas
embarrassés de savoir quelle explication donner, nous
n'en avons d'aucune sorte.

Nous n'avons ni à choisir ni à rester en suspens
entre des alternatives et des conjectures, car il n'y en
a pas du tout à faire. Sur ce sujet, nous en sommes
toujours au même point ; nous restons dans la même
situation d'esprit : nous en avons seulement une révélation plus claire. Nous nous trouvons dans une ignorance théorique, nullement dans une perplexité pratique.

La perplexité ne se présente qu'avec la seconde
question ; et ici, nous ne voyons d'issue que dans l'affirmation ou dans la négation d'un second ordre,

l'ordre surnaturel. Nous allons voir d'abord comment le Dr. Tyndall traite cette question et ensuite à quoi ses vues aboutissent. « Est-il vrai, » demande-t-il, « comme le prétendent beaucoup de physiciens, que les procédés physiques sont complets en eux-mêmes et vont tout aussi loin qu'ils pourraient aller si la conscience n'y était aucunement engagée, » comme s'il s'agissait d'une machine qui fonctionnerait toujours sans faire aucun bruit, ou d'un cylindre d'orgue qui ne cesserait pas de jouer alors qu'il n'y aurait pas d'auditeurs ? « Ou bien, les états de la conscience entrent-ils comme des anneaux dans la chaîne des antécédents et des conséquents d'où proviennent les actions corporelles ? » Telle est la question aux termes mêmes du Dr. Tyndall ; et dans ses termes encore, voici sa réponse : « Je suis incapable, » dit-il, « d'imaginer ces états interposés entre les molécules du cerveau, pour influencer la transférence du mouvement dans les molécules. C'est une chose qui se dérobe à toute représentation mentale. Mais, » ajoute-t-il, « la production de la conscience par le mouvement moléculaire est tout aussi peu représentable à la vision mentale, que la production du mouvement moléculaire par la conscience. Rejetant un résultat, je devrais les rejeter tous les deux. Je ne rejette toutefois ni l'un ni l'autre, et je me trouve en présence de deux *incompréhensibles,* au lieu de n'en avoir qu'un seul... »

Or qu'est-ce que tout cela signifie ? Les mots comportent une signification qui les rendrait tout à fait clairs et cohérents ; mais, comme nous le verrons tout à l'heure, elle ne peut être adoptée par le Dr. Tyndall. Ils seraient parfaitement clairs et cohérents, s'ils voulaient dire que le cerveau est un instrument naturel sous la main d'un joueur surnaturel : mais pourquoi l'instrument est-il propre à ce service, pourquoi le joueur en peut-il ainsi tirer des sons? ce sont là deux sujets sur lesquels nous n'avons aucune lumière. Mais le docteur nous a dit expressément d'ailleurs qu'il ne veut point de cette signification. C'est, dit-il formellement, « l'interprétation des esprits grossiers, » et la science ne nous permet pas un moment de nous y arrêter. Le cerveau ne renferme pas « une entité habituellement occupée, on ne sait comment, au milieu de ses molécules, » et qui puisse en être séparée. Selon lui, c'est là une notion *païenne,* tant que nous ne l'aurons pas abandonnée « nous ne pourrons jamais aborder le sujet ». Que veut-il donc dire alors, quand il nous déclare qu'il ne rejette ni l'un ni l'autre des deux résultats, qu'il croit que le mouvement moléculaire produit la conscience, et que la conscience à son tour produit le mouvement moléculaire? quand il nous assure nettement que l'observation nous « prouve que ces deux forces agissent l'une sur l'autre? » Si ce langage signifie quelque chose, il faut qu'il se rapporte à deux puissances distinctes, l'une matérielle, l'autre immatérielle. Et d'ailleurs ne nous le dit-il pas lui-même? Ne nous dit-il pas qu'une de ces croyances qu'il ne rejette pas, c'est la croyance « à des états de la conscience interposés entre les molécules du cerveau, pour influencer la transférence du

mouvement dans les molécules ? » N'est-il pas parfaitement clair que ces états ne sont pas des molécules,
en d'autres termes, ne sont pas matériels ? Mais que sont-
ils donc alors, s'ils agissent sur la matière, tout en
étant distincts de la matière ? A quoi se rapportent-ils,
sinon à cette chose *païenne,* — l'âme, — à cette « entité
qu'il faudrait jeter par la fenêtre », et à laquelle,
comme nous l'a dit ailleurs le Dr. Tyndall, la science
nous défend de croire. Assurément, pour un penseur
exact, ce sont là des pensées singulièrement confuses.
« Je déclare, » nous dit-il, « que ce mystérieux quelque
chose qui accomplit tout, c'est là matière. » Et voici
qu'en présence d'une semblable déclaration, nous le
surprenons à invoquer encore un autre second mystère.
Et pour quel motif ? C'est bien la chose de toutes la
plus étrange. Il croit à ce second incompréhensible
parce qu'il croit au premier. « Si je rejette un résultat, »
dit-il, « je dois rejeter les deux. Je ne rejette donc ni l'un
ni l'autre. » Comment ? Parce qu'un fait indubitable est
un mystère, tout mystère est donc un fait indubitable ?
Voilà bien la logique du Dr. Tyndall dans cette déclaration significative ; eh bien, si sa logique a de la valeur,
nous allons lui prouver tout de suite l'existence d'un Dieu
personnel et une multitude d'autres doctrines *païennes.*
Mais appliquée de la sorte, l'argumentation évidemment
ne le touche plus, car ce que sa science rejette tout
d'abord, c'est la croyance à un Dieu personnel. Que
dire alors de lui, quand il applique son argumentation
à sa manière ? Simplement ceci : que pour le moment,
son esprit est dans un état de confusion telle, qu'il est

vraiment incapable de savoir au juste ce qu'il veut
dire. Quelle devrait être logiquement sa situation,
que serait-elle, de son propre aveu, en toute autre
circonstance? on le sait assez. Essentiellement, celle
d'un homme qui se trouve en présence, non pas de
deux, mais d'un incompréhensible. Mais à certains
égards, ou plutôt de certains points de vue, cette situation ne lui paraît pas solide. Le problème de l'existence tourne et s'assombrit devant lui, il s'imagine
découvrir la présence de deux incompréhensibles,
quand réellement, dans son état d'intempérance
mentale, il a vu double un seul incompréhensible. Si
tel n'est pas le cas, il faut en admettre un autre intel-
lectuellement plus faible encore. Il ne s'agit plus
même d'un homme ayant une théorie cohérente que
son intelligence, en des moments de faiblesse, refuse
de soutenir, mais bien d'un homme partagé entre
deux théories hostiles qu'il essaie vainement de réduire à une seule, tandis qu'il soutient alternative-
ment l'une et l'autre avec une égale assurance.

Si cet égarement était particulier au Dr. Tyndall,
je n'aurais ni motif ni intérêt à y insister de la sorte.
Mais le fait ne s'applique pas à lui seulement, il caractérise toute son école, il est inhérent à tout notre
positivisme moderne, à tout l'ensemble de la pensée exacte et éclairée. Si je prends simplement le
Dr. Tyndall pour exemple, ce n'est pas qu'il y ait
plus de confusion dans son esprit, que dans celui de
tous ses confrères en science physique, c'est que je vois
en lui pour ainsi dire *l'enfant terrible* de la famille,

et qu'il divulgue publiquement les secrets que les autres sont plus soigneux de cacher.

Mais je n'en ai pas fini avec ce sujet. Nous sommes ici au centre du problème des choses, et nous ne le quitterons pas sans l'avoir rendu aussi clair que possible. Je vais donc le poser dans les termes d'une autre métaphore. Comparons la matière universelle, avec le nombre infini de ses molécules, à un nombre quelconque de billes placées sur un billard et mises en mouvement par un violent coup de queue. Voici que les billes aussitôt se heurtent et rebondissent de tous les angles en des directions diverses, et prennent respectivement entre elles des positions différentes. Six de ces billes ont fini par se rencontrer et font carambolage à l'un des angles du billard ; elles forment ainsi un groupe qui équivaut à un cerveau humain. Tant qu'elles continueront, dans leurs changements successifs, de constituer un cerveau, elles représenteront les modifications qui se produisent dans la vie consciente de l'homme. Or cette vie, prenons-la au moment d'une crise morale. Supposons que le désir inférieur de s'attacher à quelque superstition agréable et consolante soit en lutte avec le désir héroïque de se trouver à tout prix en face de la vérité toute nue. L'individu dont il s'agit est sur le point d'abord de céder au désir inférieur. Un moment, un pénible combat s'élève en lui. Il éprouve enfin une angoisse décisive, le désir héroïque est vainqueur, la superstition est repoussée, et, « dût la vérité me faire mourir, dit-il, je m'attacherais encore à elle ». Ainsi se présente la question envisagée sous un de ses aspects. Mais que devient-elle si on l'aborde sous l'autre ? Les six billes ont simplement changé de place. Quand elles représentaient le désir inférieur, elles formaient, dirons-nous, un ovale ; pour correspondre au désir héroïque elles se sont disposées, supposons-nous, en cercle. Or, quelle est la cause et quelles sont les conditions de ce changement ? C'est évidemment que ces billes ont reçu une certaine impulsion, laquelle agit en vertu de certaines lois déterminées. Reste à savoir ce que sont ces lois et cette impulsion. Maintenant que les billes représentent la conscience, demeurent-elles, oui ou non, ce qu'elles étaient quand elles n'y correspondaient pas ? De deux choses l'une : ou bien les billes se sont mises en mouvement sous des lois et sous des forces exactement les mêmes que celles auxquelles elles ont toujours obéi, et sont restées toujours sous l'étreinte de la même invincible nécessité, ou bien quelque force nouvelle est intervenue pour déranger leurs situations, et nous avons à en tenir compte. Mais c'est impossible, si la conscience ne se sépare point de la matière. Les billes, groupées de manière à représenter la conscience, peuvent-elles engendrer une nouvelle force motrice, distincte et différente de l'impulsion originelle, souvent même plus puissante qu'elle ? Un penseur scientifique ne saurait évidemment l'admettre. Ce serait renverser toute la construction de la science, se mettre en contradiction avec son premier axiome et avec sa dernière conclusion. Si donc le mouvement de nos six billes a quelque chose, quand elles correspondent à la conscience, qui diffère en genre de ce qu'il était précédemment, cela ne peut venir que d'une cause. Cette cause est un second coup de queue, qui est venu influencer les billes et modifier leurs positions respectives, ou mieux encore, une main qui les a reprises, pour les arranger arbitrairement suivant certaines figures.

La science accule ainsi l'école positiviste au fond d'un dilemme. Ou bien l'esprit et l'intelligence subissent entièrement le mouvement des molécules qui les produit, et ces molécules se meuvent avec une nécessité aussi automatique que celle qui entraîne la terre ; ou bien elles sont, en quelque partie au moins, disposées par l'intelligence ou par l'esprit. Si nous n'acceptons pas la première théorie, il nous faut bien admettre la seconde, car il n'y a point de troisième issue. Si l'homme n'est pas un pur automate, c'est que sa conscience ne résulte pas simplement des fonctions d'un organe physique, et qu'il y a en lui un élément étranger qui vient modifier l'autre. Il ne trahit sa présence qu'en agissant sur des objets matériels et qu'en modifiant des lois physiques ; mais cet élément est aussi distinct des choses qui nous permettent de le saisir, que le serait une main invisible, qui viendrait, au milieu des ténèbres, arrêter ou changer le cours d'une bille phosphorescente. Avons-nous une fois nié formellement que l'esprit soit une machine matérielle, un automate, dans le sens le plus rigoureux du mot ; nous avons, dans cette négation, affirmé un second monde immatériel, indépendant de la matière, agissant suivant des lois différentes. De ce monde, s'il existe,

on ne saurait toutefois donner aucune preuve naturelle, puisqu'il est *ex hypothesi* d'une région supérieure
à la nature.

Ainsi, dans l'une des théories, la vie de l'homme
comporte l'union de deux ordres de choses ; dans
l'autre, elle n'en admet qu'un seul, auquel elle appartient tout entière. Et, de ces théories opposées, ex-
clusives l'une de l'autre, le Dr. Tyndall et le positivisme moderne, avec lui, nous disent qu'ils « ne
rejettent ni l'une ni l'autre (1) ». Or, la position qu'ils

(1) La faiblesse et l'hésitation qui se trahissent dans les vues du Dr. Tyndall, sitôt qu'elles portent sur des sujets d'une importance universelle,
caractérisent si bien toute la pensée positiviste de nos jours, que je
trouve utile d'en donner un ou deux autres exemples. Après avoir proclamé hautement que la production de la conscience par la matière de-
meurera toujours un mystère, il annonce malgré cela qu'il espère qu'on
pourra néanmoins le résoudre. Il cite, en les approuvant, en développant les vues qu'elles contiennent et auxquelles il adhère, les paroles
suivantes de Ueberweg, qu'il déclare « une des têtes les plus puissantes
qu'ait produites l'Allemagne » : « Ce qui se passe dans le cerveau, dit
Ueberweg, ne serait pas possible, à mon avis, si le procédé qui apparaît
ici dans sa plus grande concentration, ne se reproduisait pas généralement
en des proportions toutefois plus restreintes. Mettez une paire de souris
auprès d'un panier de farine. Les animaux, étant copieusement nourris,
croissent et se multiplient ; et à mesure, les sensations et les sentiments
augmentent. La totalité de ceux qu'éprouvait le premier couple n'est pas
simplement diffuse dans les animaux qu'il a produits, car en ce cas le
dernier couple sentirait moins pleinement que le premier. Les sensations
et les sentiments doivent donc être rapportés à la farine, dans laquelle
ils existent, faibles et pâles sans doute, et non encore concentrés, comme
dans le cerveau. » « Nous ne pouvons, » ajoute en forme de glose le
Dr. Tyndall, « goûter ni sentir l'alcool dans une caisse de cerises en fer-
mentation, mais au moyen de la distillation, nous en tirons du kirsch
concentré. De là, cette comparaison que fait Ueberweg, du cerveau à
un alambic, où viennent se concentrer le sentiment et la sensation,
qui préexistent à l'état de dilution dans la nourriture. »

Comparons ce langage au suivant. « Ce n'est pas une explication, »

prennent n'a pas le sens commun. Il est impossible
de considérer la matière « comme ce mystérieux quel-

dit le Dr. Tyndall, « de dire que l'objectif et le subjectif sont les deux
côtés d'un seul et même phénomène. Pourquoi les phénomènes auraient-
ils deux côtés ? quantité de mouvements moléculaires ne se présentent
pas avec ces deux faces. Est-ce que l'eau pense ou sent, quand elle se
transforme en feuillages de glace sur les carreaux d'une fenêtre ? Si non,
pourquoi les mouvements moléculaires du cerveau seraient-ils asservis
à cette mystérieuse compagne qui s'appelle la conscience ? »

Nous avons ici deux manières de voir diamétralement opposées l'une à
l'autre ; l'une qu'on nous cite en l'approuvant, l'autre qui est propre au
Dr. Tyndall ; et c'est le même écrivain qui s'exprime ainsi dans le même
opuscule. Dans la première, la conscience est la propriété générale de
toute matière, comme le mouvement ; dans la seconde, la matière n'a plus
cette propriété générale, qui appartient, sans qu'on puisse l'expliquer,
au cerveau seulement.

Voici encore une inconséquence du même genre. Dans une page, le
Dr. Tyndall, nous dit que « quand on a étudié la physique et pénétré
dans ses profondeurs, un redoutable mystère se dresse encore devant nous.
On n'a pas fait un pas vers sa solution. Et le mystère persistera toujours. » A la page suivante il écrit : « Si l'on me demande si la science a
résolu, ou si elle arrivera à résoudre de nos jours le problème de l'univers, je ne puis que branler la tête en signe de doute. »

En outre, je rappelle au lecteur les arguments du Dr. Tyndall pour repousser l'idée d'un constructeur externe ou d'un créateur de l'univers matériel. Il soutenait qu'il ne pouvait y en avoir, par la raison que son action supposée ne serait pas présentable sous une forme définie. « J'aurais
à demander quelle forme il a, » dit-il, « a-t-il des bras ou des jambes ? Si
non, je voudrais qu'on me montrât clairement, comment un être qui
n'a pas ces avantages peut se tirer si bien du métier de constructeur ? »

Il met en demeure le théiste (celui auquel il s'adresse est le Dr. Martineau) de lui rendre compte de l'œuvre de son Dieu. « Qu'il le fasse, » dit-
il, « et je lui demanderai de me montrer immédiatement cette puissance en
exercice, de m'en offrir une représentation mentale déterminée. » S'il
y manque, le Dr. Tyndall prétend que rien n'est prouvé, car rien n'existe
qui ne soit ainsi présentable. Comparons ceci avec la manière dont il
traite le fait de la conscience. Il admet que la conscience n'est pas ainsi
présentable, et pourtant il reconnaît qu'elle existe.

On pourrait multiplier les exemples de cette incertitude et de cette
confusion dans les pensées, de cette impuissance féminine de s'attacher

que chose qui accomplit tout, » et de résoudre ensuite l'énigme capitale des choses par un nouveau mystère qui n'est pas matériel. Nous ne pouvons, à l'exemple des positivistes, rejeter la notion d'un constructeur externe du monde, et réclamer ensuite l'assistance d'un ordonnateur externe pour le cerveau. Les positivistes nous diront probablement qu'ils n'en font rien, et qu'ils n'y ont jamais songé. Et nous pouvons les croire, leur défaut étant de ne pas savoir ce qu'ils veulent dire. Je vais essayer de le leur montrer.

D'abord ce qu'ils entendent est un point sur lequel, comme je l'ai dit, tout le monde peut s'accorder. Ils entendent que la matière se mouvant sous l'influence de certaines lois (qui sont peut-être une partie, une parcelle de sa propre essence) se combine, pour former après bien des changements le cerveau humain : chacun de ces mouvements a une connexion déterminée avec la conscience et une correspondance définie avec ses états divers. Et ce fait est un mystère, bien qu'on

à la suite d'un raisonnement. Mais en voilà assez. Quelle valeur accorder à une philosophie qui, nous ayant dit que la conscience peut être une propriété inhérente à la matière, « qui se sert de l'instrument de la raison comme d'un alambic, » ajoute presque au même coup que la matière n'est certainement pas consciente, et que la conscience vient au cerveau, on ne sait ni d'où ni comment ? Que dire d'un homme, qui dans un passage, affirme que la science n'a pas la possibilité de résoudre l'énigme des choses, et qui nous dit tout de suite après, qu'il doute et qu'il ne peut savoir si cette impossibilité ne sera pas résolue dans une cinquantaine d'années ; qui soutient, que Dieu, étant un mystère, est par là même une fiction, pour admettre ensuite la conscience comme un fait et la proclamer pourtant un mystère ; qui dit enfin, que le fait de la matière qui produit la conscience étant un mystère, prouve que le mystère de la conscience agissant sur la matière est un fait ?

puisse demander lequel est le plus mystérieux d'une matière qui pense par elle-même, ou d'une matière qui se meut d'elle-même. En tous cas, admettons qu'il y ait accord unanime sur ce point ; quel que soit le mystère en question, il nous laisse dans l'ignorance, et non pas dans le doute. Le doute ne vient qu'après. Il ne s'agit plus alors de poser la question sur un fait ; le mystère étant le même dans les deux cas, il nous faut choisir entre deux hypothèses. La première ne voit dans la conscience qu'un seul ordre de puissances, la seconde en reconnaît deux. Quand l'école positiviste nous déclare qu'elle ne rejette ni l'un ni l'autre de ces deux ordres, elle veut dire qu'elle n'ose ni rejeter ni admettre ouvertement le second. Elle ressemble à ce timide enfant auquel on offre de reprendre du pudding, qui rougit, baisse les yeux et se sent incapable de dire ni oui ni non.

Or, voici la question que nous adressons à l'école positiviste : Pourquoi restez-vous ainsi en suspens? « Il y a, » dit le Dr. Tyndall, « une force de fer dans la logique, laquelle rejette le second ordre. » On peut même le supposer existant, sans expliquer pour cela le fait d'observation. En dehors de cette hypothèse, le système de la nature ne s'explique pas entièrement, il se comprendrait en tous cas plutôt sans elle qu'avec elle. Au point de vue des penseurs positivistes qui soutiennent que tout est matière, ce second ordre est sans doute trop superflu, trop insignifiant, pour qu'on se donne la peine de le nier. Toutefois, l'école positiviste se défend solennellement de le nier. Pourquoi cela? Elle n'en saurait prouver la non-existence ; ce n'est pas une raison pour professer avec tant de solennité l'ignorance où elle est de son existence. Nous ne saurions prouver qu'il ne se fait pas dans Sirius un bâton de sucre d'orge, toutes les fois qu'un cab descend Regent street, et je ne vois pas qu'on ait besoin de proclamer cette ignorance au monde entier. Pourquoi donc nos positivistes traitent-ils de la sorte le rôle immatériel supposé de la conscience ? Pourquoi cette protestation emphatique de leur part, déclarant possible l'existence d'un quelque chose, qui, dans les nécessités de leur science, est superflu, et, dans la logique de leur science, est impossible ? La réponse est claire. Leur science n'en a pas besoin, mais la valeur morale de la vie ne peut s'en passer. Et sur cette valeur, ils ont des conclusions prises d'avance qu'ils ne peuvent se résoudre à abandonner, et qui pourtant ne sauraient trouver place dans leur science. Deux alternatives s'ouvrent devant eux. Admettre que la vie n'a pas la signification qu'ils croyaient, ou que leur système n'a pas la compétence qu'ils lui attribuaient ; et de ces deux alternatives ils ne veulent accepter ni l'une ni l'autre. Ils devraient nous dire, « avec la force de fer de la logique, » que toute souffrance humaine est aussi involontaire, aussi insignifiante que le mal de mer ; que l'amour et la foi ne sont que des distillations de ce qui existe en dilution dans la bière et dans les côtelettes de mouton ; que la voix de celui qui criait dans le désert n'était autre chose, qu'une métamorphose automatique de sauterelles et de miel sauvage. Ils devraient nous dire, « avec la force de fer de la logique, » que toutes les pensées, toutes les luttes morales de l'humanité, ne sont que les frottements et les grincements de la machine, laquelle, si elle était mieux ajustée, pourrait à l'avenir accomplir en silence ses évolutions. Mais ils comprennent que si l'homme venait à découvrir que sa vie n'est rien de plus, il en résulterait chez lui un changement absolu dans le mécanisme, ce qui modifierait en conséquence toute son action. Ils cherchent donc un refuge, en disant qu'il se peut que la vie soit autre chose. Mais qu'entendent-ils par *il se peut?* Veulent-ils dire, qu'en dépit de tout ce que la science peut leur apprendre, qu'en dépit de cette uniformité absolue et omniprésente qu'elle leur révèle, qu'elle impose de jour en jour avec plus de vivacité à leur imagination, et qu'elle leur montre comme ayant tout envahi, sans laisser de place à quoi que ce soit ; veulent-ils dire, que malgré tout cela, il peut encore y avoir un second quelque chose, un pouvoir d'un ordre différent, qui agit sur le cerveau et qui lutte avec ses mouvements automatiques? Veulent-ils dire que cette *grossière* et *païenne* conception d'une âme est probablement, après tout, la seule vraie? Il faut absolument qu'ils veuillent dire ceci, ou bien qu'ils disent exactement le contraire. Pas de troisième issue pour eux (1).

(1) L'école positiviste, nous le reconnaissons, se plaît à enseigner que, sur cette question, l'attitude qui convient est celle de l'agnosticisme ; en d'autres termes qu'il n'y a de raisonnable qu'un état où l'on se tient en suspens à cet égard. On leur demande : avez-vous une âme, une volonté et par conséquent une responsabilité? Ils répondent qu'ils ne peuvent que branler la tête en signe de doute. Ils nous disent bien que c'est comme *hommes de science* qu'ils branlent la tête. Mais le Dr. Tyndall

Leur opinion, du moment qu'ils en forment une, sera nécessairement extrême en ceci ou en cela. Ils doi-

nous apprend ce que vaut cette confession. « Si le matérialiste est confondu, » nous dit-il, « si la science est réduite au silence, qui donc est prêt à répondre ? Courbons la tête et reconnaissons notre ignorance, prêtres et philosophes, c'est tout un. » Pareillement, en ce qui tient au sentiment que d'autres regardent comme celui de la présence et de la majesté de Dieu, il dit que « pour l'homme de science, c'est le sentiment d'une puissance qui donne à son existence sa plénitude et sa force, mais qu'il ne peut ni l'analyser ni le comprendre. » Ce qui signifie que ce sentiment, par cela même qu'un spécialiste en physique ne peut l'analyser, n'est pas susceptible de l'être. Un évêque pourrait avec autant de raison tenir le même langage à propos d'un verre de Porto, et soutenir avec tout autant de force, que c'est un élément premier et simple. Ce qu'il entend dire c'est que les faits du matérialisme sont les seuls dont nous puissions avoir la certitude, et comme on n'y trouve pas de direction morale, l'homme en conséquence ne saurait en avoir aucune.

Mettons ce cas en lumière par un exemple mentalement présentable. Une fille perdue, dirons-nous, accablée par le sentiment de sa dégradation, vient trouver le Dr. Tyndall et lui expose son état. « J'ai appris, lui dit-elle, que vous êtes un homme très savant, et que vous avez prouvé que le prêtre qui m'a préparée il y a un an à recevoir la confirmation, se trompe du tout au tout. Maintenant, dites-moi, je vous en prie, si, comme on m'a enseigné à le croire, mon état est réellement désespéré. Mon corps, dont on a fait le temple du Saint-Esprit, est-il déshonoré ? Ou bien ne dois-je avoir pas plus de respect pour lui que pour le théâtre de l'Alhambra ? Suis-je coupable et dois-je m'exciter au repentir ? Ou bien ne le suis-je pas et dois-je continuer de marcher comme il me plaira ? » — « Ma chère fille, » lui réplique le Dr. Tyndall, « je ne puis que branler la tête en signe de doute. Allons ! courbons nos fronts et reconnaissons notre ignorance sur ce point, de savoir si vous êtes une misérable ou non. Le matérialisme est confondu et la science est réduite au silence par des questions comme les vôtres. Jamais on ne pourra y répondre, elles resteront toujours pendantes. Je puis ajouter toutefois, que si vous me demandez si personnellement je vous considère comme dégradée, je penche vers l'affirmative. Mais je ne saurais vous donner aucune raison à l'appui de ce jugement, en sorte que vous pouvez n'y accorder que la valeur qu'il vous plaira. »

Voilà bien la situation des agnostiques, quand on les met face à face avec le monde. Ils ne manquent de décision que pour une question, et

vent bien voir, en leur qualité de penseurs exacts et
scientifiques, que s'il n'est pas certain pratiquement
qu'il y ait en nous une entité surnaturelle, il est pratiquement certain qu'il n'y en a pas. Dire tout simplement qu'elle peut exister, c'est mettre une once sur le
plateau d'une balance, quand il y a une tonne dans
l'autre. C'est une concession insignifiante et mort-née.
Ils entretiennent la question de son existence uniquement parce que cette existence est essentielle à l'homme
en tant qu'être moral. La raison qui nous engage à dire :
Il se peut, nous oblige en même temps à ajouter : *Cela
doit être et cela est.* Quelle réponse choisira l'école
positiviste, quelle sera celle que notre génération ac-
ceptera? Je n'essaierai point de le dire. Mon seul but
est de montrer que si l'homme possède un être moral
quelconque, il le possède en vertu de sa volonté immatérielle, de cette force, de ce quelque chose dont
la science physique ne peut rendre aucun compte et
qu'elle n'a pas l'ombre d'autorité pour affirmer ou pour
nier ; de plus, que si la science ne peut nous empêcher

c'est la seule qui ne puisse s'en passer. On ne saurait pas plus demeurer
agnostique sur la croyance dont les actions dépendent, qu'un homme
qui est contraint de poursuivre sa route ne peut s'abstenir de choisir
un chemin ou un autre, quand il en a deux devant lui. Et il importe peu
que notre croyance ne puisse, dans l'un ou dans l'autre cas, arriver à
une entière certitude. Il suffit que la balance de la probabilité penche
d'un côté ou de l'autre. Deux onces emporteront une once aussi sûrement que le ferait une tonne. Mais ce que nos philosophes font profession de nous enseigner (en tant qu'ils se déclarent agnostiques et repoussent le titre de dogmatistes) c'est qu'il n'y a pas de balance du tout.
Le message qu'ils nous donnent à bout portant c'est qu'ils n'en ont pas,
et que puisqu'ils en sont dépourvus, le monde est dans le même cas.

d'affirmer la volonté immatérielle de l'homme, elle ne peut pas nous défendre non plus d'affirmer une immortalité, et, avec elle, l'existence de Dieu.

J'arrive maintenant à ce troisième point dont j'ai dit que j'aurais à m'occuper, et auquel je n'ai pas encore touché. Quiconque raisonne logiquement et admet le pouvoir de la volonté, doit admettre non seulement la possibilité des miracles, mais leur occurrence de tous les jours, de toutes les heures. Chaque manifestation de la volonté humaine est un miracle, dans le sens le plus strict du mot : seulement, il est du domaine privé et ne dépasse pas les limites étroites du cerveau. Les molécules du cerveau sont arrangées et ordonnées par un agent surnaturel. Leurs mouvements naturels automatiques y sont suspendus, dirigés ou dérangés. Dans l'usage ordinaire, le mot *miracle* a sans doute un sens plus restreint. On l'applique généralement à l'action de la volonté non pas de l'homme, mais de Dieu. Dans les deux cas pourtant le sens est exactement le même. On conçoit que la volonté de Dieu trouble les mouvements automatiques de la matière en dehors d'un crâne, de la même manière qu'on comprend que la volonté humaine trouble les mouvements intérieurs du cerveau. Et les manifestations supposées du premier ne font pas plus violence à l'imagination scientifique que celles du dernier ; aux yeux de la raison elles ne sont pas plus impossibles. L'érection d'une pyramide d'Égypte à la volonté d'un monarque ne troublera pas moins le cours de la nature que l'enlèvement d'une montagne par la foi d'un pêcheur galiléen ; l'inondation du Sahara, qui peut se produire à la volonté d'une société de spéculateurs, dérangera bien plus les conditions atmosphériques en Europe, que n'a jamais espéré le faire le plus croyant des hommes, en obtenant une réponse à ses prières.

Aussi voit-on, qu'en ce qui regarde la science, la moralité et la religion sont exactement sur le même pied ; c'est une seule et même chose ; attaquées par la science, elles doivent résister ou tomber ensemble. On verra aussi que la force de la science contre elles ne réside pas en elle-même, mais provient d'un point d'appui intellectuel que nous lui prêtons. Qu'avec ses méthodes elle n'en puisse aucunement trouver la trace, cela ne prouve rien en soi, à moins que nous n'ayons d'abord établi comme un dogme que ses méthodes de découverte sont les seules qui existent. Si nous sommes disposés à nous en tenir à ce dernier point, il n'y a plus grand chose à dire. Il devient de plus en plus clair que tout le reste se réduit à un simple procédé ; et tout ce que nous pourrons dire contre la religion reviendra à ceci : Il n'y a pas de surnaturel parce que tout est naturel ; pas d'esprit, parce que tout est matière ; comme on dirait : Il n'y a pas d'air parce que tout est terre, pas de feu, parce que tout est eau. Une rose n'a pas d'odeur parce que nos yeux n'en découvrent pas.

Tel est dans sa forme la plus simple l'argument prétendu du matérialisme moderne. D'argument toutefois, il est clair qu'il n'y en a pas. C'est une simple affirmation dogmatique qui ne peut logiquement rendre compte d'elle-même, et qui ne peut compter pour se faire accepter que sur le vague sentiment d'un monde qui la trouve à sa convenance. Le monde moderne, à la vérité, l'a prise pour un argument et s'est ainsi laissé impressionner, mais c'est une simple méprise, et dont on peut aisément se rendre compte. Le dogmatisme de la négation ne fut d'abord qu'une rébellion informe, inconsistante et vulnérable en mille endroits. La nature, telle qu'on la connaissait alors, était pour quiconque en appréciait les merveilles, une chose inexplicable sans une intervention surnaturelle, dont on pouvait d'ailleurs trouver partout les traces. Aujourd'hui, tout a changé. Pas à pas, la science est arrivée à débrouiller l'écheveau, et de ses doigts humains, elle a dénoné des nœuds qui semblaient autrefois *Deo digni vindice*. Elle nous a mis en demeure de voir dans la nature une machine parfaite, qui n'a point besoin d'un secours extérieur. Elle a fait une conception raisonnable et cohérente de choses autrefois absurdes et arbitraires. La science a fait tout cela, et c'est tout ce qu'elle a fait. Elle a laissé le dogmatisme de la négation tel qu'elle l'avait trouvé, invérifié et invérifiable, se contentant de le rendre conséquent avec lui-même. Mais en cela, comme on arrivera bientôt à le reconnaître, elle a fait beaucoup plus que n'entendaient ses principaux représentants. Expliquée par la science, la nature n'est plus qu'un grand automate, et l'homme, avec ses moyens et ses œuvres, n'en est plus qu'une portion ; aucun artifice de la pensée ne saurait l'en détacher ni le mettre au-dessus d'elle. Il est tout automatique, comme un arbre, comme une fleur, aussi incapable qu'eux de toute responsabilité, de toute portée surnaturelle. Nous voyons donc ici les limites réelles de la science. Elle nous expliquera bien, à la vérité, les faits de la vie, mais elle n'expliquera pas la valeur que nous lui avions attribuée. Cette solennelle valeur est-elle un fait ou une fantaisie? En matière de preuve ou de raison, nous pouvons répondre d'une façon ou de l'autre. Nous sommes en face de deux affirmations qui se contredisent, et entre lesquelles l'argumentation ne saurait nous imposer un choix; nous n'avons ici pour arbitre qu'un jugement fondé sur une base tout à fait étrangère. En fait de preuve, la question est de nature à n'en pas admettre. Le monde des faits moraux, existât-il un millier de fois, ne nous donnerait pas plus de preuves de son existence que nous n'en avons. Si pour d'autres motifs nous croyons qu'il existe, dès lors les signes, sinon les preuves de son existence, nous entourent de toutes parts. Mais que nous cessions de croire à sa réalité, et sur l'heure s'évanouit tout l'assemblage de ses témoignages. Demander pour la science une preuve qui puisse la convaincre sur ses prémisses mêmes, c'est demander l'impossible et s'envelopper dans les termes d'une contradiction. La science n'est possible que dans la supposition d'une nature uniforme. La moralité ne l'est qu'en supposant que cette uniformité est modifiée par la volonté. Le monde de la morale est aussi distinct de celui de la science, que le vin l'est du vase qui le contient. Dire qu'il n'existe

pas, parce que la science n'en trouve aucune trace, c'est
dire qu'un oiseau n'a pas traversé un désert, parce
qu'il n'a pas laissé d'empreinte sur le sable. Il en est
de la religion comme de la morale. La science nous
laisse libres ici de nier ou d'affirmer l'une et l'autre.
La raison ne nous permet pas de nier ou d'affirmer
l'une sans l'autre.

CHAPITRE X.

LA MORALE ET LE THÉISME NATUREL.

Credo quia impossibile est.

Quand on envisage avec calme quel peut être l'avenir
de la pensée humaine, on doit conclure, de ce que
nous venons de voir, que par elle-même la science
physique n'est guère en mesure de le régler ni de
l'entraver, et que l'homme, à moins de renoncer à croire
à la vertu et à sa propre dignité, ne pourra s'opposer
au progrès de la foi religieuse, lorsque des influences
nouvelles en ramèneront l'épanouissement. Il nous reste
pourtant encore de graves difficultés sur cette matière.
Nous avons bien compris, je suppose, que la science,
du moment que nous sommes des êtres moraux, ne
peut rien contre la croyance en Dieu ni contre celle de
l'immortalité, et qu'elle nous laisse toujours la liberté
d'y croire, si nous le voulons. Toutefois, une évidence
de plus en plus claire semble nous montrer que ces
croyances sont en opposition et sont incompatibles avec
les sentiments moraux, en faveur desquels on les in-

voque et qu'elles ont à développer. La raison vient nous poser ici ses objections et c'est une difficulté sérieuse d'y répondre. Elles portent même sur la religion naturelle, dans sa forme la plus vague et la moins gênante, mais elles acquièrent une force moitié plus grande, quand on en fait l'application à l'une des formes de l'orthodoxie. Il résulte de ce que nous avons vu jusqu'ici, que s'il y a un monde moral, la connaissance que nous avons de la nature ne contient rien d'incompatible avec le théisme ; il nous reste à examiner à quel point le théisme est compatible avec nos conceptions du monde moral. En abordant ces difficultés, nous les considérerons seulement pour le moment dans leurs rapports avec la religion en général, et non pas avec une de ses formes spéciales. Nous réserverons, pour en parler à part, la situation de l'orthodoxie. Par convenance, je prendrai toutefois, comme étant le symbole de toute religion, les enseignements vagues et généraux du christianisme ; je ne veux pas les produire comme des doctrines révélées d'en haut, mais comme de simples développements de la conscience religieuse de l'humanité.

Pour en venir donc aux grandes difficultés premières, elles affectent des formes diverses, mais je les ramènerai toutes à deux principales : l'existence du mal en regard de la puissance de Dieu, et la liberté de la volonté humaine en regard de la volonté divine. Et sur ce sujet, je m'efforcerai de montrer, non pas qu'elles cessent d'être des difficultés, peut-être même des difficultés insolubles, mais bien qu'elles ne proviennent ni de la religion ni du théisme, et qu'on aurait beau renoncer au théisme on ne réussirait pas pour cela à y échapper. Elles ne viennent pas de la croyance en Dieu ni de la croyance aux châtiments et aux récompenses de la vie future ; elles existent par cela seul qu'on croit à la loi morale et à la vertu ; elles sont communes à tous les systèmes qui reconnaissent la valeur de la vertu.

On ne saurait mieux exposer la façon dont on envisage ordinairement ce sujet, qu'en rapportant ici ce que dit J. S. Mill des raisonnements antireligieux de son père. Il regardait la religion, nous dit-il, « comme la grande ennemie de la morale, d'abord, parce qu'elle établit des perfections fictives, — la croyance à des symboles, le sentiment de la dévotion, et des cérémonies qui n'ont aucun rapport avec le bien de l'humanité, — et qu'elle les fait accepter à la place des véritables vertus : principalement encore, parce qu'elle vicie radicalement le type de la morale, en le faisant consister à faire la volonté d'un être auquel on prodigue tous les termes de la flatterie, tandis qu'on le représente en réalité comme souverainement haïssable. Je lui ai entendu dire cent fois que toutes les nations ont fait leurs dieux mauvais, que dans cette voie, l'exagération est allée toujours en croissant, que le genre humain a toujours ajouté de nouveaux traits en ce sens, jusqu'au jour où s'est trouvée réalisée la plus parfaite expression du mal qu'il soit possible à l'esprit d'imaginer ; et les hommes ont donné à ce type le nom de Dieu et se sont prosternés devant lui. Il voyait le *nec plus ultra* du mal se personnifier dans ce qu'on présente communément à l'humanité comme le symbole du christianisme. Songez donc, disait-il souvent, qu'un être a voulu faire un enfer, qu'il a voulu créer la race humaine avec l'infaillible prescience, et avec l'intention formelle, par conséquent, de condamner la grande majorité de ses membres à des tourments horribles et sans fin. » James Mill, ajoute son fils, savait parfaitement que les chrétiens n'étaient pas en fait aussi démoralisés par cette monstrueuse croyance, qu'ils auraient dû l'être s'ils avaient été logiques et conséquents. « La faiblesse de leur pensée, disait-il, l'abjection de leur raison en présence de ces craintes, de ces désirs et de ces affections, les rendant capables d'accepter une théorie dont les termes impliquent une contradiction, les empêche aussi de voir les conséquences logiques de cette théorie. »

Or, malgré ce qu'il y a de violent et d'exagéré dans cette diatribe, ce passage exprime indubitablement une grande vérité que je me propose d'envisager tout à l'heure. Mais il renferme en même temps une erreur caractéristique, dont nous avons à le dépouiller tout d'abord. On y représente Dieu comme ayant fait l'enfer, avec l'intention expresse d'y jeter nécessairement les hommes, et son caractère odieux se révèle principalement dans cette cruauté capricieuse et puérile. Une pareille représentation n'en est pas moins essentiellement fausse. Elle ne manque pas seulement de vérité au point de vue de l'enseignement chrétien, elle le contredit absolument. Le Dieu des chrétiens n'a point fait l'enfer, encore moins y jette-t-il les hommes de propos délibéré. Ce sont les hommes qui le font : l'essence des tourments de l'enfer consiste dans la perte de Dieu, et ceux qui perdent Dieu, le perdent par leurs actes, en se rendant de leur plein gré incapables de l'aimer. Dieu ne veut jamais la mort du pécheur. Elle résulte toujours de la volonté même du pécheur.

Donc, toute cette rhétorique à laquelle on se livre sur la méchanceté et la malveillance de Dieu, porte entièrement à faux ; elle ne touche en rien à la difficulté que James Mill a en vue. Sa grosse difficulté est tout simplement celle-ci : Comment une volonté infinie, qui règle toutes choses, peut-elle laisser place à une volonté finie qui n'est pas en harmonie avec elle ? La seule perplexité que nous révèle encore ce passage tient à l'existence de conditions malheureuses qui viennent entraver la volonté finie, déjà si faible et si vacillante.

Or ces difficultés, fussent-elles aussi grandes que les supposait James Mill, nous aurions à remarquer qu'on ne se place pas pour les envisager sur le terrain où elles reposent. Ce sont des difficultés purement intellectuelles, et nullement des difficultés morales. Mill dit avec raison qu'elles renferment une contradiction dans les termes. Mais en quoi consiste-t-elle ? Mill prétend qu'on fait d'un Dieu mauvais l'objet d'un culte moral. La contradiction n'est pas là ; elle se présente, lorsque, en dépit de tout le mal qui existe, on affirme que l'auteur de tous les êtres n'est pas mauvais.

Et Mill, en outre, n'a pas raison de dire que cette contradiction tient à une faiblesse de pensée. La théologie l'accepte, les yeux bien ouverts, elle ne tente pas d'expliquer l'inexplicable, et elle en agit de même quand il s'agit de la volonté humaine. Elle ne s'engage point à tout éclaircir, à donner à la pensée le pouvoir d'enfermer dans un cercle tout l'univers. Au contraire, elle proclame avec énergie que ses premiers axiomes sont incompréhensibles, et sa plus fameuse devise philosophique est celle-ci : « Je crois parce que c'est impossible. »

Que peut-elle donc dire quand les rationalistes l'attaquent au nom de la morale? Elle ne se fait point illusion sur sa situation, mais elle montre à ses adversaires que la leur est réellement la même. Qu'ils donnent à leur morale la base qu'ils voudront, elle leur fera voir qu'ils ne peuvent avoir une conception des choses, sans rencontrer la même contradiction dans les termes. Si le bien a quelque valeur spirituelle, s'il est, en d'autres termes, ce qu'on le suppose dans tout système moral, on a tout autant de peine à comprendre l'existence du bien en face du mal, que celle de Dieu lui-même. La valeur du bien moral, suppose-t-on, consiste en ce qu'il nous met en rapport avec quelque chose qui vaut mieux que nous. — « C'est un courant, qui nous entraîne vers la perfection. » Mais si ce courant n'est pas un Dieu personnel, qu'est-il donc? — Est-ce la nature? La nature, nous l'avons déjà vu, tombe sous les mêmes objections que Dieu. Elle est également coupable de tout le mal qu'elle renferme. Est-ce la vérité? La vérité pour elle-même? Nous avons encore vu qu'il n'en est rien. C'est donc la nature humaine distincte de la nature, l'homme, distinct des individus et plus saint qu'ils ne le sont. De tous les remplaçants qu'on veut donner à Dieu, voilà bien, à première vue, celui qui semble promettre le plus, qui est, en tous cas, le plus pratique. Mais indépendamment de toutes les objections que nous avons déjà examinées en détail, on ne tarde pas à rencontrer ici encore la même incompatibilité, la même contradiction dans les termes. Le fait du mal moral nous tient toujours tête, et l'humanité vers laquelle ont monté nos cœurs en est encore responsable. Mais nous allons séparer peut-être dans l'humanité le bien du mal, et rendre un culte au premier seulement, lequel travaille à s'affranchir du dernier. Nous n'en serons guère plus avancés. Si, dans ce que nous appelons l'humanité, nous ne prenons que la partie bonne, nous n'en maintenons la bonté qu'aux dépens de la puissance. Le mal a pour le moins la partie égale, et dans presque toutes les batailles, c'est à lui que reste la victoire. Or, concevoir le bien de la sorte, c'est vraiment en détruire la conception. La bonté n'est en soi qu'une notion incomplète, c'est seulement une des facettes de cette figure qui, abordée par d'autres côtés, se révèle comme éternité, comme omniprésence et surtout comme souveraine puissance. Réduire le bien à cette faible part qui ne réside que sur les sommets de l'humanité, en faire une flamme incertaine et vacillante, qui tremble et pâlit continuellement, qui ne brille tout au plus qu'un moment, et qui, dans son plus grand éclat, ne projette aucune lumière au delà de la pauvre province de ce monde, c'est lui ôter toute signification et toute prise sur nous. Mais nous voyons les choses autrement, nous diront les positivistes, nous croyons et nous puisons des forces dans cette croyance, qu'un jour dans l'humanité le bien remportera la victoire, qu'un plus haut avenir, auquel nous aurons part en le préparant, attend le genre humain : voilà peut-être, du moins sur ce point, une conception plus harmonieuse. Eh bien, puisque nous envisageons notre race dans son ensemble, la perspective d'un avenir plus brillant pourra-t-elle effacer le passé? Les profondeurs et les ombres de la nuit ne deviendront-elles pas plus sinistres à la lueur de ces éclairs? L'histoire de l'humanité ne va-t-elle pas se dresser plus visiblement encore, comme le spectre personnifié d'une immense injustice? On aura beau nous dire que c'en est fait des douleurs du passé, qu'elles sont ensevelies dans la mort, et qu'à la lettre, le mal paraîtra comme s'il n'avait jamais été. Eh bien, si dans un court espace de temps, le bien doit avoir le même sort, nous aurons beau faire peu de compte d'un passé chargé de crimes et d'afflictions, il nous faudra tenir en pareille estime cet avenir joyeux et exempt de péchés.

Arrivons maintenant à des points secondaires. Les adversaires du théisme ou de la religion en général ne cessent de l'attaquer sur sa théorie de la vie future. Ils trouvent à chaque pas des pierres d'achoppement dans les récompenses et dans les peines éternelles. Ils regardent le bonheur de la vie future comme une promesse qui n'a pas de sens, et l'avenir d'une vie de malheur, comme une menace indigne et brutale. Si nous ne prenons pour guides que la raison et l'observation, nous n'oserons dire que leurs reproches soient injustes. Si nous croyons au ciel, nous avons une croyance que l'imagination est impuissante à saisir. Si nous croyons à l'enfer, c'est une croyance qui révolte notre sens moral; admettons que l'enfer ne soit que la perte consciente de Dieu, et que ceux qui le perdent se font à eux-mêmes leur enfer; cette perte, si elle dure éternellement, demeure dans la somme des choses comme une infirmité, comme une tache éternelle; c'est l'éternelle protestation d'une puissance hostile et dépravée contre la souveraine puissance.

Impossible d'échapper à ces difficultés. Tout ce que nous avons à faire ici, comme dans le premier cas, c'est de montrer qu'elles ne sont point particulières aux doctrines auxquelles on les attribue généralement; qu'on ne saurait davantage les séparer de celles qu'on veut mettre à leur place. Nous nous bornons à les présenter comme inévitables et n'avons point la prétention de les résoudre. Si nous condamnons comme incompréhensible la croyance au ciel; pour le même motif, comme nous l'avons déjà vu, il nous faut condamner celle qui rêve une utopie sur la terre, dont l'objet doit, nous dit-on, remplacer le ciel dans nos espérances. Quant à la seconde question, celle du châtiment éternel, nous pourrions assurément nous débarrasser d'une difficulté, en adoptant la doctrine d'une réintégration finale. Mais cette difficulté écartée, nous en trouverions une autre tout aussi grande. La conception d'un éternel désaccord dans l'état des choses cessera bien de choquer notre sens moral, mais nous nous heurterons à un fatalisme qui supprimera tout notre être moral. Si nous devons tous finalement arriver au même but, si c'est inévitable, il est clair que dans le choix que nous devons faire, nous n'avons plus qu'une liberté purement apparente. Mr. Leslie Stephen, ce semble, l'a bien compris. Quand une fois on a donné à la moralité sa signification spirituelle et surnaturelle, il estime, « qu'il y a une nécessité logique et fondamentale qui l'impose (cette croyance à l'enfer) et la relie indissolublement aux articles premiers de la foi. Un pareil système de rétribution, » ajoute-t-il, « est créé spontanément par la conscience... Le ciel et l'enfer sont des corollaires qui se posent ou qui tombent ensemble. Quel que soit le sens de l'αἰώνιος, la redoutable émotion qu'on y symbolise est éternelle ou indépendante du temps, au même titre que l'émotion du bonheur *extatique*. » Il voit cela clairement, mais ce qu'il y a d'étrange, c'est qu'il ne voit pas l'autre face de la médaille. Il comprend que la conception chrétienne de la morale rend nécessaire l'affirmation de l'enfer, il ne voit pas que la négation de l'enfer entraîne celle de la morale chrétienne, et qu'en appelant, comme il le fait, la première croyance un rêve, on range également la seconde parmi les rêves.

Nous ne saurions fermer les yeux sur aucune de ces difficultés. La seule façon de tenir tête à leur puis-

sance, c'est de ne pas les méconnaître, mais de les
embrasser dans leur plénitude, de bien comprendre
que si nous leur permettons d'enlever quelque chose,
elles ne tarderont pas à tout prendre, qu'il nous faut
leur mettre le pied sur la gorge, si nous ne voulons pas
qu'elles nous en fassent autant ; qu'il faut enfin les
regarder de haut, car alors même qu'on ne les pénètre
pas de part en part, on peut les réduire à l'impuissance ; et si nous ne le faisons pas, elles seront bientôt
toutes-puissantes.

Mais nous avons à les aborder maintenant sur le
point où elles ont le plus de force ; ce point ne dépend
d'aucune croyance spéciale à la religion ou à la morale ;
il gît à de plus grandes profondeurs, et pour le supprimer, il faudrait supprimer et la morale et la religion. Il s'agit d'une croyance à laquelle nous avons
déjà touché sous certain point de vue — la croyance
à notre libre arbitre. Mais nous ne l'avons envisagée
que dans ses rapports avec la science physique. Il nous
reste à la considérer en elle-même.

Quelle est donc, demanderons-nous, la nature de
cette croyance ? Jusqu'à certain point la réponse est
facile. Quand nous parlons d'ordinaire de ce libre arbitre ou que nous y songeons, nous savons très bien
ce que nous entendons par là, et tous et chacun, nous
entendons exactement la même chose. Il est vrai que
des professeurs, en traitant la question, font des efforts
sans nombre pour distinguer entre le sens qu'ils y
trouvent et celui que le monde y attache. Dans leurs
études et dans leurs cabinets, ils peuvent s'appliquer

un moment à déformer ou à confondre dans leur esprit la façon de voir ordinaire. Mais que le professeur ait oublié une fois sa théorie, qu'il ait à lutter avec les importunes et froides réalités de la vie ; qu'il ait à se plaindre de sa femme de charge, qui a égaré ses lunettes ou son bonnet, ou qui, trop occupée de sa Bible, n'a pas su mélanger convenablement son gruau ; et surle-champ, il en reviendra à la conception universelle du libre arbitre ; et la bonne femme apprendra trop bien que, sur ce sujet, son maître a des convictions exactement semblables aux siennes. Partout évidemment, dans la vie qui nous environne, dans les jugements sociaux et moraux sur lesquels s'est élevé l'édifice de la société, dans les jugements personnels qui influent si largement sur les sympathies et les antipathies ; partout, dans la conduite, dans le sentiment, dans l'art, dans le langage et dans la loi, nous voyons se traduire visiblement et ostensiblement la croyance commune au libre arbitre. Il n'est pas de croyance peut-être, à laquelle, dans ses vues pratiques, l'homme attache une signification si claire et si importante.

Tel est le libre arbitre, quand on le voit à distance. Mais regardons-le de plus près et voyons ce qu'il en advient alors. Le résultat est étrange. On dirait un sentier qu'on aperçoit le soir au travers d'une lande, qui demeure visible et distinct tant qu'on en est assez éloigné, mais qui s'efface graduellement aux regards, à mesure qu'on en approche ; ainsi en est-il de la croyance au libre arbitre, elle semble disparaître sous le regard immédiat de la raison. Elle devient brumeuse

tout d'abord, et finit par ne se plus distinguer. Au
premier moment, on découvre qu'on ne sait pas au juste
ce qu'elle signifie ; on finit par se convaincre, qu'avec
les seules données de la raison, on arrive à ne lui
trouver plus aucun sens. Examinés de la sorte, tous
les actes de notre vie, tous nos choix, toutes nos préférences, deviennent le résultat nécessaire de certains
antécédents. Il y a bien à la vérité des circonstances
où les motifs de préférence sont d'une valeur tellement
égale, que notre volonté parait être le seul poids qui
fait enfin pencher la balance. Mais si nous analysons les
choses avec un peu plus de soin, nous verrons qu'il y
a là des centaines de motifs microscopiques, trop petits
pour que nous en ayons pleinement conscience, et qui
cependant, dans le règlement de la question, exercent
réellement une influence décisive. Ce n'est pas tout.
Si nous poussons plus loin, la raison nous dira que cela
doit être. Autrement, nous aurions agi différemment.
Sans doute, quand on admet ainsi que la seule règle de
nos actions doit être le motif le plus puissant, on pourrait soutenir que la volonté a le pouvoir d'intensifier
le motif qu'elle choisit, et qu'ainsi les motifs ne sont,
à vrai dire, que des outils entre ses mains. Mais on ne
fait que reculer la difficulté, on ne la résout pas. Qu'est-
ce que le libre arbitre, quand il en vient à faire usage
de ces outils ? Quelque chose que notre esprit se refuse
à concevoir. Contrairement à toutes les analogies de la
nature, c'est un principe qui produit constamment des
causes et qui lui-même n'est jamais produit par aucune.

N'espérons pas échapper à cette difficulté. Tous les siècles l'ont tenté et tous y ont échoué. Il n'a pas manqué de gens habiles en métaphysique, qui ont essayé de faire du libre arbitre une conception admissible au point de vue intellectuel. Mais tous ont laissé la question au point où ils l'avaient trouvée, ou bien, s'ils ont eu l'air d'en donner une explication, ils ont nié tacitement le fait même qui a vraiment besoin d'explication.

Tel est le libre arbitre, quand on l'examine au point de vue de la raison naturelle. On le voit au premier abord se dérober dans la brume; il finit bientôt par se réduire à rien. Un moment en effet, nous pouvons croire qu'il n'y a plus rien. Éloignons-nous à quelque distance, et le fantôme que nous avons cru exorcisé reparaît à l'instant. Voici de nouveau le sphinx, aussi distinct, aussi visible que jamais, tenant la balance du bien et du mal à la main, nous demandant de nous prononcer sur tous les actes humains et de leur donner une bénédiction ou une malédiction. Et nous voilà encore une fois certains, plus certains que de tout au monde, que nous sommes bien, comme nous l'avons toujours pensé, de libres agents, libres de choisir ou de refuser, et de plus, en vertu de cette liberté, et d'elle seule, responsables de ce que nous sommes et de ce que nous faisons.

Tenons bien compte de ce point. Songeons que le libre arbitre est une nécessité morale, qu'ensuite il se présente comme une impossibilité intellectuelle, qu'enfin, malgré cette impossibilité, nous continuons, sans nous en rapporter à notre intelligence, à y croire parce

que nous sommes des êtres moraux. Comprenons bien
ce que nous faisons ainsi, ce que fait et ce qu'a toujours
fait le genre humain, et les difficultés que soulève le
théisme cesseront de nous ébranler. Nous y serons préparés et nous nous tiendrons prêts, sinon à les écarter,
du moins à tolérer leur présence. Si malgré ma raison, je puis croire à la liberté de ma volonté, je puis
bien croire aussi malgré elle que Dieu est bon. La
dernière croyance n'est pas à beaucoup près si difficile
que la première. Les grosses pierres d'achoppement se
trouvent, dans le monde moral, au seuil même qu'il
faut passer pour y entrer (1).

Telles sont donc à vrai dire les difficultés morales
qui assiègent le théisme ; mais il y en a d'autres d'une
nature plus vague, auxquelles il faut donner un coup
d'œil. Il est quelque peu difficile de savoir comment
les classer, mais nous resterons dans le vrai, en disant
que celles dont nous nous sommes occupés font appel
à l'intelligence morale, tandis que celles qu'il nous reste
à voir s'adressent à l'imagination morale. Les faits
dont elles dépendent entrent au point de vue pratique dans les nouvelles découvertes du monde moderne. C'est le peu d'importance de la terre, en comparaison de l'univers, dont elle fait manifestement
partie intégrante, mais insignifiante ; c'est l'immense
période, pendant laquelle l'homme a existé sans avoir
eu d'histoire religieuse, sans avoir été même, dans les
données du moins de certaine science, un être religieux ;

(1) Voir sur ces questions des peines éternelles et du libre arbitre,
la note C de l'Appendice.

c'est enfin l'état dans lequel se trouve encore la plus grande partie de notre race, qui vit dans une stagnation où elle touche à la barbarie. Se peut-il, nous demandons-nous, qu'un Dieu, qui a tant d'étoiles à gouverner, puisse s'occuper de notre pauvre terre et en faire le théâtre d'événements plus extraordinaires que la direction des innombrables systèmes du monde? Se peut-il que, dans la fourmilière insignifiante et vicieuse qui s'y nourrit, chaque individu, le Bojesman, le Chinois et le Nègre, soit un être immortel et précieux, ayant droit à l'héritage de l'infini et de l'éternité (1)? Ces considérations ont parfois un effet qui nous bouleverse. L'astronomie nous confond avec les abîmes de l'espace, la géologie avec ceux du temps; l'histoire et la géographie viennent entasser les existences perdues dans une Babel immense. Et ici encore, nous voyons se dresser des difficultés dont nous ne savons comment nous tirer. Ce que nous avons de mieux à faire, c'est d'aller au-devant d'elles et de bien constater, que si elles ont un pouvoir quelconque, elles sont toutes-puissantes, qu'elles ne se borneront pas à détruire la religion, mais bien toute conception morale de l'homme. Car, dans cette dernière croyance aussi bien que dans l'autre, le mystère est impénétrable; la raison peut le mettre au foyer, non pas le résoudre.

L'évidence que je veux faire ressortir porte donc uniquement sur un point, et cela nous suffit. Je ne dis pas que le théisme, avec les doctrines qui l'accompagnent,

____

(1) Voir dans l'Appendice les observations de la note D.

se présente à nous sans difficultés, qu'il ne renferme pas
dans ses termes des contradictions étonnantes, qu'il
ne nous met pas en face de spectacles lamentables et
terribles, je soutiens seulement que rien de tout cela ne
lui est particulier. Ce n'est pas pour nous élever de la
morale à la religion que nous avons à faire ces sacrifices,
c'est pour passer du naturel au surnaturel. Quand on
a doublé la somme des choses en y ajoutant un second
monde, elle prend de telles dimensions que notre raison
ne la circonscrit plus. Les épines qui nous blessent en
cette voie sont des convictions, dont chacune est nécessaire, alors même qu'elle semble exclure les autres.
Quand il essaye de les saisir toutes ensemble, l'esprit
humain, comme s'il avait à conduire des chevaux in-
domptés ou à diriger, nouveau Phaéton, le char du soleil,
se voit impuissant et demeure abruti devant ce terrible
et indomptable attelage. Il ne retrouve de force qu'en
confessant pleinement sa faiblesse. Qu'on s'empare
donc des croyances reconnues nécessaires et qu'on demande à la foi de donner la main à la raison. Si nous
refusons de le faire, il n'y a plus d'issue possible. Sans
la foi, nous voudrons expliquer les choses, mais nous
aurons commencé par les rendre indignes de toute
explication. Pour essayer d'en avoir une idée nette, il
nous faudra tout d'abord apprendre qu'elles ne valent
pas même la peine qu'on s'en occupe.

CHAPITRE XI.

LE GENRE HUMAIN ET LA RÉVÉLATION.

> Le scandale des bons chrétiens et le
> triomphe mensonger des infidèles doivent
> cesser, sitôt qu'on se rappelle, non seulement
> par qui, mais encore à qui la révélation di-
> vine a été donnée.
>
> GIBBON (1).

Supposons maintenant, au moins dans l'intérêt de
notre sujet, que nous sommes arrivés à cette conviction, que l'homme ne cessera jamais de se regarder
comme un être moral, et que jamais, sous l'empire
d'aucune pression, il n'abandonnera cette croyance.
Ceci étant admis, il résulte clairement de tout ce que
nous avons vu, que le théisme pourra essayer de s'affirmer de nouveau, et qu'il n'aura pas à craindre de
subir un échec sous les coups de la pensée positive.
Supposons de plus que cette résurrection de la foi soit
imminente, que l'humanité éclairée ouvre enfin les

______

(1) Il est curieux de remarquer que ce qui fut un sarcasme chez Gibbon,
est vraiment une sérieuse et profonde vérité, qui nous mène à des conclusions tout opposées à celles du chapitre, si plein d'esprit et si séduisant,
auquel ces paroles sont empruntées.

yeux et se dispose à revenir aux tendances et aux aspirations religieuses. Nous arrivons alors en face d'une autre question que nous n'avons point encore soulevée : Est-ce à la religion purement naturelle qu'on reviendra, ou bien verra-t-on se produire le rétablissement surnaturel d'un dogmatisme exclusif?

Avant d'aller plus loin dans la question, il convient de l'établir sur son véritable terrain. Elle ne s'impose pas aux exigences humaines, absolument de la même manière que celle du théisme naturel. L'homme, en tant qu'être moral, a besoin essentiellement d'un théisme naturel : cette proposition se démontre plus ou moins rigoureusement; mais que pour le compléter une révélation soit également essentielle, c'est une conviction qui ne s'impose que dans une mesure plus restreinte. On voit des hommes qui croient fermement que la vie humaine est morte, quand elle n'est pas vivifiée par la religion, et dont les espérances dans l'avenir, loin de reposer sur le triomphe ou sur la résurrection d'une révélation supposée, comptent plutôt sur l'effacement graduel des prétentions particulières à chacune. On trouverait difficilement à suivre, pour les convaincre de leur tort, une ligne d'argumentation bien nette et bien précise. La position d'une religion révélée est en butte à des objections qui, pour avoir un caractère général, n'en sont pas moins pressantes; tout homme pratique, au courant de la vie et de l'histoire, doit reconnaître, qu'étant admise la nécessité de faire la volonté de Dieu, il s'élève tout de suite une très grosse et très intéressante question, celle de savoir si cette volonté ne nous a pas été spécialement et distinctement révélée.

Prenez la masse de l'humanité religieuse et donnez-lui une croyance naturelle, vous trouverez qu'instinctivement et inévitablement elle demandera davantage. Pareil symbole excite plus de désirs qu'il n'en satisfait, soulève plus de perplexités qu'il n'en apaise. Il donne sans doute aux hommes une explication suffisante de la valeur de la vie et des importants résultats auxquels elle aboutit, suivant la façon dont on la passe. Mais quand il leur faut dans la pratique se choisir une voie, ils trouvent qu'une semblable religion ne peut guère les y aider ; elle ne leur tend jamais la main pour les soutenir ou les diriger. C'est une voix séduisante qu'on entend crier dans les brouillards lointains : « Venez après moi, » mais qui vous laisse chercher la route au milieu des brumes : il faut aller vers elle à travers les rochers, les torrents et les précipices qu'on ne distingue qu'à demi, au milieu desquels on sera tué peut-être ou estropié, mais où l'on sera sûrement égaré. Fût-on persuadé que rien de tel ne peut s'appliquer à soi-même, on n'en devrait pas moins reconnaître que c'est vrai pour le monde en général. Jamais un théisme purement naturel, sans l'organe d'un langage humain, sans un mécanisme qui rende sa pensée palpable, n'a pu gouverner les hommes, et autant que nous pouvons le voir, ne saura les gouverner. Les choix que nous avons à faire dans la vie portent sur des points déterminés. La règle qui les dirige doit être elle-même quelque chose de déterminé. Et ici, le théisme naturel se trouve en défaut. Il ne peut que nous fournir la majeure des prémisses, mais il reste, pour la mineure, dans le vague et l'incertain. Il nous dit bien avec une suffisante énergie qu'il faut éviter le vice, mais il se trouve continuellement impuissant à nous dire si ceci ou cela est vicieux. Assurément, cette insuffisance pratique du théisme naturel est attestée par l'existence même des révélations qu'on met en avant. Car alors même qu'on ne pourrait en reconnaître aucune comme étant la parole de Dieu, la croyance dont elles sont l'objet serait encore le signe d'un besoin général dans l'humanité. Aucune d'elles ne pût-elle réaliser les espérances qu'elle nous donne, toutes ensemble seraient encore l'expression ardente et persistante du cri qui la réclame.

Nous le comprendrons plus clairement, si nous considérons un des premiers caractères qu'exige nécessairement une révélation et les résultats qu'on voit présentement se produire dans une expérience remarquable, par suite de la négation de ce caractère. J'entends parler ainsi de la nécessité d'une infaillibilité absolue. Toute religion surnaturelle qui renonce à ses prétentions à cet égard ne se donne évidemment que pour une demi-révélation. C'est une chose hybride, moitié naturelle et moitié surnaturelle, et de la sorte elle n'a plus dans la pratique que les qualités d'une religion naturelle. En tant qu'elle se proclame révélée, elle se déclare naturellement infaillible; mais

comme il est difficile en premier lieu de distinguer la
partie révélée, en second lieu de la comprendre, —
car une révélation peut avoir des significations diverses, plusieurs même contradictoires, — il vaudrait
tout autant que cette révélation n'eût jamais été faite.
On n'en fera dans un sens une révélation infaillible,
ou en d'autres termes, une révélation obligatoire pour
tous et pour chacun, qu'autant qu'il y aura, pour interpréter ce testament, un pouvoir d'une autorité égale à
celle de ce testament lui-même.

Si simple que paraisse cette vérité, le genre humain
a mis du temps à l'apprendre. En réalité, c'est de nos
jours seulement qu'on est arrivé à en reconnaître le
sens pratique. Mais maintenant, dans le moment présent, l'histoire nous l'enseigne par une expérience,
d'une façon si claire, qu'il n'y a plus moyen de s'y
tromper.

Cette expérience est celle du protestantisme et des
conditions auxquelles, après trois siècles, il aboutit
visiblement aujourd'hui. Il en arrive enfin à nous
montrer le véritable résultat de la négation de l'infaillibilité dans une religion qui se proclame surnaturelle.
Nous commençons à voir enfin dans le protestantisme,
non plus la réforme d'une révélation corrompue ni la
corruption d'une révélation vraie, mais la négation
pratique d'une révélation quelconque. Il se dissout
rapidement et se réduit déjà au théisme naturel, nous
montrant ainsi ce que peut être le théisme naturel
en tant que puissance gouvernante. Regardons l'Angleterre, l'Europe et l'Amérique, et considérons la

condition du monde protestant tout entier. A la vérité, nous y trouvons encore une religion, mais dans
cette religion, non seulement l'élément surnaturel
disparaît, mais l'élément naturel devient lui-même
nébuleux. Assurément, comme le remarque, Mr. Leslie
Stephen, cette transformation aboutit à la religion
des rêves. Toutes les doctrines ont le vague des
rêves, et leurs contours, comme dans les songes,
changent continuellement. Mr. Stephen en a cité un
très remarquable exemple. Un membre distingué du
clergé de l'Église anglicane a prêché et publié une
série de sermons (1), où il rejette expressément toute
croyance aux châtiments éternels, tout en reconnaissant en même temps qu'il a contre lui l'opinion du
monde chrétien. Ces sermons ont donné lieu à une discussion dans une des principales revues du mois, dans
laquelle les théologiens protestants de toutes nuances
ont fourni leurs arguments.

« Il est à peine possible, » dit Mr. Stephen, « avec
les meilleures intentions, de prendre au sérieux une
pareille discussion. Boswel nous raconte comment une
dame a interrogé le docteur Johnson sur la nature
d'un corps dans l'état spirituel. Elle semblait dési-
reuse, ajoute-t-il, d'en savoir davantage ; mais il laissa
la question dans l'obscurité. Boswell nous fait sou-
rire, quand il nous laisse croire que Johnson eût pu, s'il
l'avait voulu, dissiper les ténèbres. Quand nous voyons
des gentlemen instruits s'enquérir des conditions

____

(1) *Our Eternal Hopes,* par le chanoine Farrar.

d'existence du monde à venir, nous sentons qu'ils partagent la *naïveté* de Boswell, sans avoir son excuse. Que peut dire un être humain, en dehors de la chaire, sur un tel sujet, sinon faire l'aveu de son ignorance, associée peut-être plus ou moins aux nuages de ses espérances et de ses craintes? Les secrets de la noire prison ont-ils été réellement révélés au chanoine Farrar ou à M. Beresford Hope?... Quand on se met à faire des recherches sur l'inconnaissable, on arrive naturellement à des résultats très différents. » Et Mr. Stephen soutient, avec beaucoup de raison, que si nous avons à juger le christianisme sur de semblables discussions, ses doctrines de la vie future s'en vont toutes visiblement se perdre dans le vague « du pays des rêves. » Et nous voilà vraiment prêts à admettre, comme il le dit dans les termes cités plus haut, « que l'impertinent et jeune vicaire qui lui dit qu'il brûlera éternellement pour n'avoir pas partagé ses superstitions, est tout aussi ignorant que Mr. Stephen lui-même, qui en sait juste autant que son chien ».

La critique, dans les passages précédents, tire ses conclusions de l'état d'une seule doctrine protestante; elle pourrait les prendre toutes et arriver au même résultat, car toutes sont dans la même condition. La divinité du Christ, la nature de sa rédemption, la constitution de la Trinité, l'efficacité des sacrements, l'inspiration de la Bible : il n'est pas un de ces points où les doctrines pour lesquelles on a si fièrement combattu autrefois, chez les protestants, ne soient aujourd'hui indécises et variables ; elles s'affaiblissent et s'accommodent au caprice individuel, comme la doctrine des châtiments éternels. Mr. Stephen et son école n'ont rien exagéré dans le tableau qu'ils en font. En fait, le protestantisme finit par devenir explicitement ce qu'il a toujours été implicitement, non plus une religion surnaturelle qui complète la nature, mais une religion naturelle qui nie le surnaturel.

Comme religion naturelle, quelle puissance d'action a-t-il encore dans le monde? Une bonne partie de son influence primitive survit peut-être; mais ce n'est que la prolongation de ce qui s'en va et ce n'est pas par là que nous pouvons le juger. Il nous faut le juger sur ses tendances intrinsèques et non pas extrinsèques. A ce point de vue, sa puissance pratique, son enseignement, sa morale, son action directrice, se font rapidement aussi faibles, aussi incertaines que sa théologie. Tant que son système traditionnel et moral s'accorde avec ce qu'à d'autres égards les hommes approuvent encore, il peut demeurer comme l'expression d'une tendance générale qui impressionne, parce qu'elle se trouve ainsi revêtue de la sanction de nombreuses et vénérables associations. Mais que la tendance générale vienne à entrer en lutte avec lui, et sur-le-champ se manifestera la faiblesse qui lui est inhérente. Il suffit pour s'en convaincre de considérer chez les protestants le caractère moral du Christ et la valeur qu'on attribue à sa vie. Cette vie, d'après l'enseignement chrétien, est exempte de faute et d'erreur; et tant qu'on garde cette croyance, on conserve la suprême autorité de ses exemples. Mais qu'on appli-

que ici la véritable méthode protestante, et tout de
suite cette autorité trahit des signes de faiblesse. Si
l'on déclare que le Christ n'a été rien de plus, qu'un
homme exempt de fautes, on n'a bientôt plus, avec
une pareille thèse, même l'autorité qui est nécessaire
pour maintenir qu'il a été bien réellement à l'abri de
toute faute. Tout dans sa conduite, je l'accorde, nous
paraît louable ; mais c'est nous qui approuvons, ce
n'est plus lui. La situation est ici renversée. Nous
nous constituons les défenseurs du Juge éternel et très
saint ; et l'infaillibilité morale passe de lui à nous. En
d'autres termes, voici la formule pratique du protestantisme moderne. Le maître protestant nous dira :
« Telle manière de vivre est la meilleure, croyez-en
ma parole, et s'il vous faut un modèle, allez à cet
excellent fils de David qui, croyez-en ma parole, fut
bien le meilleur des hommes. » Mais, en ce cas même,
s'élève une question : comment les protestants inter-
préteront-ils le caractère qu'ils exaltent? C'est à quoi
ils ne sauraient jamais répondre d'une manière satisfaisante. On voit assez clairement ce qui ne peut
manquer d'arriver chez eux. Ils prennent simplement
ce caractère pour le symbole de ce que chacun se plaît
à admirer le plus ; et l'on a beau en maintenir l'identité dans les détails historiques, on n'obtient pas ainsi
l'identité d'un portrait unique, mais celle d'un cadre
qui peut recevoir des peintures diverses. Mr. Matthew Arnold, par exemple, voit en Jésus telle sorte
d'homme, le Père Newmann en voit une autre, Charles
Kingsley, une autre, et M. Renan pareillement ; in-

terprétée par chacun d'eux, l'*Imitatio Christi* aura
chaque fois une signification tout à fait différente.
Entre eux pourtant la différence aura presque l'air
d'une entente parfaite, si nous les comparons à d'autres qui, en fait de logique et d'autorité, ont autant de
titres que ceux-ci à réclamer notre attention. On concevrait difficilement une aberration de licence morale
qu'on ne trouvât traduite en règle de vie et qui ne
s'appuyât sur les propres données du protestantisme.
Et cette assertion ne s'applique pas seulement aux
sectes les plus excentriques et les plus extravagantes ;
elle est pareillement vraie des penseurs les plus sérieux, de ceux qui ont le plus d'autorité ; c'est à ce
point qu'une école de théologie allemande a soutenu
hardiment « que la fornication est innocente et qu'aucun précepte de l'Évangile ne l'a interdite (1) ».

Et ce n'est pas tout cependant. Les hommes dont j'ai
parlé s'accordent tous à déclarer que nous avons dans
le Christ un modèle moral parfait ; le désaccord n'arrive que lorsqu'ils ont à dire ce que fut ce modèle.
Mais la logique protestante ne s'arrête pas en si beau
chemin. Du moment que nous nous constituons juges
de cette perfection supposée, nous ne pouvons manquer d'y découvrir çà et là des traces d'imperfection.
Et c'est précisément ce qu'on a commencé à faire.
Une des plus fortes têtes de la génération dernière,
un des penseurs les plus logiques du protestantisme
anglais, le professeur Francis Newman, a déclaré qu'il

(1) Voyez Döllinger, *Continuation de l'Histoire de l'Église de Hortig,*
cité par Mr. J.-B. Robertson, dans son *Mémoire du Dr Moehler.*

y avait dans le caractère du Christ certaines défaillances morales (1) ; en sorte que le dernier coup porté à l'autorité morale du protestantisme lui a été donné par un homme de sa maison. Les censures du professeur Newman n'avaient à la vérité rien de bien important, rien d'irrespectueux. Mais du moment qu'un homme d'une piété si profonde se les permet, on devine aisément ce qu'on peut attendre des autres. En somme, c'est un fait qui devient chaque jour de plus en plus évident, pour le monde qui s'appelle encore protestant, plus rien ne reste de l'autorité suprême de l'exemple moral du Christ ; ce qu'on retient nominalement encore de sa puissance ne fait qu'en rendre la perte réelle plus sensible. On voit s'y réfléchir et s'y centraliser l'incertitude où l'on demeure, la tristesse de l'indécision et de l'égarement. L'attitude et le langage, si fermes et si sûrs encore naguère, quand on y regarde de près aujourd'hui, prennent des aspects et des accents nouveaux, et plus on y prête l'oreille et l'attention, moins on peut distinguer clairement ce qu'on y voit et entend. « Que ferons-nous pour être sauvés ? » demande-t-on encore. Et les lèvres qui naguère ont rendu des oracles ne font plus que murmurer confusément : « Hélas ! que ferons-nous ? »

Tel se montre maintenant dans toute son impuissance le théisme naturel. Et dans les changements si sombres et si menaçants qui vont tout atteindre bientôt, dans le vaste débordement d'opinions qui se pré-

______

(1) Voyez *Les Phases de ma foi*, par Francis Newman.

pare, dans le tremblement de terre qui secoue le sol moral sous nos pas, bouleverse et engloutit les limites anciennes, fait ouvrir les tombeaux où les convoitises du paganisme étaient ensevelies, nous allons le voir devenir encore de plus en plus impuissant. Il ne s'appuie que sur le sol où il a mis les pieds ; la terre tremble et il tremble avec elle ; il en est de lui comme de nous. Il tourne en vain vers les cieux ses mains jointes et suppliantes. Le ciel n'y prend pas garde. Aucune main divine ne se tend vers lui pour le soutenir ou le diriger.

Tel doit être, je pense, le sentiment des hommes les plus honnêtes et les plus pratiques, en ce qui regarde la religion naturelle et l'inefficacité fatale de son influence pratique. Cette absence de règle morale, dans laquelle elle nous laisse nécessairement, n'est pas la seule considération qui leur impose cette conviction. Dans toute la force du mot, le *cœur* corrobore l'évidence de la *tête*. On doit sentir plus fortement encore que la raison ne le démontre, que s'il y a un Dieu qui aime les hommes et prend soin d'eux, il faut sûrement, ou presque sûrement, qu'il leur ait parlé de façon à se faire entendre. En tous cas, je suis sûr de me trouver d'accord avec bon nombre de ces hommes, en disant que pour le monde qui voudrait être religieux, c'est une grave et pressante question de savoir si Dieu nous a fait une révélation spéciale et explicite : et dès lors nous ne craignons pas de perdre notre temps, en essayant de traiter ici cette question avec convenance et impartialité.

Avant d'aller plus loin toutefois, mettons-nous

dans l'esprit deux choses. Rappelons-nous d'abord que
si nous avons l'espoir de trouver une révélation, ce
doit être une révélation déjà existante. Il n'est guère
possible, si nous tenons pour fausses toutes les prétentions surnaturelles qui se sont produites jusqu'à ce
jour, d'espérer qu'une nouvelle manifestation d'un genre
différent puisse être dans l'avenir réservée au monde.
Secondement, nos recherches étant ainsi limitées aux
religions déjà existantes, ce qui nous intéresse, c'est
uniquement la vérité du christianisme. Nous avons
bien sans doute entendu dire de divers côtés que d'autres religions lui sont supérieures. Mais ceux qui tiennent ce langage, alors même qu'ils affectent de penser
que sur certains points moraux la supériorité appartient à ces religions, n'ont jamais rêvé de réclamer
pour elles l'autorité miraculeuse et surnaturelle qu'ils
refusent au Christianisme. Personne ne songe à nier
que le Christ soit né d'une vierge, pour élever cette
prétention en faveur de Bouddha, à nier la Trinité
chrétienne pour affirmer la trinité brahmanique. Il n'y
a qu'une seule révélation supposée qui, comme révélation, puisse intéresser les nations du monde en progrès, et dont les prétentions surnaturelles soient encore dignes de notre examen; et c'est la religion chrétienne. Ces prétentions, à la vérité, on les a beaucoup discréditées, mais on n'a pu encore les réduire au
silence; et je me propose de rechercher les chances que
cette religion peut avoir de voir revivre sa puissance.

A la façon dont j'ai parlé du protestantisme, plusieurs pourraient croire peut-être que j'ai déjà résolu

la question. Chez nos penseurs *éclairés* d'Angleterre, ce doit être sûrement la première impression. Mais il y a un point que ces penseurs oublient tous. Le christianisme protestant n'est pas la seule forme de la religion chrétienne. Ils ont encore à tenir compte de sa forme la plus ancienne, la plus légitime, la plus cohérente : de l'Église de Rome. Ils ne peuvent assurément oublier ni l'existence de cette Église ni sa grandeur. Le supposer, ce serait leur attribuer une ignorance trop insulaire ou plutôt trop provinciale. Leur fait cependant est assurément celui de l'ignorance, ignorance moins surprenante peut-être, mais beaucoup plus profonde. Dans ce pays, la familiarité où l'on vit avec le protestantisme a tellement défiguré la conception populaire au sujet de Rome, que la vraie conception nous en paraît tout à fait étrange. Nos théologiens nous l'ont représentée comme une secte protestante déchue, et l'ont attaquée sous l'imputation de fausseté, pour des doctrines qu'elle n'a jamais eues en réalité. Ils n'ont pas su voir que la première et essentielle différence qui la sépare d'avec eux se trouve principalement, non pas dans un dogme spécial, mais dans l'autorité sur laquelle tous ses dogmes reposent. Les protestants, en donnant la Bible pour base unique à la religion, se sont imaginé que les catholiques font profession d'agir de même ; ils les ont couverts d'invectives, et leur ont reproché de trahir leur prétendue profession de foi. Mais la doctrine première de l'Église, c'est celle de son infaillibilité perpétuelle. Elle est inspirée, déclare-t-elle, par le même Esprit qui a inspiré la Bible ; et sa voix, aussi bien que celle de la Bible, est la voix de Dieu. Cette théorie cependant, sur laquelle repose en réalité toute sa construction, le protestantisme populaire, ou bien l'ignore entièrement, ou bien la traite de superstition moderne, qui bien loin d'être essentielle au système de l'Église, est au contraire incompatible avec lui. Envisagée de la sorte, Rome, aux yeux des protestants, ne paraît autre chose qu'un amas de superstitions et de mensonges, et c'est cette manière de l'envisager qu'ont assez singulièrement acceptée, sans en demander davantage, nos modernes penseurs du progrès. Tout en n'ayant sur tout le reste aucune confiance dans les protestants, ils s'en sont rapportés à eux sur ce point. Ils ont cru, sur la parole des protestants, que le protestantisme est plus raisonnable que la religion romaine ; ils se persuadent en conséquence qu'ayant détruit le premier, ils ont *à fortiori* anéanti le dernier (1).

(1) On expliquerait difficilement en toute autre hypothèse ce fait bien marqué, qu'aucun de nos rationalistes anglais n'a attaqué la religion chrétienne autrement que sous une forme essentiellement protestante, et que la plupart de leurs critiques ne portent que sur le protestantisme. Il est amusant de remarquer encore, que pour des hommes d'un esprit vraiment si large, toute l'autorité théologique est représentée par les divers types sociaux des anglicans contemporains ou par les dignitaires de leur église. Des hommes comme les professeurs Huxley et Clifford, comme Mr. Leslie Stephen et Mr. Frédéric Harrison, ne voient d'autres représentants du dogmatisme que les évêques, les doyens, les vicaires et les ministres presbytériens, les vicaires surtout. Le seul organe de l'*Ecclesia docens* est pour eux la chaire paroissiale, et plus celui qui l'occupe est ignorant, plus il traduit fidèlement son langage, selon eux. Mr. Matthew Arnold croit apparemment que la cause tout entière de la religion révélée dépend, dans son triomphe ou dans sa défaite, des fantaisies de l'évêque de Gloucester.

19

On ne saurait avoir cependant une conception plus fausse du sujet. Quelques critiques qu'on fasse de la situation du catholicisme, elle n'est assurément pas ainsi renfermée dans le protestantisme ; on ne l'atteint même pas à travers ce dernier. Essayons d'envisager le sujet d'une façon plus vraie. Nous accorderons tout ce que cette critique hostile peut dire contre le protestantisme, comme religion surnaturelle, en d'autres termes, nous le mettrons complètement de côté. Supposons, pour partir de là, qu'il n'y a rien dans le monde qu'un sentiment moral naturel, qu'un simple théisme naturel, et voyons alors en quelle relation se trouve l'Église de Rome avec cet état de choses. Observé de la sorte, le monde religieux nous apparaîtra comme un corps de théistes naturels, tous d'accord pour reconnaître qu'il faut faire la volonté de Dieu, mais largement séparés sur le point de savoir quelle est sa volonté et quelle est sa nature. Leurs vues morales et religieuses ont le même caractère d'indécision et de rêverie, plus accentué même que dans le monde protestant actuel. Leurs théories sur la vie future se bornent à « des espérances et à des craintes nuageuses ». Dans la vie présente, leurs pratiques vont de l'ascétisme à la plus large licence. Et pourtant, en dépit de cette confusion et de ces différences, il y a chez eux une vague tendance à l'unité. Chacun y fait son rêve spirituel ; tous les rêves diffèrent et ne peuvent bien évidemment représenter la réalité ; et toutefois, tous ont cette croyance qu'une part commune de réalité se trouve représentée dans leur rêve. Voilà donc que ces hommes

se mettent à comparer leurs rêves entre eux, afin d'en
tirer cet élément commun et de faire en sorte que le
rêve finisse par être le même pour tous ; de cette façon
s'il y a progrès, ce progrès doit se faire suivant des lois
reconnaissables et reconnues ; en d'autres termes, on a
passé du rêve à la réalité. Eh bien, supposons que nos
théistes naturels se réunissent pour former une sorte
de parlement, dans lequel on compare, on ajuste, on
met en forme les idées si flottantes auparavant. Ce
parlement a son mécanisme qui lui permet de formuler
les points où l'on est d'accord à mesure qu'ils se présentent. Le sens commun religieux du monde est ainsi
organisé et ses conclusions sont enregistrées. Nous
n'avons plus les rêves flottants des hommes, mais,
à leur place, la *vision* constante de l'homme.

Or, dans ce parlement universel, nous voyons ce
qu'est essentiellement l'Église de Rome, envisagée à
son véritable point vue. Elle est idéalement, sinon
actuellement, le parlement du monde croyant. Ses
doctrines, à mesure qu'elle les expose, se développent parmi nous, comme les pétales d'un bouton à
demi clos. On ne les ajoute point arbitrairement du
dehors, elles se développent en dedans. Ce sont des
fleurs qui dès l'abord étaient contenues dans le bouton
de notre conscience morale. Quand de nos jours elle
formule quelque chose qui n'avait pas été défini précédemment, elle n'énonce pas plus une vérité nouvelle que Newton, quand il formula la théorie de la
gravitation. Quelles que soient les vérités qui sont
restées cachées jusqu'à présent, elle peut en devenir

consciente dans le cours des temps ; elle tient qu'elles
ont toujours été implicitement contenues dans son
enseignement, lors même qu'elle n'en aurait pas eu
distinctement connaissance, comme la gravitation était
implicitement contenue dans plusieurs faits tenus
pour certains et que l'on connaissait suffisamment,
longtemps avant de savoir qu'elle s'y trouvait renfermée. Ainsi donc, l'Église de Rome est essentiellement
le sens spirituel de l'humanité, parlant aux hommes
par leur organe propre, le seul qui soit possible. Son
mécanisme compliqué, ses systèmes de représentation, sa méthode de recueillir les suffrages, la nomi-
nation de celui qui parle en son nom, les formalités
requises pour l'enregistrement de ses décrets, sont
choses seulement accidentelles, ou si elles sont nécessaires, ce ne peut être que d'une façon secondaire.

Mais nous n'avons encore fait qu'à moitié le portrait
de l'Église. Elle est tout cela, et quelque chose de
plus encore. Ce n'est pas seulement le parlement des
hommes spirituels, mais encore c'est un parlement
guidé par l'Esprit de Dieu. L'œuvre de cet Esprit peut
demeurer secrète ; nos yeux matériels n'en sauraient
trouver trace, elle ressemble à l'œuvre de la volonté
humaine qui se cache dans le cerveau. Elle n'y est pas
moins :

> « ... Totam infusa per artus
> « Mens agitat molem, et magno se corpore miscet (1). »

(1) « Répandu dans tous les membres, l'esprit met en mouvement
la masse tout entière, et pénètre le corps dans son ensemble. »

L'analogie du cerveau humain va nous être ici d'un grand secours. Le cerveau consiste dans un arrangement de molécules qui ne peuvent entrer en rapport avec la conscience, qu'en vertu de cet arrangement spécial. L'Église est théoriquement un arrangement d'individus, qui ne se trouvent également en rapport avec le Saint-Esprit qu'en vertu de cette disposition spéciale.

Si telle est la véritable représentation de l'Église catholique, et la place que tient idéalement dans le monde la seule révélation qui nous intéresse, il ne peut y avoir de difficulté *à priori* pour passer de la religion naturelle à une semblable religion surnaturelle. Les difficultés commencent quand on compare la peinture idéale avec les faits actuels ; alors, il faut le reconnaître, ceux-ci se dressent devant nous avec une énergie qui a quelque chose de décourageant. Ces difficultés sont de deux ordres distincts : les unes, comme pour le théisme naturel, sont morales, les autres sont historiques ; nous nous occuperons des premières d'abord, commençant par ce qu'il y a de plus profond et de plus évident.

L'Église, comme on l'a déjà dit, est idéalement le parlement du monde croyant tout entier, mais en fait, nous constatons qu'elle n'est le parlement que d'une petite partie seulement. Or à cela qu'avons-nous à dire ?

Si Dieu a voulu que tous les hommes fissent sa volonté, pourquoi n'en a-t-il mis la connaissance qu'à la portée d'un petit nombre seulement ? A cette question nous ne pouvons répondre. C'est un mystère, et nous devons le reconnaître franchement. Mais il y a pourtant ceci à dire, que ce n'est pas un mystère nouveau. Nous croyons l'avoir déjà accepté sous une forme plus simple, sous la forme de la présence du mal et de l'empire partiel du bien. En reconnaissant la valeur de la révélation spéciale en question, nous n'ajoutons rien à la complexité de ce problème vieux comme le monde. Je sens toutefois que beaucoup doivent penser le contraire. Je vais donc insister un peu plus sur ce sujet. Ceux qui se résigneraient à la présence restreinte du bien, trouvent que la difficulté s'aggrave gratuitement, grâce aux prétentions d'une révélation spéciale. Il en résulte deux choses à leurs yeux. En premier lieu, le domaine du bien se trouve réduit davantage encore ; secondement, et c'est une grosse pierre d'achoppement, on nous oblige à condamner comme mal ce qu'en dehors d'une révélation on eût au premier titre regardé comme étant bien. Il y a des hommes, nous en connaissons sans doute, qui font de leur mieux, en dehors de l'Église, pour suivre la voie qui mène à Dieu ; et l'on trouve que l'orthodoxie passe cruellement condamnation sur eux, par cette seule raison qu'ils n'ont pas donné leur assentiment à quelque théorie obscure, dont le rejet ou l'ignorance n'a pu évidemment souiller ni leur vie ni leur cœur. Ce reproche s'applique assurément à certaines formes de l'orthodoxie, mais il n'atteint pas celle du catholicisme. A propos de cette question, il n'est probablement pas un point où le commun des hommes soit aussi mal informé ou aussi ignorant, que sur la sage mais immense charité de ce qu'on appelle l'Église anathématisante. Elle est généralement si peu comprise cette charité, que l'affirmation qu'on en fait a l'air d'un étrange paradoxe. Assurément beaucoup de paradoxes sont en réalité des mensonges, comme ils en ont l'air à première vue ; il n'en est pas de même de celui-ci toutefois, qui n'est que le simple énoncé d'un fait. On n'a jamais vu un corps religieux autre que l'Église romaine, qui ait attaché cette rigueur intense à son enseignement dogmatique et qui ait conservé cette parfaite justice, inspirée par la sympathie qu'elle a pour ceux qui ne le reçoivent pas. Elle ne condamne pas le bien, elle ne condamne même pas un culte fervent, par cela seul qu'il est en dehors de son giron. Au contraire, elle déclare expressément qu'on peut arriver à la connaissance « du vrai Dieu, notre Créateur et Seigneur, par la lumière naturelle de la raison humaine », entendant par « la raison » la foi sans les lumières de la révélation ; et elle prononce l'anathème contre ceux qui le nieraient. Les hommes saints et humbles de cœur qui ne la connaissent pas ou qui la repoussent de bonne foi, elle les remet avec confiance aux incalculables miséricordes de Dieu ; mais en dehors d'une révélation qui lui en serait faite, elle ne peut nécessairement rien dire de précis à leur sujet. On admet généralement dans le monde que les jésuites sont les apôtres les plus ardents et les plus excessifs de la bigoterie qu'on lui suppose ; eh bien, voici ce que dit à ce propos un théologien jésuite : « Un hérétique,

persuadé que sa secte est la croyance la meilleure ou
même qu'elle vaut les autres, n'a pas d'obligation de
croire à l'Église... et quand des hommes élevés dans
l'hérésie ont depuis leur enfance la persuasion que
nous combattons et attaquons la parole de Dieu, que
nous sommes des idolâtres, des corrupteurs, et qu'il
faut nous fuir comme la peste, ils ne peuvent, tant
que dure cette persuasion, nous écouter en sûreté de
conscience (1). » Ainsi l'Église n'a pour ceux qui sont
en dehors d'elle de condamnation qu'en un seul cas, et
ses anathèmes ne portent que sur ceux qui la repoussent les yeux ouverts, sans tenir compte de la conviction où ils sont qu'elle est réellement dans le vrai.
Elle les condamne, non pas parce qu'ils ne reconnaissent pas pour vrai son enseignement, mais parce que
le sachant tel en réalité, ils n'en persistent pas moins
dans leur aveuglement; parce qu'ils ne veulent pas
obéir sachant bien qu'ils le devraient. Ainsi la faute
morale que commet un catholique, quand il rejette
une doctrine impénétrable, ne consiste pas et ne doit
pas être cherchée dans les mauvais effets qui doivent
résulter de sa négation, mais dans la désobéissance
de sa volonté libre, dans la rébellion qui en est à la
fois, en pareil cas, la cause et le résultat.

A la lumière de ces considérations, si l'existence du
mal se présente encore comme une difficulté, on voit
du moins que les prétentions de l'orthodoxie catholique
ne font rien pour l'accroître. Mais si l'orthodoxie

____

(1) Busenbaum, cité par le Dr. J.-H. Newmann. Lettre au duc de Nor-
folck, p. 65.

admet ainsi le bien en dehors d'elle, nous aurons
lieu de demander peut-être quel bien spécial elle prétend nous faire trouver en elle-même et quels motifs
peuvent exiger que nous la connaissions et la fassions
connaître. Nous pourrions alors, avec autant de raison,
demander ce qu'il y a de bon dans la vraie science
physique et pourquoi nous essayons d'inculquer au
monde ses enseignements. Pareille question, nous le
voyons tout de suite, est déraisonnable. Qu'un grand
nombre d'hommes ne connaissent rien de la science
physique et ne se trouvent probablement pas plus mal
de leur ignorance, on n'en saurait conclure que la
science physique est sans valeur. Nous savons parfaitement que la connaissance des lois de la matière,
qui comprend celles de notre organisme et de ses
dépendances, doit tendre nécessairement à rendre notre
vie meilleure, au point de vue matériel. Elle tendra
par exemple à préserver notre santé. Mais nous ne
prétendrons pas pour cette raison que des individus ne
puissent conserver leur santé quand ils n'ont qu'une
connaissance imparfaite de ces lois. Nous ne nierons
pas non plus la valeur d'une étude approfondie de
l'astronomie et de la météorologie, parce qu'on peut
sans elle arriver à certaine connaissance pratique des
variations atmosphériques et de la navigation. Au contraire, nous croyons qu'il est de notre devoir d'acquérir
une connaissance aussi complète que possible sur ces
matières, et non seulement de l'acquérir, mais de la
propager autant qu'on le peut. A la vérité, la masse
des hommes n'arrivera jamais à posséder complète-

ment cette science, mais ce qu'ils en acquerront sera chez eux, nous le savons, une conquête de la vérité, et ce qu'ils n'en connaîtront pas, nous en avons la conviction, leur profitera encore indirectement. La science spirituelle se trouve exactement dans un cas analogue à celui de la science naturelle. Celui qui peut arriver à la vérité n'est pas excusé de la chercher parce qu'il sait que tous ne sauraient y parvenir. L'hérétique qui nie les dogmes de l'Église a son pendant dans l'empirique qui nie les conclusions vérifiées de la science. La condamnation morale qui porte sur l'un est mise en lumière par la condamnation intellectuelle qui atteint l'autre.

C'est en y réfléchissant sérieusement, que nous obtiendrons une intelligence plus claire de la valeur morale que s'attribue l'orthodoxie. Quelques-unes de ses doctrines ont des côtés si grands et si saisissants, qui s'adressent si bien à tout le monde et que tous peuvent comprendre jusqu'à certain point, qu'on les déclare incontestablement salutaires en elles-mêmes; mais pour la masse des hommes, le cas est tout à fait différent, quand il s'agit des faits qu'elles recouvrent. Que nous recevions le corps du Christ dans l'Eucharistie, c'est une croyance que tout le monde peut comprendre d'une manière pratique, mais la philosophie renfermée dans cette croyance ne serait pour la plupart des hommes qu'un verbiage incompréhensible. Néanmoins, il est d'une grande importance que ceux qui peuvent la comprendre s'y appliquent et la transmettent fidèlement; comme il importe qu'un physicien comprenne l'action de l'alcool, bien que le premier venu, étranger à cette connaissance, soit en état de dire l'effet que produisent sur lui plusieurs verres de vin. La théologie est au corps spirituel ce que sont au corps naturel l'anatomie et la médecine. Ces sciences ont dans notre vie des rôles analogues et, dans leurs mondes respectifs, la même raison d'être. Qu'y a-t-il donc de plus frivole que la rhétorique de penseurs tels que Mr. Carlyle, où l'on met en opposition, se faisant contraste, la religion naturelle et l'orthodoxie, où l'on exalte la première parce qu'elle est simple et va droit au cœur, alors qu'on nous montre la seconde, en déclamant contre elle, comme le contraire de l'autre? « Voyez d'un côté, » dit-il, « l'âme allant droit à son Dieu, sentant son amour et satisfaite de penser que d'autres le sentent également ; de l'autre, voyez cette communion libre et pure, détournée et brisée par mille raisonnements tortueux sur la nature exacte de ces rapports. Qu'ont à faire, » demande-t-il, « d'obscures propositions intellectuelles avec la religion du cœur? Ne la choquent-elles pas par les entraves qu'elles lui créent ainsi? » Qu'y a-t-il en réalité de plus faux que cette interprétation? La religion naturelle est sans doute plus simple que la religion révélée, mais elle est telle, parce qu'elle n'a pas d'elle-même une science qui s'impose avec autorité. Elle est simple, pour la même raison qui rend l'explication d'un mal de tête, donnée par un écolier, plus simple que celle d'un médecin. L'enfant dira tout bonnement qu'il a mangé dix gâteaux et bu trois bouteilles de ginger-beer. Le

médecin, s'il avait à expliquer la catastrophe, aurait
à décrire des symptômes beaucoup plus complexes.
L'explication de l'écolier serait donc naturellement la
plus simple et irait beaucoup mieux au cœur de la
jeunesse, mais on ne saurait pour cette raison la déclarer plus correcte et plus importante. Il en est de
même de la communion avec Dieu : la simplicité du
saint pourra la sentir, il faudra pour l'analyser la pénétration du théologien.

Mais il est bon d'observer en outre que la simplicité
d'une religion ne témoigne pas toujours de sa vérité
probable. Dans la religion naturelle, ce qu'on appelle
la simplicité n'est généralement rien autre chose que
le vague de cette religion. Si la *simplicité* prise en ce
sens renferme un éloge, on peut louer comme simple
un paysage à demi noyé dans le brouillard. En fait
cependant, la religion de l'Église catholique, si l'on
met sa théologie en dehors de la question, est chose
beaucoup plus simple que le monde ne le suppose.
Elle n'a pas une doctrine qui ne renferme directement
sa signification morale et qui ne tende à exercer une
influence directe sur les individus.

Mais le monde extérieur est en cela mauvais juge,
pour des causes diverses. En premier lieu, pour qu'il
l'accepte comme une règle, il lui faut des explications,
et l'explication ou le compte rendu d'une chose est toujours plus compliqué que la conception de la chose en
elle-même. Prenez par exemple la pratique de l'invocation des saints. Plusieurs y voient la complication de
tous les rapports de l'âme avec Dieu : c'est introduire

une quantité de nouveaux intermédiaires sans aucune
nécessité et nous faire en quelque sorte communiquer
avec Dieu par l'entremise d'un drogman. Rien de tel
en réalité. Sans doute, on peut prétendre que l'inter-
cession, que toute prière même, est une absurdité ;
mais ceux qui ne pensent pas ainsi ne doivent pas
trouver d'objections contre l'invocation des saints.
Car ils admettent qu'on peut très raisonnablement
demander aux vivants de prier pour nous. On n'aura
donc pas tort assurément de faire aux morts une
semblable requête. De même pour ceux qui croient
au purgatoire, il est aussi naturel et aussi raisonnable
de prier pour les morts que pour les vivants. Et
quant à la doctrine du purgatoire elle-même, qui fut
si longtemps une pierre d'achoppement pour le protestantisme, le temps marche et l'on commence à la
voir sous un aspect différent. On en vient à reconnaître
de toutes parts que c'est la seule doctrine qui puisse
mettre la croyance aux récompenses et aux châtiments
de l'avenir en harmonie avec les notions de la justice
et de la raison. Loin d'y voir une superstition inutile,
on trouve que le purgatoire répond précisément aux
exigences de la morale et de la justice ; y croire, ce
n'est pas seulement faire preuve d'intelligence, c'est se
mettre d'accord avec tout l'ordre moral. Et la religion
catholique tout entière, si seulement nous savons
l'envisager et la comprendre, se présente à nous sous
la même lumière.

Mais il y a d'autres raisons encore qui empêchent
ceux qui sont étrangers à la religion d'apprécier sai-

nement ces matières. Non seulement la complication
du catholicisme, tel qu'on le décrit, leur ferme les
yeux sur la simplicité qu'on y découvre en pratique,
mais d'abord ils confondent les points de la foi avec
les explications qu'en donnent les théologiens, et
ensuite, avec les simples règles de discipline comme
aussi avec les opinions pieuses. On suppose dans le
peuple, par exemple, qu'il est de foi catholique que
le célibat est essentiel au sacerdoce. Et par le fait,
ce point n'entre pas plus dans la foi catholique que
le célibat des élèves d'un collège ne se trouve dans les
trente-neuf articles ; pas plus qu'on n'y voit encore que
le talent d'un officier de la marine anglaise dépend
de ce qu'il ait ou non sa femme à son bord. Et pour
prendre un autre exemple populaire, la primauté de
l'Église catholique n'est pas essentiellement liée à
Rome, pas plus que le parlement anglais ne l'est à
Westminster (1).

La difficulté de distinguer les choses de foi des
opinions pieuses est plus subtile encore. La confusion
qui en résulte semble engager l'Église en des histoires de saints très extraordinaires, en des récits sur
la place et sur l'aspect du ciel, de l'enfer et du purgatoire ; elle y paraît logiquement enchaînée, de telle
sorte que tout doit se tenir ou tomber ensemble. Ainsi
il arriva une fois à sir James Stephen de tomber
dans ses lectures sur une opinion de Bellarmin et
sur les arguments qu'il faisait valoir en sa faveur, au

(1) Sur ces questions voir nos observations dans la note E de l'Appendice.

sujet de la place du purgatoire. L'opinion de Bellarmin nous semble à la vérité passablement ridicule. Sir James Stephen en a conclu que l'Église romaine l'est au même titre. S'il avait un peu mieux étudié la matière, il eût fait bon marché de son argumentation. Il eût vu qu'il n'attaquait pas ainsi la doctrine de l'Église, mais seulement une opinion qu'elle ne condamne pas sans doute, mais à laquelle elle n'a jamais donné sa sanction. S'il avait étudié Bellarmin un peu plus attentivement, il eût vu que l'écrivain remarque expressément que c'est une question de savoir « où est le purgatoire, et que l'Église n'a rien défini sur ce point ». Il eût appris encore du même auteur que l'Église catholique ne fait pas un article de foi de l'opinion de Bellarmin, où il soutient qu'il y a dans le purgatoire un feu matériel. « Quant à l'intensité des peines du purgatoire, bien que tout le monde admette qu'elle dépasse tout ce que nous pouvons souffrir en cette vie, il y a doute encore sur la façon dont ceci doit être compris et expliqué. » Il eût encore appris que, d'après saint Bonaventure, « les souffrances du purgatoire sont plus rudes que celles de cette vie, en ce sens que la plus grande souffrance du purgatoire l'emporte sur la plus grande de la vie présente, mais qu'il y a peut-être dans le purgatoire un degré de châtiment moins intense que les peines endurées ici bas. » Et finalement il eût appris, — ce qui ajouté au reste mérite l'attention, — que d'après Bellarmin, « il y a tant d'incertitude au sujet de la durée des peines du purgatoire qu'il serait téméraire de prétendre-là dessus déterminer quelque chose.

Voici un exemple qui convient comme bien d'autres à montrer comment on prend pour des enseignements inaltérables de l'Église catholique elle-même, des opinions particulières et privées ou des opinions transitoires propres à des époques spéciales, et d'où il suit qu'il serait aussi déraisonnable de condamner comme faux les premiers, parce que celles-ci semblent telles, que de déclarer fausse toute la géographie moderne, par la raison que les géographes conservent encore des opinions erronées sur des contrées qu'on ne connaît pas avec certitude. Les docteurs du moyen âge pensaient qu'on pouvait fixer au centre de la terre la place du purgatoire. Les géographes modernes ont cru qu'il pouvait y avoir une mer libre au pôle nord. Mais qu'on ait fait dans les deux cas des conjectures hasardées, il n'en résulte pas qu'on n'ait rien dit de vrai. L'Église, on ne saurait le nier, a vécu longtemps et s'est avancée au milieu de beaucoup d'opinions inexactes ; on a pu, en les voyant du dehors, les regarder comme lui appartenant. Mais la science a progressé et l'on s'aperçoit qu'il y a lieu de les rejeter. Elle en a déjà abandonné plusieurs, elle ne tardera pas sans doute à en mettre d'autres de côté, elle ne le fera point avec emportement, mais avec calme et douceur, à mesure qu'une paisible lumière l'aura éclairée de ses nouveaux rayons.

Quoi qu'il en soit, l'Église conserve toujours un trait subtil qui la caractérise et qui tend à dresser la pierre sur laquelle beaucoup viendront se heurter. Je veux

parler du tempérament et du ton que revêt la pensée,
chez un grand nombre de ses membres qui ont l'air
de s'inspirer de son esprit. Mais ici encore, nous aurons recours aux considérations auxquelles nous venons de nous arrêter. Nous ferons remarquer que
ce ton particulier et ce tempérament qui nous offen-
sent, ne sont pas nécessairement le catholicisme. Le
tempérament du monde catholique peut changer et
change effectivement. Il n'est pas le même assurément
en deux siècles ou en deux contrées, et il peut nous
tenir en réserve un nouvel avenir qu'on ne soupçonne
pas. Il peut se pénétrer d'idées que nous aurons à reconnaître comme plus larges, plus hardies et plus
rationnelles que toutes celles qu'il nous paraît avoir
aujourd'hui. Et s'il le fait jamais, l'Église, dans la
pensée des catholiques, n'aura point failli à elle-même,
elle n'aura fait que développer plus pleinement son
propre esprit au temps opportun. Ainsi, certaines
gens associent les conceptions catholiques de l'extrême
sainteté avec la négligence des soins de la pro-
preté personnelle, et s'imaginent qu'un catholique,
soigneux de sa personne, ne peut jamais, dans les
données de sa propre croyance, arriver à la perfection.
Mais l'Église n'a jamais couvert de sa sanction cette
manière de voir ; elle n'a jamais fait de la malpro-
preté un article de foi, elle n'a point ajouté une neu-
vième béatitude en faveur de ceux qui ne mettent pas
du linge blanc. Beaucoup des plus grands saints ont
sans doute négligé ces soins, mais ils n'ont pas agi
de la sorte en raison des exigences de l'Église à

laquelle ils appartenaient, mais en raison des usages de leur temps. Une pareille expression de la sainteté sera probablement répudiée par les saints de l'avenir ; et pourtant ils n'en auront pas pour cela moins de révérence à l'égard des saints qui l'auront accueillie dans le passé. Je me borne à cet exemple ; il peut nous donner une idée de ce vaste ensemble de changements que l'Église, comme un vivant organisme, toujours plein de santé, de vigueur et de force assimilatrice, réalisera peut-être un jour, au milieu du monde qui se développe autour d'elle, sans avoir jamais rien perdu de son identité surnaturelle.

Pour tout dire en un mot, si nous voulons voir sous son véritable jour le caractère général du catholicisme, nous devons commencer par nous défaire de toutes les vues, que nous, qui sommes étrangers à l'Église, nous avons appris à former sur son compte. Nous devons apprendre en premier lieu à l'envisager comme un corps spirituel et vivant, comme aussi infaillible et aussi pleine d'autorité que jamais ; car ses yeux ne sont point obscurcis, sa force n'est point abattue ; elle continue de croître aujourd'hui comme par le passé ; et cette croissance, par les nouveaux dogmes qu'elle peut promulguer de temps en temps, doit nous apparaître, dans sa propre donnée, comme un signe, non de corruption, mais de vie. En outre, quand il nous arrive de l'envisager de plus près, il nous faut séparer soigneusement les divers éléments dont nous la trouvons composée : sa discipline, ses opinions pieuses, sa théologie et sa religion.

Que des examinateurs honnêtes s'appliquent de leur mieux à cette tâche, et leurs manières de voir subiront un changement inattendu. D'autres difficultés d'un genre plus particulier pourront encore à la vérité se dresser devant eux, et je vais m'en occuper tout à l'heure ; mais si l'on met de côté les premières, si l'on regarde la question sous ses grands aspects, si on l'envisage seulement en ce qui tient aux larges généralisations de la science et aux principaux besoins de la vie spirituelle de l'homme, le théiste ne trouvera pas dans le catholicisme de difficultés nouvelles. Il y trouvera le progrès logique de notre sens moral naturel, développé sans doute, et se développant encore sous une règle spéciale et surnaturelle, mais restant essentiellement la même chose, avec les mêmes négations et les mêmes affirmations, les mêmes vérités positives et les mêmes impénétrables mystères, sans qu'il y soit rien ajouté que l'assistance, la certitude et la direction morale.

CHAPITRE XII.

L'HISTOIRE UNIVERSELLE ET LES REVENDICATIONS DE L'ÉGLISE.

Nous touchons enfin aux dernières objections qui
nous restent encore et que la pensée moderne a dressées
contre la révélation chrétienne ; et pour certains esprits, ce sont les plus conclusives, les plus accablan-
tes : nous voulons parler des objections qu'a soulevées
contre elle l'étude critique de l'histoire. Jusqu'à présent nous avons seulement envisagé l'Église dans ses
rapports avec notre sentiment général de la convenance et de la probabilité rationnelle des choses. Nous
avons à présent à l'examiner dans ses rapports avec
des faits spéciaux. Son caractère et ses titres, dans
son état actuel, peuvent sans doute produire sur
nous une très forte impression, mais ce n'est pas
là-dessus qu'on doit uniquement la juger. Car tout
ici se relie à une longue histoire terrestre que l'É-

glise elle-même a écrite à sa manière, s'engageant à faire dépendre de la vérité de cette histoire, son triomphe ou sa chute : et cette histoire, toute la sagesse profane du monde semble la récrire aujourd'hui d'une tout autre façon. Ce sujet est si vaste et si compliqué que, pour en aborder seulement les détails, il faudrait non pas un chapitre, mais des volumes. Pourtant on peut mettre dans un chapitre quelque chose de plus important qu'une quantité de détails : la simple exposition des principes, méconnus ou mis en oubli par les critiques étrangers à l'Église, et d'après lesquels on doit interpréter tous les détails.

Pour embrasser le sujet dans son ensemble, rappelons-nous d'abord que l'histoire dont on invoque le témoignage contre la révélation chrétienne se divise en deux branches principales ; l'une comprend l'examen critique du christianisme pris en lui-même : autorité, authenticité de ses livres saints, origine et développement de ses doctrines ; l'autre, l'examen critique du christianisme comparé aux autres religions. Ces deux lignes d'étude conduisent à des résultats qui étonnent au plus haut point, quand on a été élevé dans la vieille foi, et qui sont d'ailleurs désastreux, en apparence du moins. Résumons brièvement ces résultats généraux, ceux de l'histoire d'abord.

Nous commencerons naturellement par la Bible qui nous offre le premier point historique sur lequel on attaque le christianisme. Quelle a donc été l'œuvre de la critique moderne au sujet de la Bible? Elle a voulu montrer que le récit biblique de la création est, dans

son sens littéral, une fable impossible. Aux passages
tenus pour mystérieux et prophétiques, elle a donné
une signification tout ordinaire et souvent rétrospec-
tive. Sous son influence, tout ce qui semblait surnaturel
est devenu purement humain, et la divinité qui planait
sur ces pages a dû promptement s'en éloigner. Et
maintenant, sous cette lumière vulgaire, le livre tout
entier a changé d'aspect ; les histoires que nous accep-
tions autrefois avec un profond respect paraissent
puériles, ridicules, grotesques, et souvent barbares. Ne
sommes-nous pas disposés à aller jusque-là, on nous
affirme au moins avec assurance que la Bible, si elle
ne donne pas un démenti aux étonnantes prétentions
qu'on a fait valoir en sa faveur, ne contient rien en tout
cas qui permette de les soutenir. On fait l'application
du même procédé au Nouveau Testament aussi bien
qu'à l'Ancien, et les conséquences en sont encore plus
funestes. Considérée comme celle d'un simple témoignage humain, la valeur des Évangiles devient
insignifiante ou douteuse. S'agit-il des miracles du
Christ, de sa nature surhumaine, on n'y trouve pas
une évidence satisfaisante. Rapporte-t-on ses paroles
ou même ses actions journalières, il se peut fort bien
qu'on les ait reproduites d'une façon inexacte, qu'on les
ait même inventées en certains cas, en d'autres, qu'on
les ait retracées d'après des souvenirs trompeurs (1).
Quand des Évangiles on passe aux Épîtres, on y
trouve des caractères analogues. On y remarque des

(1) Sur les objections que renferment ces lignes et les suivantes,
consulter la note F de l'Appendice.

œuvres écrites par des hommes, en dehors d'une inspiration supérieure : ils ne s'accordent point entre eux, ils combattent dans une position désavantageuse, se laissent influencer par des considérations du moment, et se demandent ce qu'ils doivent s'assimiler. On discerne chez les écrivains, comme chez d'autres auteurs, les produits du temps et des circonstances. Les matériaux dont ils composent leurs doctrines, on les trouve dans le monde laïque qui les entoure. Et si nous suivons plus loin cette histoire de l'Église, si nous examinons la naissance et le progrès des grands dogmes qui sont venus après, nous découvrons partout des traces qui nous font remonter à des sources naturelles et non chrétiennes. Nous voyons, par exemple, comment, en partie du moins, on a conçu l'idée de la Trinité d'après certaines doctrines mystiques de la Grèce, et comment la théorie de la rédemption a revêtu les formes de la jurisprudence romaine. Partout, en fait, dans l'édifice sacré qui nous est donné comme l'œuvre de Dieu, nous surprenons des fragments de structures anciennes et des preuves incontestables d'une origine humaine et terrestre.

Mais tout n'est pas dit encore. Non seulement la science historique nous montre sous ce jour nouveau le christianisme et son histoire sacrée, mais elle met en face de lui les autres religions et nous les présente comme ayant suivi dans le monde une marche singulièrement semblable. Elles ont eu pareillement leurs livres sacrés et leurs dieux incarnés pour les faire valoir ; elles ont eu leurs sacerdoces, leurs traditions et

leurs corps de doctrines qui se développaient aussi.
Il n'y a rien dans le christianisme qui n'y trouve son
pendant, rien, jusque dans les détails les plus précis
de la vie de son fondateur. Deux siècles, par exemple, avant la naissance du Christ, Bouddha naquit,
dit-on, sans avoir eu de père parmi les hommes. Les
anges chantèrent dans les cieux pour annoncer son
avènement ; un vieil ermite le bénit dans les bras de
sa mère ; un monarque reçut l'avis, qu'il refusa de
suivre cependant, de faire périr l'enfant, qui, suivant
les prophéties, devait être le maître de l'univers. On
nous dit comment il fut une fois perdu, puis retrouvé
dans un temple, et comment sa science juvénile remplit d'admiration les docteurs. Il réprimanda dans la
foule une femme qui s'écriait : « Béni soit le sein qui
vous a porté. » Il commença, environ à l'âge de
trente ans, sa carrière prophétique, et l'un des faits
les plus remarquables de sa vie est sa tentation dans
le désert par un esprit mauvais (1). Partout, dans les
autres religions, on découvre ainsi des traits qu'autrefois nous avions crus se rapporter exclusivement
au christianisme. Et l'on voit de toutes parts poindre
fatalement cette conséquence que toutes proviennent
d'une racine commune et terrestre, et qu'il n'en est
pas une qui ait plus de certitude qu'une autre. Et l'on
porte ainsi un nouveau coup à une foi déjà bien affaiblie. Non seulement le christianisme, pense-t-on, ne
peut prouver en aucun sens surnaturel son caractère

____

(1) Voir la note G sur les systèmes de certains orientalistes.

sacré, mais les autres religions prouvent, que même au sens naturel, il n'a rien qui lui soit particulier. Il n'est pas descendu du ciel, il ne fait pas même exception dans ses efforts pour y monter.

Telles sont les vastes conclusions qui à notre époque semblent s'imposer à nous et que la science, dont la sphère s'élargit sans cesse, paraît fortifier tous les jours. Mais sont-elles donc aussi destructives qu'elles en ont l'air? C'est une étude qu'il nous faut faire avec soin. Et alors, il nous paraîtra évident que le jugement moderne, qui se prétend éclairé et critique, a été trompé sur ce point par suite d'une erreur à laquelle j'ai déjà touché. Il n'a envisagé le christianisme que dans la représentation qu'en donne le protestantisme, ou s'il a regardé du côté de Rome, il a par ignorance taxé de faiblesses les doctrines qui constituent essentiellement la force de cette église. Or, en tout ce qui tient au protestantisme, le jugement critique moderne a eu raison incontestablement. Non seulement, comme je l'ai déjà remarqué, l'expérience a prouvé l'incohérence de ses superfétations, mais la critique a balayé comme du sable toutes les traces de sa fondation surnaturelle. Si le christianisme, pour nous prouver sa mission révélée, ne s'appuie plus que sur les évidences extérieures de son histoire et des sources de sa doctrine, il ne peut avoir l'espérance de convaincre encore les hommes. Les supports d'évidence externe se trouvent tout à fait insuffisants à porter le fardeau dont on les charge. Ils peuvent servir encore comme des tuteurs peut-être, mais ils chancellent et s'écroulent sitôt qu'on veut en faire les piliers de l'édifice. Il suffira ici de porter toute notre attention sur la Bible et sur la place qu'elle occupe dans la structure du protestantisme. « Voici, dans ce livre, » nous dit le protestantisme, « la parole de Dieu; voici le guide qui ne peut errer. Je n'entends nul autre que lui. Toutes les églises particulières ont varié et erré par là même, mais j'ai pour premier axiome que ce livre n'a jamais erré. C'est sur ce livre et sur ce livre seulement que je me repose, et c'est sur sa parole que vous me jugerez. » Et pendant longtemps il y eut beaucoup de force dans ce langage, car cette maxime protestante était admise universellement. Il est vrai pourtant, comme nous l'avons déjà vu, qu'à défaut d'une interprétation faisant autorité, un testament dont le sens est souvent douteux ne saurait avoir beaucoup de force. Mais il a fallu du temps pour qu'on s'en aperçût; et tout le monde en attendant convenait qu'on avait bien là le testament et qu'en tout cas il signifiait quelque chose. A présent tout a changé. Le grand axiome protestant n'est plus reçu par le monde. Beaucoup y voient une absurdité au lieu d'un axiome, tout au plus le considère-t-on comme un fait très douteux; et si l'on s'en rapporte à l'évidence extérieure, on exige plus de preuves pour se convaincre que la Bible est la parole de Dieu, que pour admettre que le protestantisme est la religion de la Bible (1).

(1) Voir la note H.

Inutile de poursuivre l'enquête et de demander ce que devient le protestantisme aux mains de la mythologie comparée. Suivant toute apparence, le coup que lui a porté la critique biblique est un coup mortel, et il n'est pas nécessaire de lui en donner un second. Mais envisageons le catholicisme, et nous verrons que le cas est tout différent. Vis-à-vis de l'histoire du passé, de l'évidence externe, et des religions étrangères, le protestantisme se présente sous un rapport et le christianisme de Rome, sous un autre tout différent.

Le protestantisme s'offre au monde, comme le pourrait faire un serviteur inconnu, avec une foule de certificats écrits. Il nous prie de les examiner et de juger d'après eux de sa valeur. Il nous demande expressément de ne pas nous en rapporter à sa parole. « Je ne puis, » dit-il, « m'appuyer sur ma mémoire ; elle m'a souvent trompé et peut me tromper encore. Mais voyez ces témoignages qui parlent en ma faveur et jugez-moi d'après ce qu'ils disent. » Et le monde regarde, examine attentivement ; il s'aperçoit à la fin qu'ils ont l'air d'être suspects et qu'il se peut fort bien que ce soient des pièces fabriquées. Il demande au protestantisme d'en prouver la provenance légitime, et l'Église protestante ne le peut faire.

Mais l'Église catholique vient à nous d'une façon bien différente. Elle apporte également avec elle les mêmes témoignages, mais elle sait que les évidences lointaines peuvent se trouver obscurcies par des incertitudes, et tout d'abord elle ne fait pas trop de fonds sur ces pièces. Elle nous demande, pour commencer, de faire un peu connaissance avec elle, de la regarder en face et dans ses yeux pleins de vie, d'écouter les paroles qui tombent de sa bouche, d'étudier ses voies et ses œuvres et de nous pénétrer de son esprit intérieur ; puis elle nous dit : « Voulez-vous avoir confiance en moi ? Si vous le voulez, ayez confiance en tout et pour tout ; car la première chose que j'ai à vous déclarer, c'est que je n'ai jamais menti. Et si votre confiance va jusque-là, alors écoutez, et je vais vous dire mon histoire. Vous l'avez entendue raconter d'une manière, je le sais, et c'est celle qu'on m'oppose bien souvent. Ma carrière, je puis bien l'admettre, a pu dans certaines circonstances prêter à des interprétations défavorables, mais il n'en est pas une qui me condamne positivement ; toutes sont susceptibles d'un sens favorable. Et quand vous me connaîtrez telle que je suis, vous m'accorderez le bénéfice de renoncer à vos doutes. » C'est de la sorte que l'Église nous présente la Bible : « Croyez à la Bible à cause de moi, » nous dit-elle, « et ne croyez pas en moi à cause de la Bible. » Et le livre qui nous est ainsi offert change entièrement de caractère. Ce ne sont plus des certificats délivrés par un étranger, mais bien des *memoranda* qu'un ami nous adresse. A présent, la présomption, qui leur faisait défaut dans le premier cas, tourne en leur faveur, et tout ce que nous demandons à ces annales sacrées, ce n'est plus d'y trouver une évidence intrinsèque de leur vérité, c'est seulement qu'elles ne contiennent pas l'évidence intrinsèque de leur fausseté.

En outre, il faut noter encore un point. Les catholiques comme les protestants déclarent la Bible inspirée. Mais les catholiques peuvent attacher à l'inspiration un sens beaucoup plus large et moins exposé aux attaques. Car leur Église revendique pour elle-même un pouvoir perpétuel et vivant qui peut toujours concentrer l'élément inspiré, quelque diffus qu'on le suppose; tandis que pour les protestants, à moins que cet élément ne soit étroitement lié à la lettre, il devient tout de suite insaisissable et leur échappe d'ailleurs complètement. Ces derniers s'appuient ainsi sur des données déterminées reconnues pour intenables aujourd'hui, tandis qu'en fait d'inspiration, l'Église catholique, chose assez étrange, ne s'est jamais enfermée en des limites aussi étroites. Elle n'a rien défini en matière de foi sur ce sujet (1). Toute la question demeure en ses termes encore ouverte. Donc sur le terrain où se tient actuellement l'Église catholique, il serait difficile, alors que d'autres motifs nous portent à lui donner notre confiance, de dire qu'elle émet, au sujet de ses livres sacrés, des prétentions qui, devant l'impartiale histoire, nous défendent de la suivre.

Allons plus loin et considérons ces grandes doctrines chrétiennes qu'on nous donne comme implicitement contenues dans la Bible, bien qu'elles n'y soient pas explicitement énoncées, et auxquelles l'Église n'a donné publiquement son assentiment, sans même en avoir pleine conscience, que longtemps après la clô-

____

(1) Sur la question de l'inspiration, consulter la note I.

ture du canon des saintes Écritures ; et ici même,
laissons prendre aux critiques modernes leurs positions extrêmes les plus hostiles. Accordons encore
qu'on peut trouver la trace des doctrines en question
en des sources extérieures et souvent non chrétiennes.
Qu'en résulte-t-il alors pour l'Église romaine? Logiquement ces prétentions peuvent-elles en aucune
façon discréditer les revendications de l'Église? Examinons convenablement la matière et nous constaterons qu'elles ne tendent même pas à ce résultat. Ici,
comme pour la Bible, l'infaillibilité de la doctrine de
l'Église va au-devant de toutes les objections. Car la
vraie question n'est pas de savoir à quel fonds d'opinions l'Église a puisé ces doctrines, mais pourquoi
elle a choisi celles-ci, alors qu'elle rejetait et condam-
nait les autres. L'histoire et la critique scientifique
n'ont pas de réponse à nous faire. Elles nous montrent seulement où les matériaux divers de la construction ont été préparés, elle ne nous dit ni qui l'a
élevée ni qui en a tracé les plans. Nul ne croit que
le diable ait donné le plan de la cathédrale de Colo-
gne, mais si nous avions des raisons de le croire, la
fausseté de l'histoire ne serait aucunement prouvée
par le fait qu'on aurait découvert la carrière d'où chaque pierre a été tirée. Et les doctrines de l'Église ne
sont que les pierres de sa construction, les lettres
d'un alphabet et les expressions d'un langage. Les of-
fres ont été nombreuses et le choix a été très restreint.
C'est dans le choix qu'il faut voir l'action surnaturelle.
En fait, on peut présenter toute l'histoire de l'Église,

ainsi qu'elle le dit elle-même, comme l'histoire d'une *sélection* surnaturelle. Elle est parfaitement en droit de réclamer davantage, mais dût-elle ne revendiquer jamais que cette faculté de faire un choix infaillible, elle établirait encore ainsi pleinement qu'elle a raison de se croire dirigée par une action surhumaine (1).

On peut concevoir l'Église comme un organisme vivant, qui sans cesse et de tous côtés produit des antennes et des tentacules, pour saisir et reconnaître tous les genres d'aliments qui flottent autour d'elle. Elle en absorbe quelques-uns, elle en rejette beaucoup plus encore. Beaucoup de ceux qu'elle a repoussés ainsi ont semblé un moment sur le point d'être choisis. Mais quelque lente qu'ait été à venir la décision finale, quelques hésitations, quelque répugnance qu'on ait eues, quand une fois cette décision a été faite, ce qu'on revendique pour elle, c'est l'infaillibilité. Et telle est cette revendication, comme nous le constaterons si nous en comprenons la nature, que ni l'étude de l'histoire ecclésiastique ni celle de la mythologie comparée ne sauraient ni l'invalider actuellement ni même en avoir l'espérance. On peut le dire sans aucune témérité. L'Église connaît les difficultés que nous présentent les annales de son passé et spécialement celles qui ont trait au caractère divin de la Bible. Mais elle sait aussi qu'un certain vague la protège, et vraisemblablement elle ne s'exposera pas plus ouvertement aux attaques, jusqu'à ce qu'elle ait

(1) Voir la note J.

combiné quelque plan de défense assuré. Si rigoureuses qu'aient été les opinions concernant l'inspiration biblique, dans la plus grande partie de l'histoire de l'Église, elle ne les a jamais acceptées comme articles de foi. Si elle l'avait fait, elle eût sans doute été convaincue d'erreur, car beaucoup de ces opinions, on peut le montrer, sont en désaccord avec les faits. Mais bien qu'elle ait vécu et respiré tant de siècles au milieu d'elles, qu'un grand nombre de ses membres, pendant de longs âges, n'aient jamais douté de leur vérité, elle ne les a point établies dans le cours des temps et les a laissées pour de simples opinions. Un catholique pourrait tirer de cet exemple la preuve non pas de la sélection surnaturelle qu'elle sait faire, mais d'une faculté correspondante et surnaturelle dans ce qu'elle rejette.

Et maintenant, pour ce qui regarde l'avenir, la conduite que pourra tenir l'Église va mettre en lumière toute la marche qu'elle a suivie dans le passé. Il se peut qu'avant de définir exactement l'inspiration, si jamais elle le fait, elle attende que la critique laïque ait dit son dernier mot. Elle aura à considérer alors quelles sont les données de la Bible qu'on peut ou non garder au point de vue historique : elle saura donner à ses enseignements une forme où elle mettra à profit les connaissances acquises, et celles-là mêmes qui auront été recueillies dans le but formel de la renverser. Elle pourra citer dans ses conciles des hommes appartenant à l'école athée ; nos philologues sceptiques et dédaigneux, s'ils vivaient encore un

siècle, reconnaîtraient peut-être leurs découvertes,
leurs termes et leurs phrases dans les définitions que
fera l'Église. Le monde qui lui est étranger ne verra
dans ces définitions qu'un produit purement naturel ;
mais aux yeux du catholique, elles seront tout aussi
bien surnaturelles, tout aussi vraiment l'œuvre du
Saint-Esprit, que si elles étaient venues directement
du ciel, avec tous les phénomènes du vent violent et
des langues de flammes sous une forme visible. Des
critiques ardents raconteront l'histoire intime du concile où se seront produites ces définitions ; ils montreront qu'en toute sa conduite on ne surprend rien
de plus qu'un tissu d'accidents et de motifs humains,
et d'un air triomphant ils demanderont à voir les
traces du divin Esprit. Mais l'Église s'en troublera
peu ; elle répondra par les paroles de Job : « Voyez,
je vais en avant, et il n'est point là, en arrière, et je ne
le vois point ; mais il connaît la voie où je marche, et
quand il m'aura éprouvée, je deviendrai pure comme
l'or. Maintenant mon témoin est dans les cieux et
mon défenseur est là-haut. »

Ainsi, dans la doctrine de l'infaillibilité, nous trouvons que sous un aspect l'Église se révèle à nous
comme étant le contraire de ce qu'on l'a crue jusqu'à
présent. On a supposé qu'elle n'engendrait que la ser-
vitude et non la liberté. En fait, elle produit l'une et
l'autre, et à tout prendre, elle réalise aussi complètement celle-ci que celle-là. La doctrine de l'infaillibilité
est évidemment un câble qui attache ceux qui l'admettent à certains faits réels ou supposés du passé,

mais c'est un câble qui peut s'allonger indéfiniment.
Ce n'est pas seulement une entrave, c'est un support
aussi ; et ceux qui l'ont saisi peuvent se hasarder sans
crainte, au milieu de leurs explorations, dans les courants de spéculation où d'autres, qui s'en rapporte-
raient à leurs propres forces, seraient infailliblement
engloutis. Et la centralisation de cette infaillibilité
dans la personne d'un homme, ne présente pas, comme
on l'a supposé, de difficultés, au point de vue catholique. On a dit que le Pape pourrait un jour faire un
dogme de toute absurdité qui lui viendrait à l'esprit,
que les catholiques seraient obligés de l'accepter, en
dépit de toutes les raisons qu'ils auraient de s'y opposer. Il est bien vrai que le Pape le pourrait, en
ce sens qu'aucune puissance extérieure ne l'en em-
pêcherait. Mais quiconque adhère à la doctrine centrale
du catholicisme, sait que le Pape ne le fera jamais. Et
c'est précisément l'absence de toute contrainte du dehors, qui fait naître chez le catholique la foi qu'il a
dans la puissance intérieure qui dirige l'Église.

Ainsi donc, l'Église romaine forme un tout com-
pact, comme un corps visible et terrestre, avec une
histoire dans le passé et dans l'avenir. Sa charpente
est si bien assemblée, elle a tant de souplesse et de
solidité, qu'aucun de ses ennemis modernes ne peut
avoir longtemps prise sur elle, et n'en saurait dis-
joindre les pièces avec les instruments de la critique.

Mais tout cela accordé, qu'en résulte-t-il pour elle ?
Rien de plus peut-être que de la faire apparaître
comme la religion la plus forte et la plus heureuse-

ment douée de toutes celles qui ont pris rang pour ri-
valiser avec elle. En résulte-t-il qu'elle soit établie
sur un pied différent? A cette question nous répondons que, suivant la portée de notre preuve, nous n'a-
vons en aucune façon rien à attendre de nos arguments
ni rien à fonder sur eux. Les évidences que nous tenons fournissent bien des tendances générales en faveur de nos opinions, mais rien de plus. Toutefois ces
tendances générales sont juste le contraire de ce qu'on
les suppose ordinairement. Bien loin de montrer, dans
les similitudes qu'elle peut avoir avec les autres religions, rien qui contredise les titres spéciaux de l'É-
glise catholique, ces similitudes, auprès du théiste de
bonne foi, ne font en réalité que parler énergiquement
en sa faveur. Pour lui, tous les théismes renferment
un profond élément de vérité ; et toutes les religions
révélées sont à ses yeux des théismes naturels, qui
combattent pour se personnifier dans une forme autorisée et faisant autorité. L'Église catholique, comme
nous l'avons vu, est un organisme humain, capable de
recevoir l'Esprit divin ; et c'est là ce que tous les corps
religieux, en tant qu'ils ont réclamé une autorité pour
leurs enseignements, sciemment ou sans le savoir, se
sont efforcés d'être. Seulement l'Église catholique représente le succès, là où les autres n'ont eu que l'insuccès. Ces derniers donc, au point de vue catholique,
ne sont que des essais d'un catholicisme incomplet et
manqué. La fontaine de Bethesda de la foi humaine
est large comme le monde et vaste comme le temps ;
seulement, sur un point unique l'ange est descendu

et en a agité les flots, et dans les cercles de l'onde s'est
formé le tourbillon du salut. Voilà bien ce que revendique pour elle-même l'Église catholique, et si elle a
raison, ce qu'elle est ne saurait donner un démenti à
ce qu'elle prétend être. Et assurément, plus nous la
comparons aux autres religions rivales, plus aussi, sur
les points mêmes où elle leur ressemble davantage,
nous constatons chez elle quelque chose qui la met
hors de pair. Il y a dans les autres comme une vague
et inutile tentative à retrouver un air oublié ; l'Église
seule nous le donne, et quiconque l'entend le reconnaît
à l'instant ; car on avait cru tout le temps en être à
proximité, alors qu'une incommensurable distance nous
en séparait encore. L'Église catholique est la seule religion dogmatique qui ait compris ce qu'un dogmatisme implique en réalité, et ce qu'on peut lui demander dans le cours des temps ; elle a tout ce qu'il
faut pour faire face à ces exigences. Seule, elle a compris que s'il y a dans le monde une parole infaillible,
cette parole doit être vivante, aussi capable de s'exprimer à présent que dans le passé ; et qu'à mesure
que progressent dans la science les capacités du monde,
celui qui enseigne doit être en état de développer plus
complètement ses enseignements. L'Église catholique
est la seule religion historique qui peut dans nos idées
s'adapter aux besoins du temps présent, sans cesser
virtuellement d'être toujours elle-même. Elle est la
seule religion capable de conserver son identité sans
perdre sa propre vie et de conserver sa vie sans perdre
son identité ; la seule qui puisse toujours élargir ses

enseignements sans les changer, continuer d'être la même sans cesser de se développer.

Tout cela naturellement ne prouve pas que le catholicisme soit la vérité ; mais doit montrer au théiste qu'en dépit de tout ce que le monde pourra dire, elle peut l'être. Et c'est ce qu'on arrivera peu à peu à reconnaître. L'opinion, qui sur tant de sujets a fini par obtenir la clarté, ne peut rester constamment troublée sur ce point. Un changement se produira, et il ne peut amener qu'une amélioration. Actuellement les prétendus *leaders* de la pensée libérale et éclairée sont à cet égard, autant qu'on en peut juger, au niveau des femmes et des mères des petits boutiquiers de province, ou des gardiens des cimetières dans les campagnes. Mais les préjugés, si violents et si entêtés qu'on les suppose, se lèveront et disparaîtront un jour comme les brouillards de Londres ; et alors nous apparaîtront clairement les contours de la question... mais qui pourra la trancher ?

Ce qui me reste à dire porte uniquement sur ce point.

CHAPITRE XIII.

LA CROYANCE ET LA VOLONTÉ.

Abraham crut à Dieu et sa foi lui fut imputée à justice.

Les arguments ressemblent à une semence ou à l'être humain, suivant la pensée de saint Paul; ils ne sont vivifiés qu'en passant par la mort. Tant qu'ils conservent pour nous leur forme d'arguments, ils ne produisent rien. Ils n'agissent qu'avec le temps et en secret, quand on les a ensevelis dans la mémoire où ils sont morts, quand sont mortes également l'hostilité et la défiance dont ils ont été l'objet, quand, à notre insu, ils se sont fondus dans notre système mental, dont ils sont devenus partie intégrante, quand ils ont enveloppé notre âme dans un mouvement tournant. Il en est ainsi du moins dans les matières comme celles qui nous ont occupés. Il en peut être de même encore à l'égard de ceux qui choisissent et font valoir ces arguments, comme à l'égard de ceux auxquels on les adresse. Mais la stérilité immédiate d'un raisonnement patient et soigneux ne doit pas nous persuader qu'on a perdu son temps à le faire. D'une manière où d'une autre, il portera son fruit quelque jour. Parfois l'intelligence se fait la servante du cœur. D'autres fois le cœur se met à marcher lentement sur les traces de l'intelligence.

Tel est le cas présentement. Pendant des siècles, la foi, avec tous les sentiments élevés qui s'y rattachent, avait sa voie toute tracée. Tout l'empire de la pensée humaine lui appartenait. Mais cet ancien état de choses n'existe plus. Sur cet empire, comme sur l'empire romain, le malheur s'est enfin abattu. Une horde de barbares intellectuels y a fait irruption, et par la force l'a envahi tout entier et dans tous les sens. Le résultat a été étourdissant. Si les envahisseurs n'avaient été que des barbares, on les eût aisément repoussés ; mais c'étaient des barbares munis des armes les plus puissantes de la civilisation. Phénomène nouveau dans l'histoire, on voyait chez eux un savoir réel aux mains d'une réelle ignorance ; et le résultat de cette combinaison, ce fut la ruine, au lieu de la réorganisation. Il est rare que de grands mouvements aient dès l'origine conscience de leurs tendances, mais aucun grand mouvement ne s'est jamais trompé autant que le positivisme moderne. Ayant assez de lumière pour s'apercevoir de son aveuglement, pas assez pour trouver une direction dans ses connaissances, il ne s'est emparé fortement du monde de la pensée que pour l'entraîner dans sa propre confusion. Ce qui reste à faire à présent, c'est de ramener à l'ordre cette confusion par un emploi patient et calme de l'intelligence. Jamais l'intelligence ne rallumera d'elle-même le flambeau de la foi ou ne parviendra à restaurer aucune de ses puissances, si faibles et si défaillantes aujourd'hui ; mais elle travaillera comme un pionnier à préparer la voie devant elles, si jamais elles doivent revivre d'ailleurs, encouragée dans son travail, sinon par l'espérance, au moins par l'espérance de pouvoir espérer encore.

En pionnier, et non pas en prédicateur, j'ai essayé de montrer la vraie situation où nous a mis la science moderne et la manière dans laquelle elle a posé devant nous le problème de la vie. J'ai essayé de montrer que la tendance sous laquelle elle vient de se révéler ne peut être celle que suppose l'école qui nous l'a donnée ; qu'elle va beaucoup plus loin que cette école ne le croit où qu'elle reste tout à fait en deçà de son but. L'histoire nous l'apprendrait toute seule à défaut d'autre chose. L'école en question a procédé de négations en négations, croyant à tout moment être arrivée au point où elle devait s'arrêter et avoir enfin trouvé une base solide et ferme. Elle a commencé par nier que l'Église fût une garantie de la Bible, puis que la Bible fût une garantie de l'existence de Dieu, enfin elle a nié que Dieu pût sauvegarder la dignité morale de l'homme ; et si elle le pouvait elle s'en tiendrait là. Mais ses désirs ne se réalisent pas ; elle n'est pas maîtresse d'elle-même, elle est forcée de marcher toujours ; et maintenant, sous la contrainte de son impitoyable logique, cette dernière place commence à lui échapper encore. Elle avait déclaré qu'elle compenserait ses négations de l'existence de Dieu par une affirmation plus libre et plus convaincante de la dignité humaine. Mais les principes qui l'ont obligée à rejeter la première croyance se trouvent être encore plus destructifs de celle qui devait la remplacer. « Si je ne vois pas de mes yeux je ne croirai point. » Il y a dans ces mots l'expression d'une tendance morale qui a toujours existé. Mais jusqu'au jour où la science, avec ses méthodes positives, a lui sur le monde, cette tendance était vague et flottante. La science positive lui a donné un aliment solide. Elle a pris corps, sa forme s'est précisée davantage, et aujourd'hui le monstre enveloppe le monde dans ses négations.

En ce qui concerne l'esprit et les aspirations spirituelles, elle a fait le vide dans l'existence, qui se trouve ainsi bien nette et bien balayée. Et si l'esprit doit y rentrer et l'habiter encore, il faut lui chercher d'autres méthodes. La pensée moderne n'a pas créé un nouveau doute, elle a simplement perfectionné l'ancien, et l'a fait passer de la région lointaine des théories dans le centre même de nos cœurs et de nos vies. Elle a fait pour nous de la croyance ou de l'incroyance la suprême question pratique. Elle nous a forcés de tout jouer sur un coup de dés. Que sommes-nous? N'avons-nous eu jusqu'à présent que des déceptions en nous, oui ou non? Et toute espérance qui jusqu'à ce jour a donné du ressort à la vie doit-elle se fondre et nous échapper entièrement et pour toujours? Ou sommes-nous vraiment ce qu'on nous a appris à nous croire? Avons-nous réellement certaines tendances

que nous puissions appeler encore nobles et saintes
et qui ne soient pas exclusivement transitoires? Avons-
nous encore quelque droit à ce respect que nous avons
appris à nous porter à nous-mêmes?

Voilà bien la difficulté. C'est ici qu'il faut engager
la bataille, ici, au seuil même et à l'entrée du monde
spirituel. Sommes-nous ou non des êtres spirituels et
moraux? Voilà la question décisive à laquelle il nous
faut répondre : oui ou non. Si, les yeux et le cœur
ouverts, il nous est donné de dire oui, de le dire sans
crainte, fermement et en face de l'univers, alors il
n'y a plus guère à craindre. Nous aurons combattu
le bon combat et gardé la foi ; et tout ce qui pourrait
nous manquer encore nous sera donné sans doute par
surcroît. De cette croyance en nous-mêmes nous passerons à la croyance en Dieu, qui en est la seule base
légitime et le seul complément saisissable, et peut-
être arriverons-nous de la croyance en Dieu à la connaissance de sa parole qui retentit au milieu de nous.
En tous cas, quelles que soient les difficultés du passé
qui puissent nous retenir encore, il n'y en aura plus
de nouvelles, et celles que nous aurons eu le courage
de braver s'éclairciront bientôt.

Mais cette détermination première, comment la
prendrons-nous? Qui ou quoi nous aidera ou nous
conseillera? Il n'y a pas d'évidence qui puisse le
faire dans le monde, qui nous environne. L'univers,
abordé au point de vue de la pensée moderne est là-
dessus sourd et muet. La science et l'histoire sont
rebelles, aveugles et muettes. Elles attendent notre

décision avant de nous dire un seul mot, et cette décision, si nous avons quelque volonté, il dépend de
notre volonté, et d'elle seule, de la prendre. On peut
dire sans doute que cette volonté doit se créer en commençant par s'exercer elle-même dans l'assentiment de
sa propre existence. Si elle le peut, elle aura surmonté
tout un genre d'obstacles, d'autres encore demeureront
en présence. Le monde sur lequel porte cette volonté
morale n'est pas matériel, mais spirituel, et seule
l'existence de la volonté peut le rendre possible; ce
monde n'est pas silencieux comme les autres, il est
déchiré et divisé contre lui-même, il retentit de contradictions sans fin. Au premier aspect, on dirait une
salle de tortures, un enfer intellectuel, où la raison est
sans cesse aux prises avec une tribu de monstres ou
de sphinx qui se désespèrent. Le bien et le mal y
habitent, s'y combattent sans se réconcilier jamais;
le souverain pouvoir y est insulté, et la toute-puis-
sante miséricorde ne s'y exerce point. La volonté
sera-t-elle assez forte pour tenir tête à ce monde décon-
certant et monstrueux? n'hésitera-t-elle pas à chasser
bien loin ces visions? Voudra-t-on se résoudre à dire
toujours : « Je crois malgré l'impossible » ? Pour affirmer notre nature morale, nos titres à l'éternité, la
volonté suffira-t-elle à nous soutenir?

L'épreuve est dure. Et tandis que nous doutons et
hésitons à la tenter, le silence universel de ce vaste
monde physique nous décourage encore. Qui sommes-
nous au milieu de cet univers indifférent pour oser
réclamer pour nous un si sublime héritage, pour affir-

mer en notre faveur d'autres lois que celles qui paraissent avoir tout envahi, et pour rêver de passer au travers et de monter plus haut?

Et pourtant il se peut que la foi prenne le dessus et réussisse à nous ouvrir les yeux, que le prix du trésor que nous poursuivons nous donne le courage et la force de l'obtenir. Il se peut que l'homme, ayant vu la voie où, sans aide, il est contraint de marcher, change d'attitude, que ne trouvant que faiblesse dans son orgueil, il cherche la force dans l'humilité et apprenne à dire encore : « Je crois bien que je ne puisse jamais comprendre. » Qu'il le dise une fois, et sur-le-champ sa route va s'éclaircir. Dans la confusion, le doute et les ténèbres, la face de Dieu va briller et se rendre visible peu à peu; on s'entendra appeler par son Verbe. Quand on aura une fois admis la nature morale de notre être, on s'élèvera jusqu'au théisme et l'on arrivera à la connaissance d'une Église, d'une expression visible de cette nature morale que nous possédons, et qui est inséparable de notre fin et du but auquel nous devons arriver, comme elle est liée à notre bonheur, à nos désirs et au couronnement de notre vie. Nous verrons alors tout ce qu'il y a de grand et de saint prendre une forme distincte pour venir à notre aide. La grâce et la miséricorde viendront à nous par des voies et par des canaux assurés. Notre nature sera visiblement rachetée de ses faiblesses et de ses misères, rachetée, non pas en rêve ou en imagination, mais en fait. Dieu nous deviendra un frère et un père, et nous serons en quelque sorte de la

famille du Tout-Puissant, qui est partout et toujours.
L'amour de la vertu cessera d'être un simple goût
particulier, ce sera le vrai discernement qui nous fera
entrer en partage de l'éternelle force et de l'éternel
trésor; et tout ce que l'homme révère au plus haut
point dans son épouse ou dans sa sœur, il le verra
partout et toujours saint, il en verra la glorification
suprême, dans une personne de la même nature
qu'elles, la Mère de grâce, la Mère de la douce miséricorde, qui le protégera contre l'ennemi et qui le sau-
vera à l'heure de la mort.

Telle est la conception de lui-même, de sa place
dans l'existence, qui, toujours implicite dans l'homme,
sera enfin précisée et développée. Il en est venu enfin
à concevoir sa race, la partie fidèle au moins, comme
étant la fiancée de Dieu. Cette mystérieuse conception
est-elle vraie, ou bien n'est-elle qu'un rêve sans
substance pour le porter? N'est-elle qu'une vision
brumeuse qui monte comme une exhalaison de la
terre, ou bien ne descend-elle pas plutôt du ciel,
appuyée sur la substance et sur la réalité? Cette figure
de nos rêves humains a progressé et grandi en sta-
ture, le divin va-t-il y descendre, toucher ses lèvres
et ses mains levées vers les cieux? S'il en est ainsi,
ce ne sera pas l'œuvre d'un moment; car rien ne manquera à ce divin contact. La vie, la vérité et la force,
comme des courants électriques, auront passé dans
cette figure. Elle vit, se meut et respire; elle a son
corps et son être; l'éternel et le divin habitent
parmi nous. Et ainsi, tandis que la connaissance qui

va s'élargissant autour de nous semble rendre plus profonde la nuit qui nous enveloppe, que l'univers paraît s'entr'ouvrir devant nous, creusant sous nos pas de vastes abîmes, des gouffres sans fond et sans âme, que le mugissement de la machine du temps devient plus fort et plus assourdissant, malgré cela, dans la nuit et dans les ténèbres, la divine lumière de notre vie n'en brûle que plus ardente, et cette apparition d'un monde qui se meut dans la blanche immensité nous fait découvrir tous les mondes qu'elle contient dans son sein.

Des penseurs comme Mr. Leslie Stephen disent que de pareilles croyances appartiennent au pays des rêves. Qu'elles soient encore les bienvenues, s'il vous plaît de les qualifier ainsi. Cette terminologie a du moins l'avantage de reconnaître le dualisme des deux ordres de choses dont il s'agit. Qu'elles gardent donc ce nom si vous y tenez ; dans votre langage même, tout revient à dire que c'est uniquement à cause des rêves qui le visitent, que ce monde de la réalité a pour nous quelque valeur. Les rêves ne se prolongeront-ils pas encore, quand la réalité aura disparu?

FIN.

APPENDICE.

NOTE A.

La croyance à l'immortalité de l'âme est essentiellement le fond même de toute religion. Par cela seul que les anciens Juifs et les patriarches ont été des hommes religieux, des monothéistes surtout, on doit supposer *à priori* que ce dogme fondamental ne leur était point étranger. Il n'avait point reçu chez eux tous les développements dont il est susceptible, il faut en convenir; le peuple d'Israël, nous le savons par son histoire, était moins sensible aux destinées futures de l'âme qu'aux prospérités matérielles et aux châtiments du présent; Moïse le connaissait bien, et Dieu, qui le connaissait mieux encore, savait par où le prendre et comment l'atteindre. On s'explique donc que cette doctrine soit longtemps demeurée chez les Juifs comme enveloppée d'un certain vague et qu'elle ait vécu parfois à l'état latent. Mis en rapport durant la captivité avec une nation où cette croyance était en éveil, les Juifs, instruits d'ailleurs par leurs revers, subirent l'influence de leurs maîtres et sentirent se raviver un sentiment qui avait trop souvent sommeillé dans leur cœur. Aussi voyons-nous, à partir de là, cette doctrine revêtir dans les livres deutérocanoniques et dans le Talmud une expression bien plus nette et bien plus précise. En tirer la conclusion qu'ils l'ont apprise de leurs vainqueurs, c'est non seulement sortir des prémisses, c'est donner un démenti à l'histoire et aux nombreux témoignages qui l'établissent incontestablement, même dans les plus anciens de nos livres sacrés.

Pour comprendre à quel point il est impossible que le peuple de Dieu ait ignoré cette grande vérité, il suffit de se rappeler le milieu dont il sortait et celui dans lequel il avait vécu. Abraham, leur père, était sorti de la ville chaldéenne de Ur. De toute antiquité les Chaldéens ont connu l'immortalité de l'âme. Leurs usages funèbres, leur mode de sépulture, des sarcophages découverts à Mugheir, l'ancienne Ur, patrie d'Abraham, l'établissent clairement. Le patriarche a-t-il rejeté cette croyance, comme il a rompu avec l'idolâtrie de ses compatriotes? Il est impossible de le supposer. Nous savons l'importance qu'il attache à la sépulture, le soin qu'il prend de s'assurer à grand prix un tombeau et d'y ensevelir son épouse. Nous voyons Isaac et Jacob rester fidèles aux traditions paternelles, et Joseph ordonner également de transporter son corps dans la terre promise.

A peine sorti du berceau de Chanaan, Israël s'établit en Égypte, où il devient un peuple et où commence son éducation. L'Egypte est la terre classique de l'immortalité. Elle a son *Livre des morts* qui prouve que les idées des Égyptiens sur la vie future sont aussi anciennes que leur existence comme peuple. Comment supposer qu'Israël a pu rester en dehors de cette croyance, qui n'était pas seulement écrite sur les papyrus mais qui faisait le fond de la vie et des mœurs; que Moïse, instruit dans toute la science des Égyptiens, ne l'ait pas connue, et n'ait pas été pénétré lui-même de la foi à une autre vie? Il a horreur de toutes les superstitions égyptiennes, il les condamne comme des abominations et lave dans le sang des siens l'adoration du veau d'or; il n'a pas un mot contre la doctrine de l'immortalité, c'est donc qu'il y croit lui-même et qu'il autorise son peuple à y croire.

Mais c'est sur des preuves positives et directes qu'on peut établir à cet égard la foi des premiers Hébreux. Moïse regarde la mort comme la punition du péché et Israël le croit avec lui. Mais la mort pour eux n'est évidemment pas l'anéantissement, car l'Éternel a promis un Rédempteur à nos premiers parents et c'est la grande espérance que le peuple de Dieu porte dans son sein. Que peut leur faire cette promesse s'ils doivent mourir tout entiers? Comment Dieu dit-il à Caïn : « Si tu fais le bien, tu en recevras la récompense ? » Où donc est sur la terre la récompense d'Abel ? La mort sanglante du juste donne un démenti à la sentence divine, si l'homme n'est pas immortel. Que signifie la bénédiction promise à Abraham et par sa postérité à toutes les nations du monde, et renouvelée aux patriarches ? Que devient la parole du Seigneur au père des croyants : « Je serai moi-même ta grande récompense ? » Pourquoi tous ces personnages se regardent-ils comme des étrangers et des voyageurs sur la terre, s'ils n'ont pas une autre patrie ? Que parlent-ils d'aller dormir avec leurs pères, quand ils sont morts ? La mort n'est un sommeil qu'autant qu'elle a un réveil. Que parlent-ils d'être réunis à leurs pères et à leur peuple ? Aaron meurt sur le mont Hor et y est enseveli, Moïse, au pays de Moab et nul ne connaît son tombeau, et l'on nous apprend pourtant qu'ils ont été réunis à leurs pères. La réunion aux ancêtres est donc autre chose que la sépulture. Il y a donc pour les Hébreux un séjour où les âmes se retrouvent après la mort. Ces âmes sont vivantes, car, au mépris des défenses de Moïse, Saül a recours à la pythonisse d'Endor pour évoquer l'âme de Samuel, qui sort du lieu souterrain où elle est détenue pour faire au roi de sinistres prédictions. Ce lieu souterrain que la Bible connaît, dont elle parle souvent, s'appelle le *Sé ol*. On y trouve peut-être les bons aussi bien que les méchants, mais rien ne prouve qu'ils y soient confondus et que le sort des uns ne diffère pas essentiellement de celui des autres. En tous cas, ce n'est pour les justes qu'un lieu de passage, où ils attendent leur délivrance. Nous le savons clairement par la doctrine chrétienne de Jésus aux enfers. Et si, comme on peut le supposer, les saints de l'ancienne loi le savaient pareillement, on conçoit leur peu d'empressement à quitter la vie présente pour y descendre. Mais la question n'est pas là. Leur âme survit au trépas : voilà ce qui est certain, et elle emporte avec elle de hautes espérances. « Les leviers de ma bière porteront mon espérance, » s'écrie Job, « elle descendra avec moi dans la poussière du tombeau. » Le livre des Proverbes nomme par son nom l'immortalité ; et le saint patriarche dont nous venons de citer les paroles croit à la résurrection, il l'annonce solennellement. « Qui me donnera que mes paroles soient écrites ! qui me donnera qu'elles soient consignées dans un livre, qu'un style de fer les grave sur le plomb,

qu'elles soient gravées à jamais sur la pierre! » Que veut dire ce
préambule emphatique? Écoutez! « Je sais que mon vengeur est
vivant, et qu'il se tiendra le dernier sur ma poussière ; que de ce
squelette recouvert de sa peau, que de ma chair je verrai Dieu.
Moi-même je le verrai, mes yeux le verront et non un autre,
mes reins se consument dans cette attente. »

Et voilà ce peuple qui, nous dit-on, n'avait avant la captivité
de Babylone aucune idée de l'immortalité de l'âme! En vérité,
si nous admettons volontiers qu'il a trouvé chez ses vainqueurs
ce sentiment plus vif que chez lui, nous avons du moins peine
à comprendre que ses maîtres lui aient appris quelque chose à
cet égard ; et nous nous expliquons comment, pour confondre les
arguties des Sadducéens, le Sauveur n'eut qu'un mot à leur dire :
« N'avez-vous pas lu ce que Dieu vous a dit : « *Je suis le Dieu
d'Abraham, d'Isaac et de Jacob?* Il n'est pas le Dieu des morts,
mais des vivants. »

<hr>

Note B.

Le bouddhisme est une réforme du brahmanisme, ancienne religion des Aryas de l'Inde. Il eut pour fondateur Siddharta, jeune
homme de la famille royale de Çakya, qui renonça au monde pour
embrasser la vie solitaire, comme l'indique le nom sous lequel on
le désigne le plus souvent : Çakya Mouni, c'est-à-dire le solitaire
de la famille de Çakya. Parvenu au degré de science qu'il voulait atteindre, il prit le titre de *Bouddha,* mot qui signifie l'*éclairé.*
Suivant les bouddhistes de Ceylan, il exerça son apostolat, au
moyen de la prédication, au sixième siècle avant notre ère. Malgré
l'opposition des brahmanes, qui devait éclater un jour en guerres
furieuses, la religion nouvelle fit des progrès considérables dans
l'Inde. Après des vicissitudes bien diverses, ce système religieux
est encore, avec le christianisme et le mahométisme, celui qui
compte le plus de sectateurs (plus de trois cents millions). Dans
la doctrine bouddhique, la douleur est la conséquence de l'existence, comme l'existence est la conséquence du désir qu'on en a.
Il faut avoir appris à maîtriser toutes les passions, et même les

penchants les plus ordinaires à la nature humaine, pour obtenir d'être affranchi de l'existence et pour arriver au *Nirvana*, c'est-à-dire à s'éteindre comme une lampe. Selon qu'un être se trouve plus ou moins loin du Nirvana, il renaît parmi les dieux, les hommes, les animaux ou les mauvais esprits de l'enfer. Le bouddhiste déclare donc que toute existence est essentiellement malheureuse et doit aspirer au néant.

Note C.

La question du libre arbitre peut donner lieu à de graves difficultés ; mais c'est une objection bien ancienne et qui a été résolue autant que le permettent nos faibles lumières. Ici encore, faut-il remarquer que nous sommes en face, non pas d'une contradiction, mais d'un mystère. Ces difficultés sont d'ailleurs, comme le remarque notre auteur, plutôt philosophiques que théologiques. C'est à la philosophie qu'il appartient de prouver la liberté, contre les sophismes des fatalistes, par les arguments que fournit la raison.

Philosophes et théologiens maintiennent en faveur de l'être humain ce qu'ils appellent la liberté d'indifférence. Ils n'entendent pas dire ainsi que nous sommes insensibles aux motifs qui nous déterminent à agir, mais que ces motifs ne nous imposent aucune nécessité, et que sous leur impulsion nous demeurons maîtres de notre choix. Il est clair que les impulsions qui proviennent d'une part des objets externes et de l'autre de l'action interne de la pensée, constituent en nous deux mobiles souvent opposés, entre lesquels ne saurait presque jamais exister un équilibre parfait. C'est la plus forte qui doit naturellement entraîner l'acte. Mais en vertu de la dualité qui distingue l'homme et qui le constitue un être éminemment moral, il a toujours en lui-même la faculté de faire pencher la balance vers l'une des deux forces qui le sollicitent en sens contraire, de résister à l'une et de céder à l'autre. Et cette force de résistance constitue à proprement parler sa liberté, dont il a le sens intime, si vif et si profond, qu'il n'y a pas de sophisme qui puisse lui enlever cette conviction.

L'auteur a exagéré ici les difficultés qu'il appelle à tort des contradictions; on peut en dire autant à propos du dogme de l'enfer.

Le dogme de l'éternité des peines peut être également envisagé sous le double aspect de la philosophie et de la théologie, mais c'est principalement la croyance religieuse que semblent atteindre les objections auxquelles il est en butte. De tous les dogmes chrétiens, c'est celui, nous dit-on, qui blesse au plus haut point ce qu'on appelle la *conscience moderne*.

Il fait de Dieu, au dire de James Mill, un être éminemment haïssable; et sur tous les tons et de tous les côtés, on nous crie qu'il révolte le sens humain, qu'il est en contradiction avec la bonté et la sainteté de Dieu. Comment se fait-il donc qu'il soit entré dans la croyance de tous les peuples du monde et qu'il ait été tenu par tous les grands génies du passé pour une vérité indubitable et certaine? Nous serions en droit de supposer qu'il était compris dans le dépôt de la révélation primitive qui fut confiée à l'humanité. Si l'on rejette cette explication, il faudra admettre que, puisque le genre humain a partout admis une doctrine qui est loin de flatter ses goûts et répugne à ses instincts, c'est qu'il a été convaincu de la nécessité d'une loi morale et de l'impossibilité de la maintenir, non seulement dans la pratique, mais dans les principes, en dehors de l'éternelle sanction qui doit en punir les violations. C'est qu'en effet on ne saurait supprimer l'enfer éternel, sans faire disparaître du même coup la différence entre le bien et le mal. Si la fin dernière du mal n'est pas l'enfer, qu'est-il en réalité, sinon l'égal du bien? En quoi le démon diffère-t-il de l'ange, le criminel de l'homme vertueux? Ils sont présentement encore et pour plusieurs siècles sur un pied différent, soit! mais l'enfer doit finir un jour et, ce jour-là, entre le bien et le mal, sera échangé le baiser de la réconciliation finale qui les confondra éternellement dans une commune destinée. C'est donc évidemment qu'il n'y a jamais eu entre eux de différence essentielle, radicale et profonde; autrement comment aboutiraient-ils à une fin absolument identique? Rien n'est vrai que ce qui est éternel, comme le remarque saint Augustin. Si l'enfer ne doit pas durer, le pécheur recevra comme le juste une récompense éternelle; les siècles de supplice, composés d'instants plus ou moins longs, s'écouleront comme un mauvais rêve; à l'heure du réveil, Dieu ouvrira ses bras pour y abriter indifféremment et le bien et le mal.

Ce système d'une réintégration finale renverse donc par la base tout l'ordre moral.

Il détruit pareillement la sainteté de Dieu, qui devient le complice des transgressions de sa loi, s'il est obligé d'accueillir un jour dans la paix et dans la béatitude même les violateurs les plus obstinés de ses commandements ; qui ne fait plus à ses justes que des promesses illusoires, si le temps vient où il n'aura rien de plus à leur donner que ce qu'il accordera à tous les autres. En dehors du panthéisme, on n'imaginera jamais un Dieu dont la sainteté puisse s'arranger d'un pareil système.

Sa miséricorde et sa bonté sont en dehors des atteintes qu'on veut leur infliger au nom des peines éternelles. Il a créé l'homme libre et lui a donné tous les moyens de fixer à jamais son sort dans le bien. C'est pour cela, comme la foi nous l'enseigne, qu'il s'est incarné et qu'il est mort. Jésus-Christ n'est pas venu pour nous délivrer d'une peine temporelle. Quand l'Infini daigne souffrir et mourir, il faut que la cause pour laquelle il donne sa vie soit digne de lui.

La sainteté de Dieu comprend encore sa sagesse et sa justice et, à ces deux titres, il est trop facile de prouver notre thèse pour que nous y insistions.

On propose, qu'au lieu d'une réintégration, on donne au pécheur le temps et les moyens de se convertir, même dans l'autre monde ; ou bien s'il s'y refuse, qu'il obtienne au moins l'anéantissement, qui ne sera pas une récompense, mais qui le délivrera de ses peines. Dans le premier cas, il faut supposer que Dieu devrait attendre toujours et jusque dans les siècles des siècles la conversion du pécheur. L'homme ainsi deviendrait le maître de Dieu. Il pourrait lui dire : Je ne t'obéirai jamais et je te forcerai pourtant à me recevoir dans le ciel.

On sent du premier coup tout ce qu'il y a d'indigne dans une semblable proposition. Il n'y a plus de repentir possible au delà du tombeau. L'heure de la mort doit être celle des comptes définitifs. Autrement, la vie actuelle aurait perdu toute son importance et toute sa valeur, le grand ressort moral en serait brisé, et l'homme, cessant ici-bas d'osciller entre deux éternités, n'aurait plus aucune force pour soutenir les mâles combats de la vertu.

Que dire de l'anéantissement? Généralement Dieu n'anéantit pas les êtres qu'il a créés; il les transforme et les modifie. Mais spécialement, il a créé l'homme pour l'immortalité, il en a mis en lui l'instinct invincible; il ne pourrait le détruire qu'en se donnant à lui-même le démenti le plus formel. Et de plus, cet anéantissement ne sauvegarderait pas les droits de l'ordre moral. L'homme pourrait s'obstiner à pécher dans le but d'y arriver. Il ouvrirait la porte à de nouveaux crimes qui auraient pour couronnement le suicide moral, qui tuerait les âmes aussi bien que les corps.

En dehors du dogme chrétien de l'éternité des peines, il n'y a donc, comme le remarque notre auteur, aucune solution possible. C'est, avec la doctrine des récompenses éternelles, la conséquence nécessaire, le dénoûment obligatoire de l'histoire de la révélation et de tout le développement de l'humanité.

Note D.

L'objection qui se fonde sur l'immensité de l'univers, sur le peu d'importance qu'a la terre en comparaison, et sur la petitesse de l'homme, n'est pas nouvelle; elle n'a pas attendu pour se produire les découvertes de la science moderne. Lisez le livre de Job; écoutez Isaïe, comparant les nations de la terre à la goutte d'eau qui reste suspendue à un seau et à la poussière qui s'attache au plateau d'une balance, et vous reconnaîtrez que ces hommes inspirés l'ont envisagée et n'en ont pas été effrayés. Elle a pris de nos jours, nous assure-t-on, une importance bien autrement considérable. L'incarnation de Dieu sur la terre ne se conçoit plus, nous dit-on, et les hommes affectent une singulière outrecuidance, ou trahissent une faiblesse d'esprit bien étrange, quand ils font de leur planète, qui n'est qu'un grain de sable perdu dans l'immensité des mondes, le centre de l'opération divine.

A cela nous répondons : Dieu peut fort bien ne pas dédaigner

la petitesse, tout ce que nous savons de lui nous le montre au
contraire constamment, comme ayant des égards pour les humbles et les petits. L'immensité de l'univers n'est rien comparée à
la sienne ; qui vous a dit que sa grandeur infinie doit estimer les
mondes d'après leur volume ou déterminer ses dons d'après l'é-
tendue de l'espace ? Est-ce donc en cela que consiste la vraie
grandeur ? Ne convient-il pas de mettre en première ligne la
grandeur morale, qui est indépendante du poids et de la mesure ?
Et si Dieu veut la donner au plus petit des êtres pensants, qu'y
pourriez-vous trouver à redire ? Il a pu, ce nous semble, jeter sur
la terre, malgré sa petitesse, un regard d'amour et en faire entre
toutes les planètes, par une préférence dont il ne doit compte
à personne, la Bethléem de ce vaste univers, comme il a choisi
une petite cité entre les mille de Juda.

Les astres sont-ils habités ? Nous ne saurons jamais ici-bas à
quoi nous en tenir sur cette question. Les philosophes les plus sérieux déclarent, avec Schilling, que « l'opinion qui se plaisait à voir
des hommes dans les étoiles est depuis longtemps reléguée parmi
les fables et les romans ». Si vous tenez à y placer des êtres intel-
ligents, qui vous dit que ce ne sont pas des esprits bienheureux et
non déchus, qui n'ont point eu comme nous besoin d'une rédemption divine ? Quant à l'humanité terrestre, elle a en ce privilège,
elle a été sauvée par la croix, elle a reçu du Christ une grandeur
morale incomparable : voilà ce que nous enseigne la révélation,
et les découvertes de la science n'ont rien prouvé contre elle,
quand elles ont démontré que la terre n'est pas la capitale astro-
nomique de l'univers ; la foi peut toujours y voir la capitale théologique du monde.

Maintenant, pour ce qui regarde la question géologique, nous
y répondrons en citant ici ce que nous avons dit dans notre ouvrage : *La Sainte Bible, récit et commentaire.*

« Si l'on se demande quelle peut être approximativement l'é-
poque de l'apparition de l'homme sur le globe, on se trouve en
présence d'une question à laquelle la science ne donne pas de
solution et que la Bible n'avait pas mission d'éclairer entièrement. Si l'on tenait compte de la fabuleuse antiquité que des
peuples, les Égyptiens et les Chinois entre autres, se sont donnée
comme à plaisir, et des hypothèses modernes de certains géolo-

gues, dont les calculs sont des plus problématiques, on arriverait
à des dates qui effraient l'imagination. Mais, d'une part, rien
n'est plus obscur, plus incertain, plus sujet à des interprétations
diverses, que les systèmes chronologiques des nations qui ont
voulu que leur origine se perdît dans la nuit des temps... Comment Moïse, instruit dans toute la science des Égyptiens, n'a-t-il
rien su de leur antiquité chimérique, ou n'en a-t-il tenu aucun
compte ?

« En ce qui concerne la géologie, elle n'a point de chronomètres
assez certains pour fixer la durée des formations terrestres ; elle
ne peut en rien conclure de ce qui se passe aujourd'hui à ce qui
se passait autrefois. Le progrès très lent des dépôts et des allu-
vions de nos jours a pu être bien plus rapide en des milieux divers et sous l'influence d'agents plus puissants. Toutefois, si, en
dépit de ces causes d'incertitude, la science prononçait que
l'homme doit remonter à plus de six mille ans, nous ferions
observer, avec le savant évêque de Châlons, qu'il y a dans la
Bible trois chronologies, qui ne s'accordent pas entre elles et
diffèrent de plus d'un millier d'années, dans les trois versions
de l'Hébreu, des Septante et de la Vulgate ; qu'il n'y a point eu
dans l'Église de préférence constante à l'égard de l'une ou de
l'autre ; que, par la faute des copistes, par l'omission d'une lettre
ou d'un signe, il est possible qu'aucun des trois computs ne
soit d'une parfaite exactitude ; qu'enfin une certaine liberté a
toujours été admise en matière de chronologie biblique, et
qu'on ne compte pas moins de cent cinquante systèmes, dont
aucun n'est condamné. Une grande réserve est nécessaire dans
ces questions, et les savants sérieux doivent reconnaître les
premiers qu'ils ne sauraient fixer des dates trop en dehors des
données bibliques. »

Note E.

Nous ne saurions toucher à toutes les questions que soulève
l'auteur et auxquels il répond généralement d'une façon parfaitement juste, alors même que ses observations ont un côté piquant

qui leur prête parfois une tournure paradoxale. Nous nous ar-
rêterons seulement à quelques-unes sur lesquelles il y a lieu de
fournir certaines explications.

Le célibat ecclésiastique est effectivement affaire de discipline et n'a point la stabilité d'un dogme. Lorsque les apôtres
furent appelés, il n'existait pas encore comme institution ; déjà
pourtant, le Sauveur montrait ses préférences dans le choix de
prédilection qui faisait de l'apôtre vierge le disciple bien-aimé,
seul admis dans la célébration première du mystère eucharistique
à reposer sa tête sur la poitrine du Maître. La primitive Église
comprit tout de suite qu'elle aurait à rompre en visière sur ce
point avec les idées juives, qui avaient la virginité en horreur,
comme avec les notions païennes, qui y voyaient une contradiction avec la destinée de l'homme. Ce qui pouvait se faire au
commencement, se fit. On mit tout d'abord au ministère pas-
toral cette condition et cette règle, « que l'évêque n'eût été marié
qu'à une seule femme ». Puis la loi de la continence fut imposée
aux ecclésiastiques jusque dans le mariage. Trois conciles du
quatrième siècle, ceux d'Elvire (305), de Carthage (390) et de
Turin (397) la prescrivirent d'une façon plus rigoureuse au
clergé d'Occident. Cette règle est donc bien plus ancienne que
Grégoire VII, auquel on a voulu l'attribuer. Elle n'a pas été non
plus, comme on l'a dit quelquefois, le résultat d'un calcul purement humain. Une religion divine pouvait seule avoir la pensée
de composer exclusivement de vierges un clergé dont les membres se comptent par centaine de mille. C'était hardi de la part
de l'Église, mais elle avait le droit de le faire, de se poser à la
porte de son sanctuaire et de dire à quiconque voulait y entrer :
« Voulez-vous être chastes comme les anges du ciel ? » Elle a
pu imposer ce sacrifice, ne confier qu'à des mains virginales le
pouvoir de toucher le corps virginal du Seigneur, et demander
que les pères de la race spirituelle de ceux qui naissent en Jésus-
Christ, fussent eux-mêmes dégagés des liens de toute paternité
charnelle. Et seule elle l'a pu, parce que seule elle avait le droit
de compter sur la toute puissance de la grâce. Mais, encore une
fois, quelles que soient les hautes convenances qui l'ont décidée
à entrer dans cette voie, il n'y a là qu'une question de discipline.
L'Église en certains cas, et toujours *ad duritiam cordis*, en a fait

fléchir la rigueur sans excéder les bornes de son pouvoir. Et l'on peut se demander ce qu'elle ferait, si quelque jour la partie saine du protestantisme, qui se sent évidemment entraînée vers le catholicisme, ne voyait plus d'autre obstacle que le célibat des prêtres à une réunion si ardemment souhaitée et si hautement désirable.

Sur un autre point, on peut dire que le siège du vicaire de Jésus-Christ est à Rome, en droit et en fait. Au droit les événements quels qu'ils soient ne peuvent rien changer ; mais il n'est pas impossible qu'ils viennent, dans un avenir prochain peut-être, modifier, sinon détruire le fait. Il n'importe d'ailleurs, au point de vue des prérogatives essentielles et de la primauté du successeur de saint Pierre. Le pape pourrait aller à Malte ou quelque part que ce soit, il y serait toujours le pape.

En ce qui tient aux histoires des saints, aux légendes, comme on les appelle, l'Église en accepte certainement une bonne partie, elle les regarde à bon droit comme très fondées et très vénérables ; il en est d'autres qu'elle se borne à ne pas condamner comme fausses ; mais pas plus des unes que des autres, elle n'a jamais songé à faire des articles de foi. Vouloir faire dépendre la vérité de sa doctrine de la vérité de ses légendes ne peut être le fait que d'un esprit faible et borné. Ici encore, cette conception, si elle est populaire en Angleterre ou ailleurs, est absolument dénuée de fondement.

Plus bas, au chapitre XIIe, l'auteur nous dira, et cette proposition au premier abord peut sembler étrange, que l'Église pourrait bien attendre, avant de se prononcer sur certaines questions, que la critique laïque eût dit son dernier mot ; qu'alors peut-être, des écrivains athées, des philologues sceptiques, s'ils vivaient encore, seraient fort surpris de la voir profiter de leurs découvertes et se servir de leurs expressions, dans les définitions qu'elle aura à formuler. Pourquoi pas ? Est-ce qu'à certains égards M. Renan, par exemple, n'est pas un apologiste de la religion ? Ses appréciations sont fausses. Mais il y a des faits d'une importance capitale qu'il lui faut reconnaître, et qui demeurent ainsi bien établis par une autorité qui n'est pas suspecte.

En général, ce qui nous frappe dans les appréciations de Mr. Mallock, c'est la modération parfaite et la haute impartialité qui le distingue. Comme il est vrai et sincère à l'endroit du protestantisme! Il serait à désirer que tous les catholiques apportassent une aussi juste mesure dans leurs discussions. Il y aurait lieu souvent, il faut en convenir, de modifier avec nos adversaires le ton de notre polémique, laquelle est sur bien des points trop exclusive et trop étroite. Notre auteur n'a pu s'empêcher de le remarquer et de s'en plaindre, mais avec quelle discrétion et quelle réserve ne l'a-t-il pas fait, et comme il a eu soin d'observer que, si l'accent chez nous laisse à désirer, ce peut être l'effet du tempérament, que ce tempérament peut se modifier, et qu'il ne faut pas, en tout cas, le confondre avec le catholicisme. Il faut avouer aussi que les ennemis de la religion ne se gênent pas avec elle; et que leur intempérance et leur mauvaise foi ne favorisent point la modération de la polémique du moment.

Somme toute, il nous semble que ces derniers chapitres sont éclairés des rayons du génie prophétique. Mr. Mallock dit du catholicisme et de l'Église, en maints endroits, ce que les hommes les plus éclairés sont amenés de nos jours à penser et à espérer. Quand les hommes les plus sincères et les écrivains les plus éminents du protestantisme en viennent à des aveux si nobles et si courageux, il nous est permis peut-être, et Dieu veuille que nous ne nous trompions pas, de saluer l'aurore d'un retour qui ramènerait au même bercail le troupeau dispersé du Christ. *Veniat tempus!* comme nous disait un jour un membre de la haute église protestante.

Note F.

Les objections s'accumulent ici comme des montagnes. On dirait un effort des Titans entassant Pélion sur Ossa pour escalader les cieux. Évidemment, l'auteur ne fait que signaler les audacieuses tentatives d'une critique intempérante, qui veut donner l'assaut à nos croyances à l'aide des armes de la science qu'elle se flatte de savoir manier; il contemple avec une certaine impassibilité ces attaques téméraires au succès desquelles il ne croit pas, car il soutient malgré tout que le catholicisme demeure inébranlable dans ses lignes et peut tenir tête à tous ses ennemis.

Néanmoins les prétentions de nos adversaires qu'il énumère et qu'il a l'air de donner comme des résultats acquis, ces difficultés auxquelles il ne répond pas en tous cas, sur lesquelles même il semble passer condamnation, sans doute parce qu'il entre dans sa thèse de dire : quand on aurait démontré tout cela, on n'aurait encore rien fait contre l'Église catholique, » toutes ces objections ainsi groupées seraient de nature peut-être à faire impression sur des esprits moins solidement trempés.

Aussi, sans nous engager à les traiter à fond, car il faudrait des volumes pour les saisir dans leurs détails et dans leur ensemble, croyons-nous devoir présenter ici certaines considérations et fournir au moins quelques indications qui suffiront à tous les esprits droits et non prévenus.

Nous plaçant d'abord au point de vue de l'histoire générale, nous constatons que Jésus-Christ en occupe le point culminant ; il apparaît comme le couronnement des temps anciens et comme le point de départ des âges nouveaux. Le monde avant Jésus-Christ et le monde après Jésus-Christ, telle est, que nous le veuillions ou non, la division rigoureuse de l'histoire du monde.

Et ce partage qui est un fait ne repose point sur un être mythique. La personne, la vie, la doctrine, la morale de Jésus-Christ, comme son Église et sa religion, sont de l'histoire, vraie, réelle, incontestable. Il y a plus, le christianisme est la base sur laquelle tout repose, le point d'appui du levier qui donne le branle au monde, la grande raison des choses et la clé qui seule peut ouvrir le livre scellé de l'histoire.

Supprimez Jésus et son œuvre, vous creusez un abîme que rien ne saurait combler jamais. Le christianisme seul le remplit, et il ne s'explique lui-même que par la réalité de la figure de Jésus-Christ, telle qu'elle nous est présentée dans l'Évangile. Car il nous faut non seulement son existence mais encore sa prédication, ses miracles, sa résurrection surtout et sa divinité, pour que la transformation du monde qui s'est opérée sous son influence, avec les éléments qu'on connaît, ne soit pas un comble d'absurdité.

Cette transformation, il n'y a pas à la nier. Descendons des généralités aux particularités de l'histoire et prenons-les à leur source la plus autorisée, dans les trois langues qui se partagent le monde connu à l'époque de nos origines chrétiennes.

La réalité historique du Christ et de son action, nous la trouvons, moins de vingt ans après sa mort, attestée par des plumes dont on ne peut récuser ni suspecter l'autorité. Tacite l'a burinée dans ses *Annales* : « Néron fit souffrir les tortures les plus raffinées à des malheureux détestés pour leurs abominations et qu'on appelait vulgairement chrétiens. Ce nom leur vient de Christ, qui, sous Tibère, fut livré au supplice par le procureur Pontius Pilatus. « Suétone, à la même époque, confirme le récit de Tacite. Il rapporte qu'une grande agitation eut lieu parmi les Juifs à cause du Christ et que l'empereur Claude les chassa de Rome pour ce motif. Cinquante ans plus tard, le mouvement avait pris des proportions inouïes. Pline, gouverneur de la Bythinie, en rendait compte à Trajan en ces termes : « Cette superstition s'est répandue partout. Point de villes, de bourgs et même de villages, qui n'en soient infestés. Les temples de nos dieux sont déserts et depuis longtemps déjà on ne leur offre plus de sacrifices... J'ai fait saisir et mettre à la torture quelques servantes appelées diaconesses, mais je n'ai rien trouvé qu'une superstition ridicule et exagérée. Ils s'assemblent avant le jour pour chanter des louanges en l'honneur du Christ qu'ils regardent comme leur Dieu. »

Ainsi, de l'aveu des grands historiens latins, vingt ans après sa mort, un Juif crucifié a soulevé le monde, fait déserter les temples, créé un ordre moral tout nouveau et cela en dépit des plus cruelles superstitions. Veut-on un témoignage dans la langue grecque, qu'on ouvre Flavius Josèphe. Il parle de Jean-Baptiste, de l'apôtre saint Jacques et de Jésus, homme sage, si l'on peut l'appeler un homme, qui a fait des actions extraordinaires et que Pilate a fait crucifier sur l'accusation des principaux du peuple juif. « Ses disciples, » ajoute-t-il, « ont continué à l'aimer et il leur est apparu vivant trois jours après sa mort. » Enfin nous avons dans la langue même des Juifs, dans leur Talmud, une confirmation du récit évangélique. « La veille de Pâques, Jésus fut supplicié pour s'être livré à la magie et aux sortilèges. » N'est-ce pas là le fidèle écho de la parole pharisaïque :

« Il chasse les démons par Beelzebuth, prince des démons. »

Voilà ce que nous apprend l'histoire, non pas celle que l'Église a écrite elle-même à sa manière, mais l'histoire écrite par ses ennemis, qui atteste que les évangiles ont dit la vérité.

Passons maintenant à des applications particulières. « On a montré que le récit biblique de la création est, au sens littéral, une fable impossible. » Il serait trop long de répondre ici à cette objection faite surtout au nom des sciences géologiques. Nous nous contentons de renvoyer le lecteur à notre ouvrage : *La sainte Bible, Ancien et Nouveau Testament, récit et commentaire avec les illustrations de Schnörr.* Le lecteur y trouvera sur ce point spécialement, comme sur la plupart des difficultés que soulève la Bible, une assez grande lumière, nous l'espérons, pour réduire à leur juste valeur toutes les assertions de la critique moderne. Il y verra clairement que, si Moïse n'a jamais eu la pensée de faire un enseignement scientifique, il a pourtant côtoyé de si près les données de la science aujourd'hui acquises et tenues pour certaines, que nulle part on ne saurait trouver sérieusement en défaut le récit sacré.

En ce qui touche aux prophéties, qui n'auraient qu'un sens ordinaire et rétrospectif, ce serait une tâche immense d'avoir à montrer le contraire, ce qui pourrait se faire aisément pourtant. Mais la multiplicité des détails nous entraînerait trop loin. Nous ne pouvons que renvoyer le lecteur à des ouvrages spéciaux sur la matière, et nous signalerons en particulier le très savant ouvrage de l'évêque de Châlons : *Les Prophéties Messianiques.* En ce qui regarde l'Évangile, on trouverait également toute satisfaction dans un autre ouvrage de l'éminent prélat : *Les Évangiles et la critique.* Mais nous pouvons sur cette question présenter au moins quelques considérations générales.

Le christianisme sans doute ne repose pas uniquement sur une foi biblique, de telle sorte qu'il pourrait être effacé du monde, si un livre venait à disparaître. Néanmoins, ce qui ressort du récit des quatre Évangiles, c'est la réalité de la vie de Jésus-Christ et sa vérité historique. L'authenticité des Évangiles est attestée par l'Église qui les a vus naître, qui en a surveillé la formation, qui les a présentés aux fidèles et les a fait recevoir dans ces communautés fondées et dirigées par les apôtres, où l'on avait tant d'intérêt à conserver la pureté de la foi. Ce n'étaient point des livres d'un caractère privé, on y voyait un document public et un code sacré. L'opinion chrétienne s'en préoccupait vivement, elle veillait avec un soin jaloux à les préserver de toute altération.

Elle en connaissait l'origine et, dès le commencement du deuxième siècle, c'est-à-dire quelques années seulement après l'apparition du quatrième Évangile, saint Justin nous apprend que ces livres étaient dans toutes les mains et étaient universellement reconnus pour être l'œuvre des apôtres. Eusèbe nous rapporte plus tard, sur la foi d'une antique tradition, que saint Jean avait sous les yeux les trois Évangiles déjà parus quand il composa le sien. Ce qui fait l'autorité des Évangiles, dit saint Augustin, « c'est que l'Église les a reçus des mains des apôtres auxquels elle doit sa foi... Par la suite non interrompue de ses évêques jusqu'à nos jours, elle en atteste l'authenticité...» Au reste, les Évangiles portent en eux-mêmes des témoignages si nombreux de leur authenticité que pour tout observateur sérieux cette question ne saurait être l'objet d'un doute.

Quant à la vérité des faits qui y sont contenus, il est clair que ceux qui les ont écrits étaient en mesure de la connaître. Ce sont des apôtres ou des disciples immédiats des apôtres. Ils racontent des faits sensibles et publics, dont ils avaient été la plupart du temps témoins eux-mêmes, rapportent des paroles qu'ils avaient entendues et qu'ils n'auraient jamais su imaginer eux-mêmes, l'eussent-ils voulu. Ils ne sont point crédules, ils veulent pour croire des preuves évidentes et palpables. Ils ont souffert et ils sont morts pour soutenir la vérité de leurs récits. On ne saurait raisonnablement demander des preuves plus convaincantes.

Quant aux autres écrits du Nouveau Testament, l'école critique la plus audacieuse est obligée de reconnaître que les épîtres aux Romains, aux Galates et aux Corinthiens, sont l'œuvre authentique de saint Paul. Or le christianisme est là tout entier et elles suffisent à elles seules pour prouver toute l'histoire évangélique. Qu'importe après cela qu'on ait cru y distinguer des éléments humains ? L'écrivain a beau être un apôtre inspiré d'en haut, il n'en est pas moins homme, il est aux prises avec toutes les difficultés du temps et des milieux qu'il traverse, et quand il s'en fait le fidèle écho, je n'en ai que plus de raison de croire à sa parole.

On nous objecte qu'on suit le progrès et le développement des principaux dogmes. Pourquoi pas? Il est certain qu'on a tout d'abord admis et le dogme de la Trinité et celui de la divinité de Jésus, qu'on a cru à la rédemption du genre humain par le sang du Christ. Ces vérités primordiales, reçues partout dès l'origine, renferment en elles-mêmes toutes les explications qu'on a pu en donner plus tard.

La Trinité est tout entière dans ces paroles du Sauveur, qui appartiennent au premier en date de quatre Évangiles : « Allez donc, instruisez tous les peuples, les baptisant au nom *du Père et du Fils et du Saint-Esprit.* » Saint Jean la fait connaître plus explicitement en exposant sa doctrine du Verbe, et au point où sont parvenues aujourd'hui les investigations de la critique, il est hors de doute que c'est une doctrine d'origine vraiment chrétienne, et nullement un produit de la philosophie judéo-alexandrine. Le *Logos* de Philon, pas plus que celui de Platon, n'est point du tout le même que le *Logos* de saint Jean, qui est une hypostase, une personne de la Trinité et qui s'est fait chair. Ce verbe de Dieu est Dieu, comme le Père, et c'est Jésus-Christ, dont la divinité, nous le savons par les historiens païens dont nous avons invoqué le témoignage, était l'objet de la foi de tous ses disciples, bien avant que saint Jean ne l'eût enseignée dans son Évangile.

Pour en finir avec ces objections, il est clair qu'on ne prouve absolument rien contre les dogmes de l'Incarnation et de la Rédemption, quand on a cru reconnaître dans la doctrine de l'expiation les formes de la jurisprudence romaine ; la seule conséquence qu'on en peut tirer, c'est qu'il y a dans le droit romain, et personne que nous sachions ne songe à le contester, une large part de justice et de vérité.

Le Christ ne peut être notre rédempteur qu'à la condition d'être tout à la fois Dieu et homme. Un Dieu qui n'eût pas été vraiment homme nous aurait toujours écrasés du poids de sa majesté, un homme qui n'eût pas été Dieu n'aurait pas eu le pouvoir de nous sauver. Un Christ, Dieu seulement, ne pouvait solder notre dette à notre place, il n'eût été ni de notre chair ni de

notre sang et nous eût laissés séparés de lui de toute la distance
du fini à l'infini. Un Christ simplement homme n'aurait eu aucune puissance souveraine pour nous relever et nous réconcilier.
Voilà pourquoi, suivant le magnifique symbole de saint Atha-
nase, « la foi véritable consiste à croire et à confesser que Notre-
Seigneur Jésus-Christ, fils de Dieu, est Dieu et homme tout ensemble ».

Note G.

« L'un des caractères surhumains de la foi chrétienne, c'est
sa constante harmonie avec le progrès des sciences. Les plus
grands écrivains de notre temps, les vrais savants attestent cette
harmonie, comme l'ont attestée les écrivains des siècles passés,
mais les incrédules ont soin d'ignorer ces travaux de la vraie
science, et de croire sur parole les propagateurs du mensonge. »

C'est Mᵍʳ Dechamps, archevêque de Malines, qui tient ce langage dans son dernier mandement pour le carême, et l'on en peut
faire l'application à toutes les branches du savoir humain, sur
lesquelles la critique moderne a cru pouvoir étayer ses négations
antireligieuses ; mais les paroles de l'archevêque ont tout spécialement un caractère frappant de vérité, si on les rapporte à
la question du bouddhisme, dont il nous faut dire ici quelques
mots.

De prétendus savants ont caressé l'espoir de réduire le christianisme au rang d'une religion vulgaire, semblable à toutes les
autres, comme elles, œuvre de l'homme et participant en conséquence à tous leurs défauts et à toutes leurs erreurs.

La tactique au moyen de laquelle ils ont essayé de faire du
christianisme l'héritier des religions de l'Inde, leur a paru, entre
toutes les autres, propre à assurer le succès de leur entreprise.
Ils ont un instant concentré sur ce point leurs efforts les plus
énergiques ; grâce à des données incomplètes ou fausses, à des
rapprochements qui ont semblé sérieux, alors qu'ils n'étaient
que puérils, et, faut-il le dire ? — nous n'aimons pas cependant à
crier jamais à la mauvaise foi de nos adversaires, — grâce à d'in-

signes mensonges, aujourd'hui parfaitement reconnus, ils ont pu se flatter d'y réussir. Nous n'oublierons jamais l'impression que nous avons éprouvée en lisant un de ces ouvrages, dont nous ne désignerons pas l'auteur, alors que, dans notre simplicité, nous n'avions pas supposé qu'on pût se moquer à ce point de la vérité et fouler aux pieds volontairement et sciemment les premiers éléments de la conscience et de la bonne foi. Littéralement, ce livre nous avait étourdi, et ce ne fut qu'après avoir consulté sur ce sujet les orientalistes les plus savants, entre autres un professeur au Collège de France, qu'après avoir étudié nousmême la question, dans toute la mesure de nos forces, que nous fûmes convaincu qu'il ne nous restait qu'à rire, voudrionsnous dire, — mais non, les intérêts en jeu sont trop graves, quand il s'agit de tout un public qu'on abuse indignement, — qu'il ne nous restait qu'à nous indigner des élucubrations insensées et mensongères, qu'on mettait avec le plus grand sérieux du monde sur le compte de l'Indianisme.

Nous ne voulons pas parler en ce moment d'un homme qui a joui d'une certaine réputation comme savant, peu méritée, ce semble, en ce qui tient à l'orientalisme du moins, et qui a pourtant en l'honneur d'être pris au sérieux par M. Littré, de M. Burnouf (1), pour l'appeler par son nom, puisque ce n'est pas sur lui que tombe notre accusation de mauvaise foi; et pourtant nous surprenons chez lui un langage véritablement stupéfiant. « Les chrétiens parlent du Christ, de sa mère et de la croix; mais qu'est-ce que le Christ, Marie et la croix? Ils n'en savent rien et ne peuvent répondre. — Nous allons... ou plutôt la science va le leur apprendre. Ces idées sont des échos lointains de l'Inde antique. La mère du Christ est la mère de Bouddha, le Christ luimême est le dieu Agni, le dieu-feu des Védas; la croix, une autre forme de deux bois au moyen desquels les Aryas primitifs produisaient le feu du sacrifice. » — Oh! vraiment. — Vous en voulez la preuve, la voici. « La mère du Boudha s'appelait *Maya*, comme la mère du Christ, *Maria*. Ces deux noms sont absolument identiques. » Eh bien! c'est très fâcheux pour un orientaliste, les ra-

cines des deux noms sont absolument différentes et n'ont pas
entre elles le moindre rapport ; mais ce qui est plus fâcheux encore, c'est l'incomparable bévue qui fait oublier à l'écrivain que
la sainte Vierge, dans la langue où elle fut nommée, ne s'appelait
point *Maria*, mais bien *Miriam*. Même méprise, et plus forte encore, au sujet du Christ. De l'*Agnus Dei* au dieu *Agni*, il n'y a
qu'un pas, ce semble. Il y a en réalité tout un abîme. Jean-Baptiste, qui a donné ce nom au Sauveur, n'a jamais prononcé le
mot *agnus ;* il a dû dire en hébreu *kar*, qui signifie agneau.
Cherchez à présent ce qu'il y a de commun entre la croix et les
deux bois du sacrifice dont se servaient les Aryas ; lisez les hym-
nes védiques qui ont trait à la production d'*Agni*, l'élément igné,
au moyen de ces bois, et vous reconnaîtrez que dans tout ce mysticisme, souvent très grossier, il n'y a rien absolument qui de près
ou de loin puisse ressembler au mystère chrétien de la croix. Il
a fallu que le néant des fictions imaginées par M. Burnouf fût
bien démontré, pour qu'un de ses confrères en irréligion se soit
décidé à le reconnaître : « L'erreur est notre lot à tous , mais
M. Burnouf est de ceux qui ne se trompent pas à demi. »
    On ne s'en est pas tenu toutefois à des généralités, à des rap-
prochements de noms, on a poussé l'audace jusqu'à composer en
grande partie un personnage sur le modèle de Jésus-Christ, antérieur à lui de deux siècles environ, et d'après lequel toute la vie
du Christ aurait été fabriquée de toutes pièces dans l'Évangile *par
d'obscurs Israélites*, qui auraient eu la chance de faire accepter au
monde comme des réalités, des fables tirées des livres bouddhiques.
Le personnage dont parle ici Mr. Mallock n'est évidemment pas le
Bouddha Çakya Mouni qui a vécu, paraît-il, cinq siècles avant l'ère
chrétienne. Ce doit être Kershna, dont on a fait, non pas une incarnation mais une manifestation de Vishnou, et dont un des livres de l'Inde, le *Harivansa*, écrit sous l'influence des Brahmanes,
dans le but de réagir contre les idées bouddhiques, a le premier
raconté les aventures plus ou moins bizarres. Il serait difficile de
trouver dans ce livre des points de rapprochement bien marqués
entre ce personnage et le Christ. Dans tous les cas, le *Harivansa*,
au lieu d'être antérieur au christianisme, date seulement des premiers siècles de notre ère, les écrivains évangéliques n'ont pu par
conséquent s'inspirer d'un ouvrage qui n'existait pas, au moment

où ils ont fait le récit de la vie du Sauveur. Y aurait-il dans ce livre des échos lointains des données évangéliques, et certaines aventures du héros seraient-elles plus ou moins calquées sur les faits contenus dans l'Évangile? C'est la seule question qu'on pourrait poser ici. Plus tard, vers le milieu du moyen âge, l'introduction du christianisme dans les Indes fit faire aux brahmanes une nouvelle évolution. Ils écrivirent alors le livre des *Pouranas,* empruntant à l'Évangile ce qui pouvait leur servir à populariser leur Dieu, dont l'incarnation et la vie merveilleuse, reproduites d'après une imitation plus ou moins grossière des doctrines chrétiennes, étaient destinées à combattre le progrès du christianisme d'une part et l'influence du bouddhisme, de l'autre. Le personnage de Kershna s'est ainsi formé et développé sur le modèle du Christ. Tous les savants, même ceux qui sont étrangers à la religion, le reconnaissent hautement, et ne voient pas qu'on puisse rien inférer contre les dogmes chrétiens des données plus ou moins similaires, contenues en des livres bien postérieurs à l'établissement de la religion chrétienne (1).

Ce n'est point ainsi qu'en agit la mauvaise foi. Elle commence par fabriquer les noms. De *Kershna,* elle n'hésite pas à faire *Christna,* sans se soucier des exigences du sanscrit, dont la grammaire n'admet pas une pareille forme ; elle procède avec le même mépris des lois grammaticales pour introduire dans la langue, où ils sont des impossibilités au premier chef, les mots *Zeus* et *Jezeuz ;* et elle déclare avoir trouvé dans les livres de l'Inde la vie de *Jezeus Christna,* dont celle du Christ n'est évidemment qu'un pastiche. Elle crée et combine tout un système de faits calqués sur ceux de l'Évangile, dont les trois quarts au moins sont de sa pure invention, car on aurait beau fouiller tous les livres de l'Inde, on n'en trouverait aucune trace; dont les autres appartiennent en réalité aux fables indiennes, mais sont tous, comme nous l'avons dit, de création postérieure à la rédaction

(1) On a dit aussi qu'un jésuite très versé dans la connaissance du sanscrit, avait composé dans cette langue, et cela dans le but très louable de faire accepter le christianisme aux Indous, le prétendu livre sacré qui n'était qu'une adaptation de l'Évangile aux doctrines, aux usages et aux mœurs de l'Inde. L'imitation y était si parfaite, que les plus habiles y furent pris alors , et attribuèrent aux brahmanes l'œuvre du jésuite. Ce ne peut être toutefois le cas de l'écrivain que nous taxons de mauvaise foi.

des Évangiles. Tout est combiné avec un art où le mensonge
s'élève à sa plus haute puissance, où l'effronterie qui se joue du
public et compte sur la niaise crédulité des masses, se donne
les faux airs de l'étude consciencieuse et de l'érudition. On fal-
sifie les textes, on produit de prétendues citations soi-disant empruntées à des livres, ou qui n'existent pas, tels que *Pourouravas*
et *Paulastya*, qui ne figurent dans aucun traité de littérature
sanscrite, ou qui ne contiennent pas un mot de ce qu'on leur
fait dire. On trouve la naissance de la vierge Devanaguy dans
le *Bhavagad-Gita*. C'est le *Bogaveda-Gita* qu'on devrait dire,
mais la mutilation du nom est ici sans importance ; ce qui importe davantage, c'est qu'il n'y a pas dans ce livre un seul mot
qui ait trait à la naissance d'un être terrestre quelconque,
comme on peut s'en assurer dans la traduction que Burnouf a
donnée de ce poëme. On nous dit que Christna quitta sa mère et
se mit à parcourir l'Inde pour prêcher la doctrine nouvelle, lut-
tant constamment contre le mauvais esprit et déclarant à tous
qu'il est Vishnou, la seconde personne de la Trinité, venu pour
racheter l'homme de la faute originelle et ramener le règne du
bien. Et tout cela n'est qu'un long et perpétuel mensonge. Non
seulement on a fabriqué les faits, mais les doctrines qu'on suppose ne sont jamais entrées dans les croyances de l'Inde.

Nous en avons dit assez pour faire juger de semblables procédés, qui ne sont évidemment dignes que du mépris public.

Note H.

Il est évident que, dans la pensée de notre auteur, les livres
sacrés n'ont rien perdu de leur valeur intrinsèque sous les coups
de la critique contemporaine ; il n'en est pas de même de ce
qu'il appelle fort bien leur évidence externe, ou de l'évidence
des motifs extérieurs de crédibilité, qui doivent entraîner les
esprits à s'incliner devant leur autorité et à les reconnaître
comme la pure expression de la parole divine. A cet égard, l'im-
piété n'a que trop bien fait son chemin dans les âmes, en y sa-
pant par la base toutes les convictions. La Bible, si longtemps
incontestée, comme elle est incontestable, a sur tous les points

subi des assauts, qui n'ont pas fait brèche dans son enceinte, mais au sujet desquels le monde moderne s'est empressé de proclamer sa ruine. Les apologistes se feraient étrangement illusion, s'ils croyaient pouvoir répondre victorieusement à ces attaques par des témoignages exclusivement bibliques ; ils s'enfermeraient ainsi dans un cercle vicieux, en donnant pour preuve précisément ce qui est nié et contesté. Mais, comme l'observe Mr. Mallock, les catholiques n'ont pas à s'en émouvoir, les raisons qui leur font accepter la Bible comme la parole de Dieu, n'étant point celles qui résultent de l'évidence externe empruntée à nos livres saints, mais bien celles qui s'imposent au nom d'une autorité que rien ne saurait ébranler.

Toute autre est la situation du protestantisme qui, lui, est atteint dans ses œuvres vives, et frappé en plein cœur, si bien qu'il en meurt et que les coups qu'il reçoit sont sans espoir de guérison.

Pour les protestants, la Bible est la seule autorité enseignante qui soit à l'abri de l'erreur ou du mensonge. C'est la règle unique en matière de foi, c'est la norme, la seule qui ne puisse faillir, car seule elle est la vraie parole de Dieu. Mais cette Bible qu'ils possèdent, d'où la tiennent-ils ? Qu'ont-ils à dire quand on soutient contre eux qu'elle n'a jamais été écrite par des hommes inspirés, qu'elle n'est qu'un assemblage de falsifications et d'impostures, qu'ils l'entendent mal d'ailleurs et y voient ce qui n'y est pas ? Pour défendre la Bible, il leur faut recourir à la Bible, puisqu'il n'y a rien ailleurs et que tous leurs docteurs sont faillibles. Ils l'interrogent donc, mais elle ne peut leur répondre. C'est une lettre morte qui ne peut recevoir l'âme et la vie que d'une parole vivante qui la pénètre. Où est-elle pour eux cette parole qui vivifie ? Nulle part. Et le cercle vicieux dans lequel nous nous gardons de nous enfermer les enveloppe de toutes parts. Ils ont cru se placer sur un terrain solide, et voilà que le sol se dérobe, l'édifice chancelle à ces oscillations, comme aux brèches ouvertes dans la muraille, et l'on peut sans être prophète en prédire la ruine.

La croyance à la Bible, comme parole de Dieu, ce dogme fondamental du protestantisme, chez eux, ne repose sur rien. C'est une chimère qui flotte dans les airs. « Quand les papistes, » a dit

Calvin, « vous demanderont d'où nous vient la certitude que la Bible est la parole de Dieu, puisque nous rejetons le témoignage de l'Église, c'est comme s'ils vous demandaient comment nous pouvons distinguer la lumière des ténèbres, le blanc du noir, car nous avons en nous le sentiment non moins vif de la vérité de l'Écriture. » Nous voilà bien avancés avec ce sentiment ; ainsi, c'est ce criterium éminemment subjectif et vacillant qui va porter lui seul toute votre construction ! Me voilà donc constitué juge de la parole de Dieu, et c'est à moi que la décision appartient en dernier ressort. Elle sera favorable ; soit ! Mais qui me garantit moi-même d'erreur ? C'est le Saint-Esprit qui rend témoignage en moi, disent les protestants. En vérité, je n'en sais rien, et n'en puis rien savoir. Cette introduction de l'Esprit de Dieu dans l'esprit de l'homme, destinée à rester toujours douteuse, ne comble pas l'abîme entre l'humain et le divin ; pour qu'elle eût ce résultat il me faudrait une autorité incontestée qui témoignât de la réalité du témoignage de l'Esprit de Dieu ; sinon le Turc s'en prévaudra en faveur du Coran, au même titre que le chrétien en faveur de la Bible.

Admettons pourtant que le protestantisme a dans la Bible la parole infaillible de Dieu. Qu'en fera-t-il ? Il lui faut l'interpréter. Elle est susceptible de sens divers, les uns faux, les autres vrais. Si vous prenez les premiers, la Bible ne protestera pas, c'est une lettre morte, encore une fois ; elle vous laissera faire et ne répondra pas par des anathèmes à vos erreurs. Et cette interprétation fausse ou vraie, qui la donnera ? Moi encore. Finalement, c'est toujours moi. C'est moi qui dois donner à la Bible ses lettres d'authenticité et d'inspiration et c'est moi qui dois en fixer le sens. Mais la foi ne consiste pas à croire en soi. Si vous la faites porter sur un jugement humain et personnel, vous avez renversé la pyramide ; sur l'humain vous appuyez le divin, l'infaillible sur le faillible.

C'est précisément tout le contraire que nous faisons dans le catholicisme. Nous tenons autant que les protestants à nos livres sacrés, mais ce qui leur donne à nos yeux leur infaillible garantie, c'est seulement la conscience vivante de l'Église, car c'est d'elle qu'ils sont sortis, c'est pour elle qu'ils ont été faits, c'est elle qui nous les a transmis et qui nous en atteste le divin caractère. Il fut un temps où l'Écriture sainte, j'entends celle qui compose le Nouveau Testament n'existait pas encore, et l'Église était déjà vivante, elle comptait dans son sein des milliers et des milliers de fidèles qu'elle enseignait et dirigeait avec l'autorité qu'elle tient de son divin fondateur. Elle est donc antérieure à l'Écriture, elle a vécu sans elle, elle avait sa foi, qui serait toujours la même quand il n'y aurait pas d'Écriture. Vint le temps cependant, où à l'occasion, pour combattre l'hérésie, par exemple, elle eut ses chefs, ses apôtres et ses évangélistes occupés à mettre par écrit les pensées que leur inspirait l'Esprit de Dieu. En réalité, c'était l'Église qui écrivait, c'était pour elle-même qu'elle travaillait ; elle ne songeait nullement à déposer toute sa doctrine en des livres, elle avait pour l'exposer toujours, sa parole vivante que le Christ a promis de préserver de toute erreur. Ces livres n'en sont pas moins un trésor sacré, mais ce trésor est à elle ; quiconque y touche sans son autorisation, lui prend injustement son bien ; elle seule peut le confier légitimement à quelqu'un. De même que nous l'avons crue, quand de sa bouche elle nous a enseigné le symbole des apôtres, nous l'avons crue sur sa parole encore, quand elle nous a dit : Voici mes Écritures, recevez-les comme la parole de Dieu. Et voilà la grande raison de notre foi ; si elle nous avait manqué, jamais sans doute nous n'aurions su que penser, et de l'authenticité, et de l'intégrité, et de l'inspiration des livres saints, jamais nous n'aurions été fixés sur canon des Écritures. Saint Augustin le pensait tellement, qu'il n'a pas hésité à dire : « Je ne croirais pas à l'Évangile, si l'autorité de l'Église ne m'y déterminait. »

NOTE I.

Le fait de l'inspiration des livres saints ne saurait nullement être l'objet d'un doute. La tradition juive en rend témoignage comme la tradition chrétienne. La Bible d'ailleurs a si bien le caractère d'une œuvre divine, que tout esprit qui n'est pas prévenu contre elle ne peut manquer de l'y reconnaître. Elle atteste elle-même en termes formels sa propre inspiration. Saint Paul a dit dans sa deuxième épître à Timothée : « Omnis scriptura divinitus *inspirata*, utilis est ad docendum, etc. » Citer ces paroles, ce n'est pas prouver l'autorité de la Bible par la Bible, c'est produire en sa faveur un témoignage apostolique, dont la valeur n'est pas contestable. Enfin, l'Église s'est nettement prononcée sur la question prise à un point de vue général. Le concile de Trente a cité nommément tous les livres qu'il tient pour canoniques. Il n'a pas dit expressément à la vérité qu'ils fussent *inspirés*, il s'est servi du mot *sacré*, mais tous les théologiens ont entendu cette expression dans le sens de l'inspiration. Voici les paroles du concile : « Si quelqu'un ne reçoit pas pour sacrés et canoniques tous ces livres entiers avec ce qu'ils contiennent, qu'il soit anathème. » Le concile du Vatican a formulé plus nettement la même décision. « Si quis sacræ scripturæ libros integros cum suis partibus, prout illos sancta Tridentina synodus recensuit, pro sacris et canonicis non receperit, aut eos divinitus inspiratos esse negaverit, anathema sit ! »

La question est donc parfaitement tranchée ; aussi n'est-ce pas sur l'inspiration en elle-même que porte la remarque de notre auteur, quand il nous dit que l'Église ne s'est jamais prononcée à ce sujet, mais bien sur les opinions nombreuses des théologiens qui se sont produites à cet égard.

La Bible est inspirée ; mais en quoi consiste cette inspiration ? L'inspiration est ce secours surnaturel qui, influant sur la volonté de l'écrivain sacré, l'excite et le détermine à écrire, en éclairant son entendement, de manière à lui suggérer au moins le fond de ce qu'il doit dire.

De cette définition généralement acceptée, il résulte que l'inspiration ne s'étend point nécessairement aux mots, à leur arrangement, c'est-à-dire qu'elle peut n'être pas *verbale*.

Certains théologiens, comme Estius, ont prétendu que toute l'Écriture sainte a été dictée par le Saint-Esprit, non seulement pour ce qui regarde les choses, mais même pour ce qui appartient aux mots. Cette opinion est peu conforme à la doctrine de la plupart des écrivains ecclésiastiques, qui ne paraissent pas avoir étendu l'inspiration au delà des choses.

Corneille Lapierre ne croit point que toutes les parties de la Bible aient été inspirées d'une manière identique. Il admet que la loi a été révélée verbalement à Moïse, comme les oracles aux prophètes, mais il ne pense pas qu'il soit nécessaire que les histoires et les exhortations morales aient été dictées mot pour mot par le Saint-Esprit.

La Bible est un livre divin, du moment qu'elle exprime la pensée de Dieu inspirée par lui, mais il ne semble pas nécessaire en effet que Dieu inspire les mots, la disposition des mots et le style, qui varie suivant les écrivains. Il se peut même qu'on y trouve des imperfections et l'on n'en peut rien conclure, pour peu qu'elles n'empêchent pas le but général que Dieu se propose : il est clair qu'il se sert d'instruments imparfaits, quand il emploie, pour rendre sa pensée, l'homme et le langage humain.

Mais l'inspiration, consistant non seulement dans une impulsion qui porte l'auteur sacré à écrire, mais encore dans l'assistance du Saint-Esprit, est toujours nécessaire. Quelques-uns ont pensé que l'acceptation postérieure d'un écrit par l'Esprit-Saint pouvait lui faire donner le titre d'inspiré. C'est ce qu'on a appelé l'inspiration conséquente, mais il faut reconnaître qu'il n'y a vraiment là aucune inspiration, aucune influence du Saint-Esprit sur la composition même de l'écrit. L'université de Louvain avait à bon droit censuré cette opinion, et le concile du Vatican, qui a expliqué et précisé la notion de l'inspiration comme ne l'avait fait avant lui aucun concile, s'est prononcé dans le même sens. « Eos vero (libros) Ecclesia pro sacris et canonicis habet, non ideo quod sola industria concinnati, sua deinde auctoritate sint approbati, nec ideo duntaxat, quod revelationem sine errore contineant ; sed propterea quod, Spiritu sancto inspirante conscripti, Deum habent auctorem, atque ut tales ipsi Ecclesiæ traditi sunt. »

Holden, dans son *Analyse de la foi*, a émis sur l'inspiration, une opinion qui n'a pas été condamnée par l'Église, mais qui a été censurée par la Sorbonne et rejetée par les théologiens. « Le secours spécial accordé aux écrivains sacrés, » a-t-il dit, « ne s'étend qu'aux choses qui sont purement doctrinales ou qui ont un rapport immédiat et nécessaire avec la doctrine ; mais dans les choses qui ne s'y rapportent point, nous croyons que Dieu ne les a pas assistés autrement que les autres écrivains quand ils sont très pieux. »

Citons maintenant, comme étant l'expression d'une doctrine sage et généralement admise, ces paroles du P. Matignon.

Outre ce qui concerne la foi et les mœurs, la Bible renferme encore une multitude de choses tout à fait étrangères à ces deux objets... Faut-il admettre que la lettre du texte sacré doive faire loi dans les diverses branches de la connaissance humaine ? Comment expliquer les contradictions apparentes qui se rencontrent entre l'état actuel de la science et le langage des écrivains inspirés ? Certes voilà une question qui préoccupe à juste titre un grand nombre d'esprits... On évitera les excès opposés, si l'on veut se rendre compte de l'intention providentielle qui a présidé à la composition des Écritures. Qu'est-ce que Dieu s'est proposé en nous accordant la révélation contenue dans les livres sacrés ? Était-ce de donner à l'humanité une leçon d'astronomie, de physique ou de géologie ? Non, sans doute ; car la Bible elle-même atteste que tout ce que renferme cet univers a été abandonné aux libres discussions de la science. — L'Esprit-Saint a autre chose en vue que de fournir à l'homme des connaissances qui importent peu à la sanctification des âmes... Voilà pourquoi sur les choses de l'ordre naturel, la Bible parle le langage vulgaire. Elle s'accommode aux idées du temps, à celles des auteurs et des multitudes. Et de fait, puisqu'elle prend leur style avec ses incorrections, pourquoi ne se conformerait-elle pas, dans l'expression, à leur manière de représenter les phénomènes de la nature ? Une seule chose suffit pour sauvegarder son autorité, c'est que sous ces expressions aucune erreur ne soit véritablement contenue. En résumé, il ne faut ni déprimer l'autorité de nos livres saints, en leur refusant l'infaillibilité qui leur est propre, ni l'exagérer, en étendant leur témoignage à des objets qu'il ne concerne pas.

Note J.

Il est effectivement impossible que l'Église se contente de ce privilége de sélection surnaturelle qu'on veut bien lui concéder ici, ou qu'elle entende dans ce sens singulièrement étroit, sinon absolument faux, la divine assistance qui la préserve de toute erreur. Cette faculté de choisir, elle ne la réclame point et n'en a pas besoin. Sa mission n'est pas de découvrir les éléments qu'elle doit s'assimiler et ceux qu'il lui faut rejeter, mais bien de conserver, de transmettre fidèlement les vérités qu'elle tient de son divin fondateur pour les enseigner et les développer quand elle le juge à propos, toujours sous la conduite et l'inspiration de son divin chef qui ne lui a sans doute pas dit en vain : « Enseignez tous les peuples... Enseignez-leur à garder fidèlement tout ce que je vous ai dit. Voici que je suis avec vous tous les jours jusqu'à la consommation des siècles. »

C'est le propre de l'hérésie, comme son nom l'indique, de se passer la fantaisie de faire des choix ; mais l'Église, organe de la vérité du Christ, a la prétention d'avoir reçu dès l'origine la doctrine vraie et complète de Jésus-Christ. *Docebit vos omnem veritatem*. Si la promesse du Sauveur ne s'est pas réalisée, si le Saint-Esprit n'a pas rempli cette tâche, si le magistère institué par le Christ doit être toujours en quête des matériaux à l'aide desquels il lui faut construire le temple de Dieu, s'il lui faut en tirer les pierres des carrières de la terre, non moins que des mines inépuisables du ciel, qu'on ne nous parle plus de l'Église comme d'une institution divine. Je ne veux pas qu'elle emprunte à Confucius ou à Bouddha, pas même à Socrate ou à Platon, les dogmes qu'elle propose à ma croyance et qu'elle me donne comme étant la pure expression du Verbe de vie.

Le christianisme n'a pas fait son entrée dans le monde, comme une philosophie, livrée à toutes les variations des opinions subjectives, aux humeurs et aux caprices de l'homme, pas même comme un système de conceptions, déduites méthodiquement les unes des autres, partant de quelques propositions connues pour arriver plus tard au sommaire complet de toutes les vérités ; il a été tout d'abord dans la personne du Christ un soleil de lumière et de vie, pour éclairer tout homme venant en ce monde ; et comme les dons de Dieu sont toujours sans repentance, pas un des rayons de l'astre radieux n'a disparu de notre horizon, l'Église les a recueillis et les projette autour d'elle. « La parole du Seigneur, dit Clément d'Alexandrie, est toujours vivante parmi ses disciples, et la vraie doctrine du Christ est un trésor public, dont le dépôt s'est fait de la main à la main devant de nombreux témoins, et de ce trésor, l'Église, fidèle dispensatrice, ne cesse de tirer *l'ancien et le nouveau*. »

C'est là le dépôt qui lui a été confié, qui lui suffit et la dispensera toujours d'aller puiser à des sources étrangères. *Depositum custodi*, a dit saint Vincent de Lérins, *id est quod tibi traditum est, non quod a te inventum ; quod accepisti, non quod excogitasti ; res non ingenii, sed doctrinæ ; non usurpationis privatæ, sed publicæ traditionis.*

Ce n'est donc pas pour pouvoir s'en aller à la recherche des doctrines fausses ou vraies, qui ont été en dehors d'elle le partage de l'humanité faillible, qu'elle a toujours déclaré ne pouvoir s'en tenir à des témoignages exclusivement scripturaires, lesquels, si divins qu'ils soient, ne sont point nécessairement l'expression unique de toute la vérité ; c'est qu'elle a dans son sein une autre source toujours jaillissante à laquelle elle s'abreuve elle-même, et dont elle ne cesse de verser au monde les flots purs et limpides, la fontaine de la parole vivante de Dieu, et non plus seulement celle d'une lettre morte, la tradition en un mot, qui complète ce que l'Écriture a d'incomplet. *Nil innovetur nisi quod traditum est*, dit le même saint Vincent de Lérins. Ce principe, que le pape saint Étienne opposait aux erreurs des Africains, était dès le commencement, comme il est encore, la grande voie que l'Église a toujours suivie.

« Est-ce à dire, » poursuit encore saint Vincent de Lérins, « qu'il ne doive point y avoir de progrès dans l'Église de Dieu ? Au contraire, il faut qu'il y en ait un ; mais à la condition que ce soit un véritable progrès, et non une déviation, une amélioration et non une altération. Le véritable progrès implique l'accroissement dans l'identité ; l'altération, au contraire, c'est la cessation de l'identité, en sorte qu'une chose cesse d'être ce qu'elle était, pour devenir ce qu'elle n'était pas, que chaque fidèle, que l'Église entière croisse en science et en sagesse, mais à la condition de rester dans la même doctrine, le même sentiment, la même croyance. Les doctrines de cette divine philosophie du christianisme peuvent se développer, s'éclaircir et prendre une forme plus parfaite ; mais c'est un crime de les altérer, de les amoindrir, de les mutiler. Elles peuvent gagner en évidence, en lumière, en clarté, mais il faut qu'elles conservent toute leur plénitude, leur intégrité, leur inviolabilité. »

En un mot, comme le dit fort bien notre auteur, l'Église est un organisme vivant, seulement nous ne l'entendons pas tout à fait de la même manière que lui ; et, pour employer une comparaison plus juste que la sienne, car c'est celle qu'a donnée le Sauveur : « Le royaume de Dieu est semblable à un grain de senevé; c'est la plus petite de toutes les semences ; mais lorsqu'elle a crû, elle devient un arbre et les oiseaux du ciel viennent s'abriter sur ses branches. » Ce grain, si petit qu'il soit d'abord, renferme en lui-même tous les éléments de ses développements futurs, ses racines qui deviendront puissantes, son tronc qui sera vigoureux, ses rameaux, son feuillage, ses fleurs et ses fruits. Seulement, et cette différence est un fait capital, une semence terrestre absorbe des aliments terrestres comme elle, tandis que la semence divine est déposée dans un sol divin, l'atmosphère qu'elle aspire est toute céleste, et la sève qui circule dans ses branches est une effusion de la grâce et de la vérité d'en haut; elle n'absorbe que le divin et rejette les éléments terrestres. L'auteur nous a dit plus haut, parlant de l'Église catholique : « Ses doctrines, à mesure qu'elle les expose, se développent parmi nous, comme les pétales d'un bouton de rose à demi clos. On ne les ajoute point arbitrairement du dehors ; elle se développent en dedans. « C'est précisément ce que nous nous sommes appliqué à montrer ; si c'est là ce qu'on entend par la sélection surnaturelle, nous pouvons l'admettre volontiers en ce sens. Il nous a semblé qu'on s'en faisait ici une idée différente et il nous a paru nécessaire de la rectifier. Mais, ne l'oublions pas, le penseur qui condamne si nettement le protestantisme pour rendre hommage à l'Église romaine, ne combat pas positivement dans nos rangs catholiques ; son témoignage n'en est que plus désintéressé et plus précieux à recueillir; on s'expliquera aisément toutefois qu'il n'ait point pénétré dans tout son ensemble et dans toutes ses parties la divine constitution de l'Église, qu'il ait salué sa lumière sans en avoir embrassé tous les rayons. Son argumentation n'en est point affaiblie, tout au contraire, car l'Église ne fût-elle rien de plus que ce qu'il la déclare, elle pourrait encore se prévaloir de la divine assistance qui doit lui soumettre tous les esprits.

FIN DE L'APPENDICE.

TABLE DES MATIÈRES.

CHAPITRE PREMIER.

LE COTÉ NEUF DE LA QUESTION.

CHAPITRE II.

LA MORALE ET LE PRIX DE LA VIE.

CHAPITRE III.

DE LA SOCIOLOGIE, COMME FONDEMENT DE LA MORALE.

CHAPITRE IV.

DU BIEN ET DE CE QUI EN FAIT LE PRIX.

Ce que nous venons de dire dans le dernier chapitre est en réalité admis par l'école positiviste elle-même. — Georges Elliot, en son roman de *Daniel Deronda*, nous déclare expressément que la question morale fondamentale est celle-ci : De quelle manière l'individu se fera-t-il une vie heureuse ? — Pour les positivistes comme pour les chrétiens, la vraie manière est intérieure de sa nature. — La fin morale est un état intérieur du cœur, et les positivistes disent qu'elle a par elle-même assez d'attraits pour pouvoir se passer de l'assistance de la religion. — Il citent à l'appui de nombreux exemples. — Mais ces exemples ne prouvent rien. — Car si nous pouvons faire abstraction de la religion dans sa forme pure, il en reste toujours beaucoup d'incorporée dans la fin morale et dont on ne se débarrasse pas. — Pour apprécier la valeur intrinsèque de la fin morale qu'ils proposent, il faudrait en éliminer toute religion. — A ce propos, commençons par examiner les trois caractères généraux que doit avoir la fin morale : son état intérieur, son importance extrême et son caractère absolu. — Or, ces trois caractères s'expliquent dans la religion et ne s'expliquent pas sans elle. — La fin mo-

CHAPITRE V.

SI L'AMOUR EST LA MARQUE DU BIEN.

CHAPITRE VI.

DE LA VIE ET DE CE QUI EN FAIT LE PRIX.

CHAPITRE VII.

LA SUPERSTITION DU POSITIVISME.

*

CHAPITRE VIII.

LE POINT DE VUE PRATIQUE.

On ne prétend pas que les vues qu'on vient d'exposer soient d'une réalisation entièrement certaine en fait; — mais bien qu'elles se réaliseront, si telles ou telles conditions sont remplies. — Elles peuvent être ou ne pas être imaginaires ; — mais elles ont déjà commencé à s'accomplir, et avec elles les vues susdites ont commencé à se réaliser. — Les principes positivistes ont déjà produit une dégradation morale même sur les points où l'on n'y eût pas songé. — Il suffit pour le voir de creuser un peu au-dessous de la surface. — On verra combien est étrange la situation des hommes qui ont perdu la foi et qui gardent encore l'amour de la vertu. — Le combat était déjà dur, alors qu'ils avaient toutes les ressources de la religion. — Il l'est devenu bien davantage. — La conscience survit encore, mais elle n'a plus le pouvoir de réprimer la tentation. — Elle est presque inévitablement détrônée par elle. — Elle ne pourra jamais recouvrer son prestige. — Elle ne peut que se lamenter sans remédier à rien. — En pareil cas, la décadence de l'esprit a commencé et elle a pour symptômes : les reproches de la conscience, sa faiblesse et l'indifférence. — Le nombre de ceux auxquelles s'appliquent ces réflexions va en augmentant, et ce sont eux qui représentent vraiment l'œuvre accomplie par la pensée positiviste. — On comprendrait difficilement à quel point ce fait est menaçant. — Nous apprendrons à nous en faire une idée en étudiant attentivement et sans passion les caractères de notre époque. — Nous constaterons que les opinions qui se forment aujourd'hui auront une influence et un poids que les opinions n'ont jamais eus dans le passé. — La tendance encore latente qui les mène au pessimisme devient on ne peut plus menaçante. — Si l'on veut guérir le mal, il faut l'envisager en face. — Cette tendance prend la forme d'un regret étouffé de la perte de la foi religieuse. — Ce regret, bien qu'indirectement exprimé, se répand de plus en plus. — Les hommes de la science le ressentent eux-mêmes. — Mais ce regret est sans fruit. — Pareil abattement est par le fait partagé par les croyants. — Il est même reconnu par des voix autorisées dans

CHAPITRE IX.

LA LOGIQUE DE LA NÉGATION SCIENTIFIQUE.

Ce qui donne généralement leur valeur aux négations du positivisme, c'est la persuasion où l'on est qu'il représente la raison. Il a pour se soutenir des arguments physiques, moraux et historiques. — Ceux du premier et du second ordre attaquent toute religion, ceux du troisième, les révélations particulières. — Le religion naturelle consiste à croire en Dieu, à l'immortalité de l'âme et à la possibilité des miracles en général. — La science physique prétend détruire la religion naturelle en confondant l'esprit avec la matière. — 1° Elle fait de la vie consciente une production du cerveau. — 2° Elle fait sortir les organismes vivants de la matière inanimée. — 3° Elle veut que cette évolution matérielle soit automatique. — Elle anéantit ainsi toute preuve extérieure de Dieu et de l'immortalité de l'âme. — On déclare ne reconnaître que la preuve externe comme marque de la réalité. — Toute religion est en conséquence rangée parmi les rêves. — Mais on ne nous prouve pas que la preuve externe soit la seule marque de la vérité et, si nous le croyons, nous l'admettons sur l'autorité de ceux qui nous le disent. — Mais on peut voir que ces hommes ne comprennent pas leurs propres principes. — Qu'ils ne tiennent manifestement aucun compte de ce qu'ils considèrent comme leurs conclusions les plus importantes. — Ils ont deux conclusions dont l'une est nécessairement nulle, la négation de la religion et l'affirmation de la morale. — Nous le verrons plus clairement dans la question de la conscience et de la volonté. — Si nous nous en tenons aux informations de la science, l'homme n'est qu'un automate. — L'école positiviste n'ose pourtant le reconnaître. — N'osant aborder de front la question, elle fait pour y mettre la confusion un effort désespéré. — Nous avons ici deux problèmes : 1° Comment l'action du cerveau est-elle liée à la conscience ? 2° La conscience, liée à cette action, en est-elle pourtant séparable et peut-elle en être indépendante ? — Le premier de ces problèmes ne touche en rien à la question soit religieuse soit morale. Il est d'ailleurs insoluble ; à son égard nous ne sommes pas dans le doute mais dans l'ignorance. — C'est dans le

CHAPITRE X.

LA MORALE ET LE THÉISME NATUREL.

En admettant que la science ne soit pas incompatible avec le théisme, le théisme ne l'est-il pas avec la morale ? — On pourrait le croire, mais il ne l'est pas plus que la morale ne l'est avec elle-même. — Deux difficultés sont communes à l'un et à l'autre : 1º l'existence du mal ; 2º le libre arbitre de Dieu et de l'homme. — James Mill, sur cette question, reproduit les arguments populaires contre la religion. — En ce qu'il dit, tout est plein d'erreurs et d'exagération. Certaines difficultés qu'il signale sont réelles toutefois. — Nous ne pouvons n'en pas tenir compte, mais si nous croyons à notre être moral, il nous faut bien les subir. — Nous n'y échapperions pas davantage au moyen de ce que les rationalistes mettent à la place de la religion. — La difficulté est la même avec notre libre arbitre. — Cette croyance est une impossibilité

CHAPITRE XI.

LE GENRE HUMAIN ET LA RÉVÉLATION.

CHAPITRE XII.

L'HISTOIRE UNIVERSELLE ET LES REVENDICATIONS DE L'ÉGLISE.

CHAPITRE XIII.

LA CROYANCE ET LA VOLONTÉ.

FIN DE LA TABLE.